W0462013

Ruth M. Fuchs

Sterntaler für Erkül Bwaroo

Phantastischer Kriminalroman

In der Reihe „Erkül Bwaroo ermittelt" ebenfalls als Taschenbuch erschienen:

Gestatten, Erkül Bwaroo, Elfendetektiv
Erkül Bwaroo auf der Fabelinsel
Fragen Sie Erkül Bwaroo!
Erkül Bwaroo und der Mord im Onyx-Express
Rosen für Erkül Bwaroo
Wo ist Erkül Bwaroo?
Erkül Bwaroo fischt im Trüben
Erkül Bwaroo bittet zum Tanz

Über die Autorin:

Ruth M. Fuchs kam nach München, um Verwaltungswissenschaften zu studieren, und ist nach dem Diplom geblieben.
In der Reihe *Erkül Bwaroo ermittelt* verbindet sie ihre beiden großen Lieben, Märchen und englische Krimis.
Inzwischen schreibt sie auch mal Krimis, die im Hier und Jetzt spielen. Aber egal, ob in der Welt Bwaroos oder der unseren - der Humor darf nie zu kurz kommen.
Mehr zur Autorin und ihren Büchern unter www.ruthmfuchs.de

Für Ralph
Fühl Dich bitte nicht angesprochen

Inhaltsverzeichnis

Eine mysteriöse Dame

„Ich sage Ihnen, sie hat mir das Geld versprochen. Ganz fest versprochen."

„Nun, das mag sein, wie es will. Aber ich verstehe nicht, was Sie von mir wollen. Überhaupt: Eigentlich hätte ich erwartet, Sie in Tränen aufgelöst zu finden und von Ihrem Kummer völlig gebrochen. Haben Sie doch bei jeder Gelegenheit wissen lassen, wie innig Sie sie lieben."

„Das tu ich auch. Innerlich bin ich völlig zerrissen. Ich ertrinke in meiner Trauer und kann kaum noch atmen. Die Welt hat für mich alle Farben eingebüßt. Selbst der Gesang der Vögel klingt monoton, und der Zauber des Mondlichts ist unwiederbringlich dahin."

„Ah ja, das Mondlicht. Dafür haben Sie ja eine ganz besondere Schwäche."

„Ihren Spott können Sie sich sparen. Ich bin ein gebrochener Mann. Nie wieder wird es eine andere Frau für mich geben! Sie war so rein und gut und ganz erfüllt von Hilfsbereitschaft."

„Ja, sie war rein und gut. Da sind wir uns einig. Aber weshalb stehen Sie jetzt hier und betteln um Geld, statt in Ihrem Zimmer eine Ode an Ihre verlorene Liebe zu schreiben?"

„Weil ich ohne das Geld bald keine Heimstatt mehr haben werde! Mein Vermieter, der Banause, lehnt es ab, sich in Gedichten bezahlen zu lassen. Ich hatte das Geld ja praktisch auch schon. Gerade an dem Abend, als das Unglück geschah, wollte ich zu ihr gehen. Aber ich wurde aufgehalten. Was, wenn ich hingegangen wäre? Womöglich wäre ich jetzt auch tot."

„Ja, ich erinnere mich, wie meine liebe Freundin Sie erwähnte und dass sie Sie erwartete …"

„Ja, dann wissen Sie ja auch …"

„Gar nichts weiß ich. Möglicherweise waren Sie dort, aber sie lehnte es ab, Ihnen schon wieder Geld zu geben und es nie zurück zu bekommen. Sie hat mir selbst erst vor Kurzem gesagt, dass sie es langsam satt hat, Ihr Goldesel zu sein. Wahrscheinlich waren Sie also da, und dann haben sie beide gestritten und …"

„Ich … nein! Ich war nicht dort. Nicht an diesem Tag …"

„Nun, das ist Sache der Polizei. Aber ich sage Ihnen eins: Ich halte Sie für einen Blender und einen Nassauer. Von mir werden Sie jedenfalls kein Geld bekommen. Vielleicht versuchen Sie es mal mit Arbeit!"

***

„Monsieur Bwaroo, ich bin so froh, dass Sie kommen konnten," erklärte die junge Dame.

„*Pas de quoi.* Keine Ursache." Bwaroo hatte sich bei ihrem Eintreffen erhoben und rückte ihr nun den Stuhl zurecht, als sie sich setzte. Ihm war nicht ganz wohl bei diesem Treffen, denn dass Maja Behn, die Verlobte seines besten Freundes Doktor Artur Heystings, ihn allein sehen wollte, ließ nichts Gutes ahnen. Einen Moment lang ruhte sein Blick gedankenverloren auf ihrem rotbraunen Haar, das so raffiniert aufgesteckt war, dass es die delikaten spitzen Ohren der Halbelfe freiließ. Dann nahm er selbst wieder Platz. „Ich habe mir erlaubt, eine Flasche Wein zu bestellen …“ Der rundliche Elf hob eine Flasche Weißwein. „Darf ich?“

„Gern.“ Maja nickte.

Sie schien es nicht eilig zu haben, ihn über den Grund des Treffens aufzuklären, denn sie griff erst einmal nach der Speisekarte.

„Ich denke, ich nehme den Heilbutt“, entschied sie, nachdem sie die Karte eine Weile studiert hatte. „Artur hat mir erzählt, dass er hier ganz besonders exquisit sein soll.“

„Und warum hat Sie *mon cher ami* Doktor Heystings dann nicht begleitet?“

„Oh, er weiß gar nichts davon, dass ich heute Abend hier bin.“

Nun schaute Bwaroo erst recht unbehaglich drein.

„Und darf ich den Grund erfahren, warum Sie mich unbedingt hinter dem Rücken von Doktor Heystings treffen wollten?“

„Warum nennen Sie ihn eigentlich nicht beim Vornamen?“

„*Pardonnez-moi?*“

„Nun, sie beide kennen sich doch schon seit vielen Jahren, nicht?“

„Ja, und?“

„Und sie sind beide gute Freunde, beste Freunde sogar ...“

„*C'est vrai.* Ich denke, Heystings ist der beste Freund, den ich habe."

„Aber Sie duzen ihn nicht und nennen ihn niemals Artur. Warum nicht?"

„Es hat sich nie ergeben." Bwaroo räusperte sich und strich sich dann seinen stattlichen Schnurrbart. „Außerdem betont es die besondere Verbindung zwischen uns beiden. Aber, wenn ich fragen darf ..."

„Haben Sie schon ausgesucht, was Sie essen wollen?"

„Ja, das habe ich."

Wie auf Kommando erschien jetzt auch ein Kellner und nahm die Bestellungen auf.

„Also, … äh ..." Maja spielte unschlüssig mit ihrer Serviette herum, als der Kellner wieder weg war. Jetzt, da es ernst wurde, war sie plötzlich um die sorgsam zurechtgelegten Worte verlegen.

„Mademoiselle Behn", kam ihr Bwaroo zu Hilfe, „ich nehme an, Sie wollen mich wegen der Hochzeit sprechen, die in wenigen Tagen stattfinden soll, und bei der ich die Ehre habe, der Trauzeuge des Bräutigams zu sein."

„Ja. Ja, genau!" Maja holte erleichtert tief Luft.

„Und was ist geschehen? Haben Sie es sich anders überlegt?", drang Bwaroo weiter in sie.

„Oh nein!", wehrte Maja schnell ab, als sie Bwaroos besorgte Miene sah. „Neinnein. Ich will Artur immer noch heiraten. Er ist ein richtiger Schatz, und ich … ich bin sehr glücklich, seine Frau zu werden. Nur … also, die Hochzeit muss verschoben werden."

„*Mais pourquoi?* Was ist geschehen?"

„Ein Mord."

„Ein Mord in Ihrer …", gerade noch rechtzeitig unterbrach sich Bwaroo, der ‚Familie' hatte sagen wollen, als ihm einfiel, dass Maja allein und ohne jeglichen Angehörigen in der Welt stand, „in Ihrer Bekanntschaft? Wer wurde denn ermordet?"

„Stella Hauser. Sie haben bestimmt in der Zeitung darüber gelesen."

„Das habe ich in der Tat. Die junge Dame, die vor ein paar Jahren aus dem Nichts in Byonn auftauchte. Sie wurde erstochen. War sie eine Freundin von Ihnen?"

„Nein, ich habe sie nie getroffen." Maja schüttelte den Kopf. „Aber denken Sie nur …" Sie beugte sich nach vorn, und ihre Augen blitzten vor Erregung, „‚Die Zeiten' hat mich beauftragt, einen Artikel über Stella zu schreiben! Das ist meine Chance, mich als ernstzunehmende Journalistin zu etablieren. Und was für eine Story das ist: Erst taucht eine blutjunge blonde Schönheit barfuß und nur mit einem Nachthemd bekleidet im ‚Adler' auf, Byonns vornehmstem Hotel. In ihr Nachthemd gerafft trägt sie haufenweise echte Goldtaler. Keiner kennt das Mädchen. Niemand weiß, woher es kommt. Und es erzählt lediglich, dass es völlig mittellos und allein in der Welt stehe. Aus Mitleid habe es ihr letztes Stück Brot und nach und nach ihre ganze Kleidung an arme Leute verschenkt, und dann seien in der Nacht die Sterne als blanke Taler vom Himmel gefallen."

Maja wurde unterbrochen, als der Kellner die Suppe servierte.

„Vorzüglich", stellte sie fest, nachdem sie gekostet hatte. „Also, wo war ich? Ach ja, Sterne als Goldtaler. Das mysteriöse Mädchen richtet sich ein, legt ihr Geld gut an und wird eine bewunderte Köchin mit einem eigenen Gourmetrestaurant, das sie passenderweise ‚Sterntaler' nennt. Nebenbei gibt sie ihr Geld vor allem für mildtätige Zwecke aus. Jede Menge Verehrer, aber keine Skandale. Und dann wird sie plötzlich tot aufgefunden. Erstochen." Die schöne Halbelfe strahlte. „Was für eine Story!" Doch dann erlosch ihre Begeisterung. „Ich darf mir diese Chance nicht entgehen lassen. Aber dann muss ich nach Byonn fahren und recherchieren. Ich werde keine Zeit haben, um die Hochzeit vorzubereiten, für den Blumenschmuck, die Musik, die Hochzeitstorte … Artur ist lieb und hat einen guten Geschmack. Aber spätestens bei den Anproben für das Brautkleid ist er außen vor. Wir müssen die Hochzeit um mindestens einen Monat verschieben. Falls das so kurzfristig geht."

„Ja, Heystings hat mir ausführlich berichtet, wie lange sie beide suchen mussten, bis sie einen passenden Ort für sich gefunden haben, der obendrein zum gewünschten Termin frei war."

„Halb Laundom hat sich anscheinend vorgenommen, genau zu diesem Termin zu heiraten oder Jubiläen und Geburtstage zu feiern." Maja seufzte.

„Nun, Mitte September kann man ziemlich sicher sein, dass das Wetter hält." Bwaroo lächelte. „Aus diesem Grund haben ja auch Sie diesen Termin gewählt."

„Na ja, im Winter bekommen wir bestimmt problemlos einen neuen Termin …"

„Was sagt denn Ihr Bräutigam dazu?"

„Ich … nun … äh … er weiß es noch nicht.“ Maja wurde rot bis hinter die Ohren. „Ich hatte gehofft, dass Sie vielleicht …“ Sie warf Bwaroo einen flehenden Blick zu.

Bwaroo saß einen Moment da wie vom Donner gerührt.

„Mademoiselle! *C'est impossible*. Das kann ich nicht machen“, sagte er dann. „So etwas kann ich meinem Freund nicht antun.“

Maja ließ enttäuscht den Kopf hängen.

„Aber ich kann etwas anderes für Sie tun, damit Sie beides bekommen – Ihren Artikel und die Hochzeit.“

Lächelnd beobachtete Bwaroo, wie Maja wieder den Kopf hob und ihn mit großen Augen anschaute: „Wie?“

„Bwaroo wird nach Byonn fahren, die Hintergründe aufdecken und den Mörder überführen.“

Zufrieden mit der Wirkung seiner Worte zwirbelte Bwaroo seinen Schnurrbart. „Und dann wird er Ihnen ganz exklusiv ein Interview geben. Nur Ihnen allein.“

„Das wäre phantastisch!“ Maja klatschte vor Freude in die Hände. „Aber werden Sie dann rechtzeitig zurück sein? Und was ist mit Arturs Junggesellenabschied? Als sein Trauzeuge sind Sie doch dafür verantwortlich.“

„Überlassen Sie das ganz Bwaroo“, winkte der Elfendetektiv jedoch nur ab. „*Il n'ya pas de problème.*“

Er legte den Löffel in den leeren Suppenteller und tupfte sich mit der Serviette die Lippen ab. Das tat er nicht nur der Etikette wegen, sondern auch, um sein Lächeln zu verbergen. Stella Hauser also! Er hatte alles über sie gelesen, was sich in der Presse finden ließ, denn als sie noch lebte, war sie eine überaus interessante Person. Und mindestens genauso lange zerbrach er sich den Kopf darüber, wie er in den Fall ihrer Ermordung einsteigen konnte. Natürlich hätte er einfach nach Byonn fahren können, aber er war Privatdetektiv. Ohne Auftrag würde er nicht tätig werden. Majas Bitte aber konnte man schon als eine Art Auftrag auslegen. Genau das, was er brauchte! Natürlich würde er Maja den Einsatz nicht in Rechnung stellen. Es ging gar nicht ums Geld – Bwaroo war ein wohlsituierter Mann – sondern ums Prinzip und, zugegeben, um den Reiz, die Herausforderung.

Auch Maja lächelte still in sich hinein. Das war ja alles perfekt gelaufen. Sie hatte gehofft, dass Erkül Bwaroo diese Lösung anbieten würde, wenn nur erst einmal seine Neugierde geweckt war. Außerdem würde er sich doch nie entgehen lassen, seine Brillanz unter Beweis zu stellen. Immerhin rühmte er sich doch, der beste Privatdetektiv aller Zeiten zu sein. Was wahrscheinlich sogar stimmte. Auch wenn man das, Maja warf Bwaroo einen verstohlenen Blick zu, kaum annehmen würde, wenn man ihn so sah. Viel zu elegant gekleidet mit einem sehr gepflegten, schwarzen Schnurrbart hätte man ihn eher für einen in die Jahre gekommenen Snob gehalten, der, klein und rundlich wie er war, ein wenig lächerlich wirkte. Dass er gerne französische Brocken in seine Rede einflocht, verstärkte den Eindruck eher noch. Aber Maja hatte gelernt, ihn auf keinen Fall zu unterschätzen. Genaugenommen wunderte sie sich ja, dass er sich nicht schon längst mit dem Mord an Stella Hauser befasst hatte. Aber egal. Wenn jemand imstande war, den Mörder zu finden, dann Erkül Bwaroo. Und wenn er ihr danach exklusiv ein Interview gab, war das noch viel besser als alles, was sie selbst vor Ort herausfinden konnte. Der Redakteur der

‚Zeiten' hatte sich bereits begeistert gezeigt, als sie ihm ihre Idee vorgetragen hatte. Aber direkt zu fragen, war nicht in Frage gekommen. Der kleine Elf hatte ein ausgeprägtes Ego, dem geschmeichelt werden musste. Maja gratulierte sich selbst dazu, dass sie ihn ganz richtig eingeschätzt hatte.

***

„Orges, ich werde nach Byonn fahren", erklärte Bwaroo seinem Diener, als er nach Hause kam.

„Sehr wohl. Ich werde die Koffer packen." Orges verzog wie stets keine Miene.

„Aber Sie werden nicht mitfahren können", fuhr Bwaroo fort und hob bedauernd die Hände. „Ich brauche Sie hier, um für Heystings seinen Junggesellenabschied zu organisieren, und alles vorzubereiten."

„Das dürfte kein Problem darstellen." Sein unerschütterlicher Diener zeigte auch hier keine Gefühlsreaktion. „Werden Sie ohne mich zurecht kommen?"

„Ich werde mich in einem Hotel einmieten. Für ein paar Tage dürfte das schon gehen, auch wenn es nicht so perfekt sein wird."

„In der Tat. Werden Sie mit dem Zug fahren?"

„Das werde ich wohl müssen. Schließlich stehen Sie mir als Chauffeur nicht zur Verfügung."

„Es gibt eine direkte Verbindung morgen Vormittag um 10.00 Uhr."

„Perfekt. Besorgen Sie mir bitte eine Fahrkarte. Erster Klasse natürlich. Die Fahrt dauert immerhin fast drei Stunden. Und kümmern Sie sich bitte auch gleich um ein angemessenes Zimmer im Hotel ‚Adler'."

„Selbstverständlich."

Ankunft in Byonn

„In Zukunft werde ICH das Lokal führen."

„So? Und wieso ausgerechnet du?"

„Stella hätte das so gewollt. Und überhaupt: Wer sollte es sonst machen? Du vielleicht?"

„Warum nicht? Ich kann weit mehr als nur kochen."

„Das möchte ich sehen. Bei deinen Wutausbrüchen hättest du spätestens in zwei Wochen kein Personal mehr."

„Oder ein Personal, auf das ich mich verlassen kann."

„Was soll das denn jetzt heißen?"

„Das, was du so manchmal als Personal ausgesucht hast, lässt … sagen wir mal … zu wünschen übrig."

„Ach ja?"

„Ach ja. Den Kellner, der die Hand in der Kasse hatte, hast doch du eingestellt, oder? Wahrscheinlich haben dir seine schwarzen Glutaugen so gut gefallen. Er hat dich ja auch immer so schön angehimmelt. Dabei wollte er dich nur einlullen, um in aller Ruhe klauen zu können."

„Wie kannst du es wagen? Er hat sich als Kellner gut angestellt. Die Gäste mochten ihn!"

„Na klar. Stella war jedenfalls nicht begeistert. Sie hat sich bitter beklagt."

„Und wie war das nochmal mit deinem Assistenten, der unter der Hand überzählige Rebhühner weiterverkauft hat?"

„Ein einziges Mal. Wir hatten wirklich zu viel bestellt, weil diese Delegation aus dem Ostreich zu kurzfristig abgesagt hat. Das Geld hat er mir gegeben. Und von mir ging es an Stella weiter."

„Soso!? Und du hast es nicht für nötig befunden, Stella oder gar mir vorher Bescheid zu sagen. Was, wenn wir schon andere Absprachen getroffen hätten?"

„Habt ihr aber nicht."

„Ist ja toll – hellsehen kannst du also auch noch!"

„Es ist ja alles gut gegangen, oder?"

„Mit so einer Einstellung willst du ein Lokal führen? Lächerlich. Stella sah das genauso. Am Tag vor ihrem Tod hat mir Stella noch anvertraut, dass sie deine Mätzchen gründlich satt hat. Sie hatte vor, dich zu entlassen."

„Das hätte sie nie getan. Sie wusste genau, dass die Leute nur meiner Kochkunst wegen kommen."

„Papperlapapp! Also, in meinen Ohren klang das ziemlich ernst mit der Kündigung. Und warum auch nicht? Du hast doch alles von Stella gelernt. Sie hätte jederzeit wieder selbst zum Kochlöffel greifen können. Oder jemand anders anlernen. Aber da Stelle nicht mehr da ist, hast du ja jetzt nichts mehr zu befürchten."

„Was willst du damit sagen?"

„Ich? Gar nichts. Ich meine ja nur, dass es durchaus Vorteile für dich hat, dass Stella ..."

„Das ist ungeheuerlich! Nach der Sache mit dem Kellner hattest du doch viel mehr zu verlieren. Und dann, und dann das Desaster, als du die Reservierungen durcheinander gebracht hast. Deine Anstellung hing an einem seidenen Fädchen. Jaja, schau bloß nicht so entsetzt. Zufällig weiß ich ganz genau, dass Stella sich bereits nach einem neuen Geschäftsführer umgesehen hat.“

***

Erkül Bwaroo blickte zufrieden um sich. Byonn war ein malerisches Städtchen am Byonner See. Jenseits des Sees erhoben sich die Weinhügel, die Byonn berühmt gemacht haben, denn der würzige Wein, der nur hier gedeihen wollte, war sehr beliebt.

Die Hügel verliefen fast halbmondförmig um Byonn, und überall grünte und blühte es. Die Stadt schien ganz aus kleinen, weißen Häusern zu bestehen, denen farbige Rahmen um Fenster und Türen ein fröhliches, buntes Aussehen gaben. Ein wenig abseits erhob sich, wuchtig wie eine Festung und entsprechend irgendwie fehl am Platz, die Residenz des Elfenherzogs, der hier herrschte. Überhaupt war die Gegend zu einem großen Teil Elfenland. Und hinter den Weinhügeln, schon an der Grenze zum Nordreich und darüber hinaus, lag der dichte Wald, in dem Oberon und Titania residierten, das Herrscherpaar der Elfen.

Aber das berührte Bwaroo eher wenig. Sein Verhältnis zu Elfenkönigin Titania war nicht gerade das beste, doch das tat jetzt nichts zur Sache. Und Herzog Boonis konnte ihm ohnehin egal sein.

Nach der angenehmen Fahrt entsprechend gut gelaunt entlohnte Bwaroo großzügig den Gepäckträger, der seine Koffer bereits in einem Wagen verstaut hatte, an dessen Türen der

Schriftzug ‚Adler' prangte. Der Träger tippte hoch erfreut an seine Mütze und wünschte einen schönen Aufenthalt, ehe er wieder zurück in die Bahnhofshalle eilte. Derweil war der Fahrer des Wagens ausgestiegen und hielt Bwaroo die Tür auf, damit er bequem einsteigen konnte.

„Ein schönes Automobil", bemerkte Bwaroo.

„Ja, und ganz neu!", antwortete der Fahrer, der zurück am Steuer den Motor startete. Er klang so enthusiastisch, als würde das Fahrzeug ihm gehören. „Wir sind das erste Hotel, das seine Gäste mit 'nem Motorwagen abholt. Alle and'ren fahr'n noch mit Kutschen!"

„Nun ja, das ‚Adler' ist ja auch das erste Haus am Platz", nickte Bwaroo.

„Ganz genau! Wir hab'n 'nen Ruf zu wahr'n."

„Bestimmt sind Sie sehr stolz, dass Sie so einen Wagen fahren dürfen."

„Da können Sie drauf wetten! Es ist toll, wenn einem alle mit offenen Mündern nachschau'n."

„Ich weiß, was Sie meinen, schließlich habe ich selbst auch so ein Auto, wenn auch etwas kleiner."

„Tolles Gefühl, nicht? So mit fünfundzwanzig dahinzubrausen … na ja, vielleicht nich g'rade hier im Ort …" Der Fahrer bremste, als eine Dame mit einem winzigen Hund an der Leine die Straße überquerte.

„*C'est vrai.*" Bwaroo lächelte amüsiert. „So ein Wagen ist obendrein auch viel bequemer als eine Kutsche."

„Wenn Sie den Wagen mal für nen Ausflug brauchen", bot der junge Fahrer – Bwaroo schätzte ihn auf Mitte zwanzig – eifrig an. „Frag'n Sie einfach nach Bob. Bob, das bin ich!"

„Das werde ich mir merken, Bob“, versprach Bwaroo.

Inzwischen fuhren sie die gekieste Auffahrt zum Hotel hinauf. Interessiert betrachtete Bwaroo das Gebäude, das sich in zwei Flügeln links und rechts von einem großen, mit Rundbögen verzierten Eingang erstreckte. Die Wände waren in einem makellosen Weiß gehalten. Zwischen den unter weiteren Rundbögen untergebrachten Balkonen blühten rosa Kletterrosen. Die strenge, aber nicht aufdringliche Symmetrie behagte dem Elfendetektiv sehr.

„Wir freuen uns überaus, Sie bei uns begrüßen zu dürfen, Herr Bwaroo“, begrüßte der Rezeptionist ihn wenig später und gab einem jungen Mann in Pagenuniform einen diskreten Wink, sich um das Gepäck zu kümmern. „Ihr Ruf eilt Ihnen ja voraus. Sind Sie zur Erholung hier oder, um einen Fall zu lösen?“

„Nun, tatsächlich führt mich der Mord an Stella Hauser hierher“, gestand Bwaroo.

„Das habe ich mir schon beinahe gedacht. Schreckliche Sache, das.“, nickte der Rezeptionist.

„Ihr Hotel spielte ja auch eine Rolle bei dem mysteriösen Auftauchen der jungen Dame damals, nicht wahr?“

„Oh ja. Wir dürfen uns rühmen, Fräulein Hauser bei ihrem ersten Auftauchen in der Stadt hilfreich zur Seite gestanden zu haben.“

„*Mais oui*, davon habe ich gelesen. Haben Sie die Dame damals selbst in Empfang genommen?“

„Oh nein. Ich bin erst seit vier Jahren hier. Aber Panntos, der damals wie heute die Nachtschicht hat, der kann Ihnen da gerne Auskunft geben."

„Das würde mich außerordentlich freuen. Wann beginnt denn sein Dienst?"

„Um zehn Uhr. Ich werde ihm Bescheid geben, dass Sie ihn zu sprechen wünschen. Mein Name ist übrigens Helmut. Sie können sich tagsüber mit allen Wünschen an mich wenden." Helmut zog das Gästebuch, in das sich Bwaroo während des Gesprächs eingetragen hatte, wieder zu sich hinter den Tresen und reichte dem Elf den Zimmerschlüssel. „Suite 207. Thomas …", er deutete auf den Pagen, der gerade mit Bwaroos Gepäck auf einem Wägelchen wieder hereinkam, „wird Sie hinbringen. Wir haben selbstverständlich einen Fahrstuhl."

Natürlich, dachte Bwaroo amüsiert. Fahrstühle waren der neueste Schrei in seiner Welt und natürlich hatte ein Hotel vom Renommee des ‚Adler' einen zu bieten.

„Er ist dort hinten", erklärte Helmut währenddessen. „Und damit ich es nicht vergesse: Es ist auch schon eine Nachricht für Sie eingetroffen."

Erstaunt nahm Bwaroo den Umschlag entgegen, den ihm Helmut reichte. Außer Orges und Maja, und vermutlich inzwischen auch Heystings, wusste niemand, dass er hier war. War etwa zuhause etwas Schlimmes geschehen?

„Ich nehme an, es ist eine Nachricht von Herzog Boonis", kam Helmut zu Hilfe und wies auf das Wappen, das in der linken oberen Ecke des Umschlags prangte. „Der Herzog wünscht, über alle Besucher der Stadt von Rang und Namen informiert zu werden. Also haben wir ihm selbstverständlich avisiert, dass Sie bei uns erwartet werden."

„Ah!" Bwaroo strich sich geschmeichelt den Bart. „Ich danke Ihnen, Helmut."

„Stets zu Diensten!"

Bwaroo gab Thomas ein großzügiges Trinkgeld, als dieser Bwaroos Koffer ausgepackt und im Schrank verstaut hatte. Seiner Meinung nach war es nie verkehrt, das Personal auf seiner Seite zu haben. Es gab fast nichts, worauf die Belegschaft keinen Einfluss hatte. Höflichkeit, ein paar freundliche Worte und hin und wieder ein paar Münzen waren, abgesehen davon, dass es sich so gehörte, stets eine gute Investition.

Als er nun allein in seiner Suite stand, schaute sich Bwaroo erst einmal kritisch, aber auch zunehmend zufrieden um. Der Salon war hell und gemütlich eingerichtet, weder zu schlicht noch zu protzig. Eine Seite wurde von einem Kamin dominiert, in dessen Feuerstelle jetzt im August kein Holz brannte, sondern ein großes Blumengesteck prunkte. Die zwei Kerzenständer auf dem Kaminsims musste Bwaroo erst ein wenig zurechtrücken, damit sie den genau gleichen Abstand hatten. Vor dem Kamin stand ein gemütlicher Sessel und dem gegenüber ein Sofa mit einem niedrigen Tisch.

Das angrenzende Schlafzimmer beherrschte ein großes Himmelbett, das sich zu Bwaroos Freude genau in der Mitte der Wand befand, flankiert von identischen Schränkchen. Perfekte Symmetrie.

Ja, entschied Bwaroo, dieses Hotel hatte seinen guten Ruf zu Recht. Dann aber öffnete er den Kleiderschrank und seufzte. Thomas hatte sich alle Mühe gegeben, alles aufs Ordentlichste unterzubringen. Aber, lag da etwa ein hellblaues Hemd zwischen zwei weißen? Und der helle Sommeranzug konnte unmöglich neben dem dunklen Abendanzug bleiben! Bwaroo machte sich also daran, Wäschestapel zurecht zu ziehen und Hemden farblich zu sortieren. Danach nahm er jeden Kleiderbügel einzeln heraus und begutachtete akribisch die Anzüge, um gegebenenfalls ein wenig daran herum zu zupfen und sie dann sortiert von hell nach dunkel wieder zurück zu hängen.

Bei Orges, ging es ihm durch den Sinn, wäre das nicht nötig gewesen. Dessen Sorgfalt und Methodik ließen keine Wünsche offen. Wie schade, dass er nicht da war, denn nun musste Bwaroo alles selbst richten.

Er seufzte.

„*Je suis a veillir*", sagte er sich. „Ich werde alt. Alt, bequem und verweichlicht. Vielleicht ist es gar nicht so schlecht, dass ich jetzt ein paar Tage ohne Orges auskommen muss."

Als er endlich mit der Ordnung seiner Garderobe zufrieden war, zog er den Brief aus seiner Anzugtasche und wog ihn nachdenklich in der Hand: Zeit nachzusehen, was der Herzog von ihm wollte.

Vorher aber nahm er noch das Wappen genauer in Augenschein.

Auf der linken Seite eine goldene Weinrebe auf blauem und ein weißes Einhorn auf rotem Grund auf der rechten. Durchtrennt wurde das Ganze, und das fand der Detektiv besonders interessant, durch ein schmales silbernes Band, das von rechts oben nach links unten verlief.

„*Très intéressant*“, murmelte Bwaroo. „Ein Bastardfaden. Der Herzog oder einer seiner Vorfahren ist also einer unehelichen Verbindung oder Mesalliance entsprungen.“

Bwaroo öffnete den Briefumschlag und nahm ein einzelnes Blatt heraus, auf dem sich nur ein Satz fand:

„Herzog Boonis bittet Sie, heute Abend um acht Uhr sein Gast zu sein.“

Bwaroo lächelte. Obwohl der Herzog die Einladung als Bitte formuliert hatte, war klar, dass er ein Nein als Antwort nicht akzeptieren würde. Er würde also mit dem Regenten des Landes zu Abend essen. Und es würde interessant werden, zu erfahren, was der Herzog von ihm wollte. Ein guter Anfang!

Abendessen auf der Burg

„Ich seh sie immer noch vor mir, wie sie da so lag … alles voller Blut."

„Ach du Ärmste. Dass aber auch ausgerechnet du sie hast finden müss'n."

„Ich hab immer noch Alpträume deswegen."

„Was wirst du jetzt mach'n, jetzt wo unsere Dienstherrin nicht mehr da ist? Ich bin ja immer nur zum Saubermachen herg'kommen und ich hab noch andere Häuser, aber du ..."

„Keine Ahnung. Die Gräfin hat gemeint, ich soll erst mal hier wohnen bleiben. So als ne Art Verwalterin. Aber irgendwann werd ich mich wohl nach einer neuen Stellung umseh'n müssen. Oder gehe zurück ins Geschäft meiner Eltern. Zu schade. Stella war so eine liebe Herrin. Wir waren mehr Freundinnen als alles andere. Ach, und ich werde ihr nie mehr sagen können, dass ich das nicht so gemeint hab!"

„Dass du was nicht so g'meint hast?"

„Na, was ich gesagt hab, damals, gerade an dem Abend."

„Jetzt wein doch nicht. Hier, nimm das Schneuztücherl. So ist's recht. Was war denn so schlimm dran?"

„Ich … na ja … wir haben gestritten … sie hat mich vor meinem Freund gewarnt und üble Dinge über ihn gesagt."

„Über dein'n neuen Verehrer, diesen Jojo?"

„Ja. Sie hat sich hinter meinem Rücken über ihn erkundigt!"

„Das hätt sie nicht machen soll'n."

„Das hab ich auch gesagt. Dabei kennt sie ihn doch gar nicht!"

„Na, der hat aber auch wirklich schon so ein paar halbseid'ne Sachen g'macht. Und g'sessen hat er auch schon."

„Ach was! Ihr habt alle keine Ahnung. Und das mit dem Gefängnis – das war ein Justizirrtum."

„Na ja, das weißt du sicher besser als ich."

„Allerdings."

„Gut, ich will nix g'sagt haben. Unsere Herrin war also nicht begeistert vom Jojo?"

„Sie hat … sie hat gesagt, ich soll ihn sausen lassen, weil er einen schlechten Ruf hat … Und da wurde ich böse! Ich hab gesagt, dass sie doch gar nicht weiß, was Liebe ist, sondern dass sie ein kalter Fisch ist. Der Herzog hat sie über alles geschätzt. Das war ja schon krankhaft. Und den hat sie am langen Arm verhungern lassen. Und dann dieser Dichter, der sie so verehrt hat …"

„Na, ich mein, der hat eher ihr Geld verehrt."

„Aber er hat sie doch so angehimmelt … und er ist so süß …"

„Er schaut gut aus, das schon. Aber mal ehrlich: Diese Riesenschleifen, die er sich immer umbindet. Das ist doch affig!"

„Er ist eben ein Künstler."

„Na na, hast dich ein bisserl in ihn verguckt, was? Wenn das der Jojo wüsst …"

„Unsinn. Außerdem hatte er ja immer nur Augen für Stella. Ach, und jetzt ist sie tot, und ich kann ihr gar nicht mehr sagen, dass ich es nicht so gemeint hab mit dem kalten Fisch. Ich hab sie doch wirklich und ehrlich gern gehabt!"

***

„Herr Bwaroo! Schön, dass Sie es möglich machen konnten." Mit diesen Worten und ausgestreckten Armen kam ein hellhaariger, vollbärtiger Elf Bwaroo entgegen, und einen Moment lang befürchtete der, dass sein Gastgeber ihn in die Arme schließen wollte. Doch stattdessen ergriff er mit beiden Händen Bwaroos rechte Hand und schüttelte sie enthusiastisch.

„*Pas du tout*", wehrte der Elfendetektiv höflich ab und entzog seinem Gastgeber vorsichtig wieder seine Hand. „Es ist mir eine Ehre."

„Dann folgen Sie mir doch gleich in den Speisesaal. Ich habe ein paar Appetithäppchen vorbereiten lassen." Herzog Boonis zwinkerte Bwaroo zu und deutete einen Gang hinunter.

Während der Detektiv so seinem Gastgeber folgte, hatte er Muße, ihn genauer in Augenschein zu nehmen, wenn auch nur von hinten. Boonis war so groß gewachsen wie alle Hochelfen, die ja den Adel des Elfenlandes stellten. Und wie die meisten Hochelfen war er praktisch von undefinierbarem Alter. Aber ein Jungspund war er ganz sicher nicht mehr. Außerdem hatte er um Bauch und Hüften das eine oder andere Pölsterchen, was bei Hochelfen eher selten war, genauso wie die dichte, aber gut gepflegte Gesichtsbehaarung. Hochelfen hatten eigentlich immer glatte Wangen. Unter den Vorfahren des Herzogs musste der eine oder andere Mensch stecken.

Für die Einrichtung seines Zuhauses hatte der Herzog anscheinend nicht allzu viel übrig. Der Gang, durch den er Bwaroo führte, hatte kahle Wände und war außerdem ziemlich schlecht beleuchtet. Der Saal, in den sie schließlich traten, besaß abgesehen von ein paar fadenscheinigen Wandteppichen wenig, das Behaglichkeit geschaffen hätte. Auf einem blanken Tisch stand eine große Platte mit allerlei Häppchen, die sehr appetitlich angerichtet waren. Kein Zweifel, Essen war dem Herzog wichtiger als Wohnen.

„Wie viele Gäste erwarten Sie denn heute?" Bwaroo beäugte all die Köstlichkeiten verwundert.

„Nur Sie. Und keine Sorge, dass ist wirklich nur zur Appetitanregung. Ein *amuse gueule*, wie Sie Franzosen sagen."

Der Elfendetektiv verzichtete darauf, den Herzog zu korrigieren. Sein Faible für französische Brocken in seiner Rede war ja auf eine Reise nach Belgien zurückzuführen. Indessen wählte er eines der Schnittchen, das mit Tomaten und Kräutern belegt und mit Käse überbacken war, und biss hinein.

„Sehr delikat", lobte er. Gleichzeitig stellte er fest, dass sich der Herzog indes bereits fünf der Häppchen einverleibt hatte.

„Ich habe mir erlaubt, einen hiesigen Krötenbluter zu wählen." Boonis wies auf einen bauchigen Dekanter, der, flankiert von zwei silbernen Bechern, neben der Platte stand. Die leere Flasche und der Korken fanden sich ebenfalls dort. „Manche behaupten ja, dieser Rotwein sei zu schwer, aber ich finde ihn in Maßen sehr appetitanregend."

Der Herzog nahm das Gefäß und schenkte schwungvoll ein. Er hatte offensichtlich ganz eigene Vorstellungen davon, was maßvoll bedeutete.

„Ich hoffe, Sie mögen den Byonner Wein", meinte er und reichte Bwaroo einen der Becher. „Hmm, großartig", seufzte er zufrieden, als er einen Schluck aus seinem genommen hatte. „Samtig weich auf der Zunge mit einer herben Note von Brombeeren, mineralisch im Abgang mit einem Hauch von Moos und Walderde im Nachgang." Bwaroo fragte sich, wie viel Walderde Boonis denn schon gekostet hatte. Doch Boonis war noch nicht fertig: „Dieser Rotwein ist etwas ganz Besonderes. So schwer wie perfekt als Aperitif. Er ist sogar nummeriert, um ihn gegen Panscher und Fälschungen zu schützen. Wie ein Kunstwerk!" Der Herzog nahm den Korken, roch mit einem feinen Lächeln daran und reichte ihn weiter an Bwaroo. „Hier, sehen Sie die eingebrannte Nummer? KB für die Weinsorte und danach eine fünfstellige Nummer. Sie korrespondiert mit der hier unten auf dem Etikett."

„Ein ziemlicher Aufwand", meinte Bwaroo. „Aber der ist es sicher wert."

Er nahm nun selbst einen Schluck.

„Sehr gut. Angenehm herb", meinte er nur.

Der Herzog schaute ihn einen Moment irritiert an, wurde da aber durch den Klang eines Gongs abgelenkt.

„Das Essen ist fertig!", rief er erfreut und bedeutete Bwaroo, ihm ins Speisezimmer zu folgen.

„Ahhh! Das war köstlich!" Drei, nach Bwaroos Meinung, ziemlich umfangreiche Gänge später tupfte sich der Herzog die Lippen ab und lehnte sich zufrieden zurück.

„*Un repas excellent*", stimmte Bwaroo zu. „Mein Kompliment an Ihren Küchenchef. Aber um auf Ihre Einladung zurückzukommen …" Er drehte nachdenklich sein Weinglas in der Hand, das einen leichten Weißwein enthielt, der laut Herzog Boonis perfekt zum Geflügel passte. „Sie haben mich doch bestimmt nicht hergebeten, um mir zu zeigen, was für einen großartigen Koch Sie haben. Wir haben jetzt die ganze Zeit über das Wetter, die Jagd und die letzte Weinernte gesprochen. Sollten wir nicht langsam auf den Punkt kommen?"

„Ja, natürlich." Boonis fuhr sich unbehaglich mit dem Finger unter seinen Hemdkragen. „Also ...", er zögerte, „ich möchte, dass Sie den Mörder von Stella Hauser finden", platzte er dann heraus.

Bwaroo hob die Augenbrauen.

„Es ehrt Sie, dass Sie sich so viele Gedanken um die Menschen in Ihrer Stadt machen …" Er ließ den Satz unvollendet in der Luft hängen und blickte den Herzog fragend an.

„Aber es ist mehr als das." Boonis nickte. „Klar, jemandem mit Ihrem Scharfsinn kann man nichts vormachen, nicht wahr?"

Bwaroo nahm einen Schluck Wein, sagte aber nichts.

„Stella war eine gute Freundin", fuhr Boonis auch prompt fort und sprudelte dann richtig los: „Sie war wunderbar! Nicht nur eine wunderschöne Frau, sondern eine Göttin in der Küche. Ich habe bei ihr Dinge genossen, so himmlisch, dass man dafür sterben möchte! Ein gutes Herz hatte sie obendrein.

Niemand, der ihre Hilfe suchte, ging mit leeren Händen wieder fort. Und für jeden hatte sie ein freundliches Wort. Anbetungswürdig, das war sie. Leider, leider, leider hat sie niemals meinen Antrag angenommen."

„Sie wollten sie heiraten?"

„Heiraten? Nein!" Boonis starrte Bwaroo an, als wäre er nicht ganz bei Trost. „Ich habe sie gebeten, meine Köchin zu werden."

„*Mais oui*, natürlich."

„Aber sie wollte nicht. Sagte, sie habe in ihrem Restaurant ihre Erfüllung gefunden. Außerdem, meinte sie, sollte man Freundschaft und Arbeit nicht vermischen."

„Verstehe."

„Nun, jedenfalls war sie etwas ganz Besonderes. Und dann wird ihr Leben einfach so ausgelöscht." Boonis schüttelte traurig den Kopf. „Ich verstehe es einfach nicht. Aber ich will wissen, was dahintersteckt. Der Schuldige muss gefunden und zur Rechenschaft gezogen werden. Das bin ich Stella einfach schuldig."

„Die Byonner Polizei …"

„Tut ihr Bestes", winkte der Herzog ab, „aber Byonn ist eine kleine Stadt. Bekannt und gern besucht, aber abgesehen von dem einen oder anderen Krawall, wenn jemand zu viel Wein getrunken hat, ein paar Taschendiebstählen und dergleichen mehr ist es hier friedlich. Inspektor Essinger ist … äh ... etwas eigen … aber ein fähiger Mann, ja, ganz bestimmt ein fähiger Mann. Mit Mord hatte er jedoch noch nie zu tun. Deshalb möchte ich Sie beauftragen, den Schuft zu finden, der Stella das angetan hat."

Bwaroo legte den Kopf schief, was ihn ein wenig wie einen neugierigen Spatz aussehen ließ. Noch ein Klient? Nun, warum nicht? Theoretisch sprach nichts dagegen. Und mit dem herzoglichen Auftrag im Rücken konnte er mehr erreichen.

„*Bien sûr, c'est possible*", sagte er langsam. „Ich will ehrlich sein: Tatsächlich bin ich hier, um den Mörder zu finden."

„Großartig!"

„Aber ich habe einer aufstrebenden Journalistin versprochen, ihr für ‚Die Zeiten' ein Exklusivinterview zu geben, sobald ich den Fall gelöst habe."

„Hm. Werden Sie Stella dabei gerecht werden, sie in bestem Licht darstellen?"

„Bwaroo ist der Wahrheit verpflichtet! Wenn es also eine dunkle Seite gibt, wird Bwaroo sie nicht verheimlichen können."

Herzog Boonis schaute enttäuscht drein.

„Aber …", fuhr Bwaroo fort, „Bwaroo wird nicht mehr sagen als notwendig. Er ist nicht auf Skandale und schmutzige Wäsche aus."

Der Herzog nahm sich Zeit, diese Worte zu überdenken. Dann räusperte er sich und machte eine wegwerfende Handbewegung.

„Stella hatte keine dunkle Seite, auch nicht in ihrer Vergangenheit, da bin ich mir sicher. Das hat irgendein Verrückter getan! Na gut, geben Sie Ihr Interview. Ich werde Ihnen da nicht dreinreden. Aber vorher möchte ich über alles informiert werden."

„*Très bon.*" Zufrieden lehnte sich Bwaroo zurück. „Dann nehme ich Ihren Auftrag gerne an."

„Gut." Sichtlich erleichtert griff Boonis zur Weinflasche, schenkte sich nach und nahm einen tiefen Schluck.

Bwaroo tat es ihm gleich.

„*Alors*", sagte er dann, „nachdem das nun geklärt wäre, möchte ich gleich mit den Ermittlungen beginnen und Ihnen ein paar Fragen stellen."

„Schießen Sie los!"

„Bwaroo weiß bisher nur, was in den Zeitungen zu lesen war. Angeblich ist Stella Hauser eines Nachts mit einer Schürze voller Goldtaler hier in Byonn aufgetaucht."

„Es war keine Schürze, es war ein Nachthemd."

„*Bon.* Sonst stimmt die Geschichte aber?"

„Im Prinzip, ja. Nur war es nicht nur angeblich, sondern tatsächlich so. Sie stand eines Nachts barfuß und nur mit einem langen weißen Hemd bekleidet im Hotel ‚Adler'. In diesem Hemd zusammengerafft hatte sie eine Menge Goldmünzen."

„Und das kam niemandem komisch oder gar verdächtig vor?"

„Wieso denn? Sie hatte eine völlig plausible Erklärung: Ihre Eltern waren gestorben, und die Erben hatten sie aus dem Haus geworfen. Sie hatte nur noch, was sie am Leib hatte, und ein Stück Brot. Aber dann traf sie einen Bettler, der sehr hungrig war, und gab dem das Brot. Und dann lief ihr ein Kind über den Weg, das sehr fror, und sie gab ihm ihre Mütze. So nach und nach verschenkte sie all ihre Kleidung, und als sie nur noch ein Hemdchen anhatte, versteckte sie sich im Wald. Und dort fielen dann die Sterne vom Himmel und in ihren Schoß, als Dank für ihr gutes Herz."

„Gibt es denn eine Fee in diesem Wald, die dafür bekannt ist, dass sie mildherzige Menschen belohnt?“ Bwaroo strich sich skeptisch seinen Schnurrbart.

„Nein“, gab der Herzog zu, „und ich als Elf müsste es wissen, wenn es so wäre. Schließlich ist das hier mein Herzogtum.“

„Vielleicht eine Fee auf der Durchreise?“

„Ich habe mich unter den Feyen umgehört. Nichts dergleichen.“

„Und das nennen Sie plausibel?“

„Ja, ich gebe es zu, es klingt eher nach einer völlig verrückten Lügengeschichte.“ Boonis hob frustriert die Hände. „Aber eine andere Erklärung gab es auch nicht. Keine Überfälle, kein Raub, kein Diebstahl in dieser Zeit. Niemand hatte einen Schatz verloren, nichts dergleichen.“

„Wo lebte das Mädchen, bevor es von den Erben auf die Straße gesetzt wurde? Wieso hat das Haus überhaupt jemand anders geerbt, wenn sie die einzige Tochter war?“

„Keine Ahnung. Sie muss aus einem Nachbarort gekommen sein.“

„*Mais c'est absurd!* Sie muss doch in der Lage gewesen sein, den Ort zu benennen. Und irgendjemand muss sie gekannt haben. Eine Schule müsste sie auch besucht haben …“

„Genaueres weiß ich nicht“, unterbrach Boonis. „Die Polizei hat umfangreiche Ermittlungen angestellt. Dort kann man Ihnen auf jeden Fall mehr dazu sagen. Aber wenn Sie Stella gekannt hätten, würden Sie nicht daran zweifeln, dass sie die Wahrheit sagte. Sie hatte so etwas Reines an sich – ich bin davon überzeugt, dass sie gar nicht zu einer Lüge fähig war!“

Boonis leerte erneut seinen Becher und schenkte sich nach. „Ich verstehe allerdings nicht, was das damit zu tun hat, dass sie ermordet wurde." Er warf Bwaroo einen missbilligenden Blick zu.

„Vielleicht alles, vielleicht nichts." Bwaroo lächelte ihn an. „Aber Sie haben recht: Wenden wir uns dem Mord zu. Mademoiselle Hauser wurde von ihrer Zofe erstochen aufgefunden, heißt es. Wissen Sie dazu Genaueres?"

„Nicht viel. Ihre Zofe heißt Jana Waldhaus und ist ein kleines, munteres Ding. Na ja, jetzt im Moment wahrscheinlich nicht so munter. Soviel ich weiß, hatten die beiden ein sehr herzliches Verhältnis, eher wie Freundinnen …" Boonis seufzte und nahm noch einen Schluck Wein. „Ansonsten kann ich eigentlich gar nicht viel dazu sagen. Ich sagte ja schon, dass Inspektor Essinger etwas eigen ist."

„Das haben Sie bereits erwähnt." Bwaroo nickte und wartete.

„Ja, also, um genau zu sein, hat er gewisse Vorbehalte gegen Elfen – und mehr noch gegen Mischlinge." Boonis zupfte wieder nervös an seinem Hemdkragen. „Na ja, nennen wir die Dinge beim Namen …" Er gab sich einen Ruck: „Essinger mag keine Elfen und ist recht unglücklich darüber, dass ich hier das Sagen habe. Elfen und Menschen versuchen ja, sich in solchen Dingen nicht in die Quere zu kommen. Aber Königin Rosamunde und ich haben eine Übereinkunft, dass ich sozusagen die menschlichen Angelegenheiten mit in die Hand nehme. Oberon und Titania sind darüber nicht wirklich glücklich – aber die sind weit weg und überhaupt! Ich meine, ich habe ja auch Menschenblut in meinen Adern. Mein Urgroßvater hatte eine Beziehung zu einer menschlichen Herzogin, aus der mein Großvater hervorging. Mein Urgroßvater hatte sonst keine Erben und anerkannte meinen Großvater als seinen Sohn, weshalb der nach dessen Tod Land und Titel erbte. Mein Großvater heiratete eine Elfe. Mein Vater auch. Aber ein paar Tropfen menschliches Blut fließen immer noch in meinen Adern."

„Und Inspektor Essinger?"

„Kann nicht nur Elfen nicht ausstehen, sondern ist auch ein streitbarer Gegner von Mischehen." Boonis lächelte schief. „Im Prinzip ist mir das egal. Letztlich muss er auf meine Wünsche Rücksicht nehmen. Aber er weigert sich, mir Genaueres zu dem Mord an Stella zu sagen. Er kommt mir mit ‚laufenden Ermittlungen', ‚notwendige Geheimhaltung von Fakten und Täterwissen' und dergleichen. Als ob ich ein Verdächtiger wäre!"

In diesem Punkt konnte Bwaroo den Inspektor gut verstehen. Boonis hatte eine Beziehung zu Stella, welcher Art auch immer. Damit war er tatsächlich ein Verdächtiger. Und es war nie gut, zu viel preiszugeben.

„*Bon*," winkte er ab. „Ich werde mich dazu direkt an den Inspektor wenden. Kommen wir lieber zu Ihnen. Sie sagen, Sie waren mit Mademoiselle Hauser befreundet. Wie haben Sie sich kennengelernt?"

„Je nun, ich hatte ein paar Freunde zu Gast, und die wollten ein wenig durch die Stadt stromern. Ist ja auch wirklich ein malerischer Ort. Und weil das am freien Tag meines Kochs war, haben wir beschlossen, auch gleich in der Stadt zu essen. Das ‚Sterntaler' war damals noch ganz neu, hatte aber bereits einen ausgezeichneten Ruf – also sind wir dorthin und bekamen tatsächlich noch einen Platz. Das ist in diesem Restaurant eine Seltenheit. Das Essen war eine Offenbarung. Mein Koch ist einer der besten seines Fachs. Aber was uns im ‚Sterntaler' serviert wurde, das war noch eine ganze Klasse besser als alles, was er je kreiert hat. Stella kam zum Dessert an unseren Tisch, um sich zu erkundigen, ob alles zu unserer Zufriedenheit war. Wir waren alle des Lobes voll – bis auf Otto … Baron Otto von Sax, um genau zu sein. Der mäkelte an den Portionen herum, fand das Rindfleisch zu blutig, das Gemüse zu weich, die Suppe zu fade … es war richtig peinlich. Vor allem, wenn man weiß, dass der Kerl die Geschmacksnerven eines Wurms hat. Zugegebenermaßen hat er immer und überall was auszusetzen. Aber dass er gleich so vom Leder zieht, hätte ich ehrlich gesagt nicht erwartet. Na ja, Stella nahm die ungerechte Kritik mit Würde entgegen, merkte aber bei dem Steak an, dass er es ausdrücklich ‚sehr blutig' bestellt hatte. Daraufhin wurde er ausfallend, und ich ging dazwischen."

Boonis nahm einen tiefen Zug aus seinem Glas, ehe er fortfuhr: „Ich hielt es dann am nächsten Tag für angebracht, mich persönlich bei Stella zu entschuldigen. Dabei haben wir recht angenehm geplaudert und machten sogar eine kleine Kutschfahrt zusammen. In der Folge war ich öfter bei ihr zu Gast und hab ihr schließlich angeboten, meine Küche zu übernehmen."

„Wusste Ihr Koch, dass Sie ihn entlassen wollten?"

„Gute Güte, nein! Die Idee war mir ganz spontan gekommen und hatte sich ja auch gleich wieder erledigt, als Stella Nein sagte."

„*Bon.* Aber gestatten Sie mir, dass ich Ihren Koch persönlich befrage?“

„Muss das sein? Ich meine, nach Stella ist er der Beste, den ich kenne. Und ich möchte schon, dass er bei mir bleibt.“

„Ich werde ihn nur ganz allgemein zu Mademoiselle Hauser befragen. Köche unter sich – man kennt sich, man tauscht sich aus …“

„Hm, na gut. Ich lasse ihn holen.“

„*Mais non.*“ Bwaroo hob die Hand, als Boonis bereits nach dem Klingelzug griff. „Bwaroo möchte ihn in seinem persönlichen Umfeld kennenlernen, also in der Küche.“

„In der Küche? Na gut. Ich lasse Sie hinbringen. Ehrlich gesagt weiß ich gar nicht so genau, wo die Küche ist. War noch nie dort. Hat mir immer gereicht, was an Leckerem von dort kam.“

„*Bien sûr.*“ Bwaroo lächelte. Diese Einstellung hatte er schon bei vielen Adligen angetroffen. Der Herzog hatte vermutlich auch keine Ahnung, wo – und wie – seine Bediensteten wohnten.

Auf das Klingeln des Herzogs erschien ein Bediensteter, den Boonis anwies, Bwaroo zur Küche zu geleiten.

„Eins noch“, sagte Boonis, als er Bwaroo zum Abschied die Hand schüttelte. „Morgen ist die Beerdigung von Stella, und danach wird das Testament verlesen. Die Rechtsanwaltskanzlei ‚Schütte und Leisner‘ hat mich dazu gebeten. Ich würde mich freuen, wenn Sie mich begleiten könnten. Die Testamentseröffnung ist um elf.“

„Gerne“, nickte Bwaroo zustimmend. Auf diese Weise konnte er alle treffen, die mit Stella Hauser in Verbindung gestanden hatten, und gleichzeitig auch noch deren Reaktion auf den Inhalt des Testaments beobachten.

„Gut.“ Auch Boonis war zufrieden. „Ich lasse Sie dann abholen.“

Wenig später stand Erkül Bwaroo in einer geräumigen Küche, in der drei Leute eifrig damit beschäftigt waren, nach dem Abendessen alles wieder auf Hochglanz zu bringen und gleichzeitig das Frühstück für den nächsten Morgen vorzubereiten. Den Chef erkannte man gleich: Während er höchstpersönlich den Herd schrubbte, gab er ständig Befehle und Ratschläge an die beiden anderen: ein junges Mädchen, das sein blondes Haar in einem dicken Zopf trug und ein schon etwas älterer Mann mit schütterem braunen Haar. Der Mann wienerte den Boden. Das Mädchen schnitt Kräuter klein.

Der Diener, der Bwaroo zur Küche geführt hatte, zögerte einen Moment. Dann nahm er sich ein Herz und sprach den Koch an: „Herr Vogel? Dieser Herr hier ist Herr Erkül Bwaroo. Er möchte mit Ihnen sprechen.“ Kaum hatte er das gesagt, zog er sich auch schon zurück.

Der Angesprochene legte die Bürste beiseite, mit der er die Herdplatte bearbeitet hatte, und drehte sich um. Er war ein stattlicher Mann, der alle anderen Anwesenden überragte, untersetzt, aber nicht so dick, wie man es Köchen im Allgemeinen nachsagte. Sein kurzes Haar verschwand fast völlig unter der weißen Mütze, die er trug. Die Flecken auf seiner Küchenschürze rührten augenscheinlich davon, dass er seine bemerkenswert großen Hände mehr als einmal daran abgewischt hatte. Er kniff seine grauen Augen misstrauisch zusammen, während er Bwaroo musterte.

„Beschwerden?", bellte er dann.

„*Pas du tout!*" Bwaroo setzte ein breites Lächeln auf. „*Au contraire.* Ich möchte Ihnen mein Kompliment aussprechen."

„Hm." An so etwas war der Koch anscheinend nicht gewöhnt. „Danke. Aber deswegen haben Sie sich bestimmt nicht extra herbemüht."

„Ah, Sie tun mir unrecht!", begehrte Bwaroo auf. „Bwaroo zollt jemanden gerne den Dank, den er verdient. Aber zugegebenermaßen nehme ich die Gelegenheit gerne wahr, um Ihnen ein paar Fragen zu einer verstorbenen Kollegin zu stellen."

„Stella Hauser?"

„*C'est ça.* Ich untersuche den Mord …"

„Und wie soll ich Ihnen dabei helfen?", brauste Vogel da auf. „Hab ich Sie etwa umgebracht, weil sie meine Stelle wollte?"

„Haben Sie?"

„So ein Quatsch! Außerdem wollte sie den Posten ja gar nicht. Sie hatte ein großartiges Restaurant. Nur noch für den Herzog zu kochen, wäre da eher ein Abstieg."

„Aber Sie wussten, dass der Herzog es ihr angeboten hat?"

„Klar. Unter Kollegen spricht sich das rum."

Bwaroo schmunzelte. So viel zur Geheimhaltung.

„Sie waren doch sicher wütend, als Sie erfuhren …"

„Dass der alte Knacker lieber die hübsche Küchenfee um sich wollte? Hat mir nicht gefallen. Ich reiß mir jeden Tag den Arsch für ihn auf, und das ist dann der Dank. Ich hätte allerdings lieber dem Herzog den Hals umgedreht. Aber das bringt ja nun auch nichts. Und es hat seine Vorteile, nur für den Regenten des Landes zu kochen. Außerdem werde ich gut bezahlt, und der Herzog schaut nicht aufs Geld, solange die Qualität stimmt. Er hat zwar oft Gäste, aber alles im Rahmen, planbar. Bei einem Lokal wie dem ‚Sterntaler' weiß man nie so genau, ob nicht am nächsten Tag irgendein Großkotz plötzlich fünfzig Gäste bewirten will. Hier in meiner Küche spielt Politik keine Rolle. Wenn der Herzog zufrieden ist, ist alles gut. In einem Restaurant muss man immer auf alle möglichen Empfindlichkeiten Rücksicht nehmen." Vogel wedelte abwertend mit der Hand. „Ich hab eine Freundin, die ist da Unterköchin. Im ‚Sterntaler', mein ich. Nebenbei eine Verschwendung ihres Talents. Aber egal. Jedenfalls, was die mir da so erzählt … Den Ärger muss ich mir nicht antun."

„Dann reizt es Sie nicht, die Stelle des Chefkochs im ‚Sterntaler' zu übernehmen? Die müsste ja jetzt frei werden, *n'est-ce pas?*"

„Nee. Die hat Patrick, und der gibt sie bestimmt nicht her."

„Patrick?"

„Patrick Hehlbein. Stella hat ihn schon vor einiger Zeit eingestellt. Sie selber war nur noch zu besonderen Anlässen in der Küche. Ein Lokal Führen und Kochen, das wurde ihr auf Dauer zu viel."

„Und Monsieur Hehlbein führt jetzt das Restaurant?"

„Da bin ich überfragt. Ich weiß, dass sie das ‚Sterntaler' heute wieder aufmachen. Hatten erst mal zu, als das mit Stella passiert ist. Und Patrick wird wohl kochen. Aber wer sich sonst um was kümmert – keine Ahnung." Vogel hob den Kopf. „Hey, Bernd! Wie oft soll ich dir noch sagen, dass du auch in den Ecken putzen sollst!"

Der mit Bernd Angesprochene zuckte zusammen und beeilte sich, die Ecke, die er gerade gewischt hatte, noch einmal gründlich zu bearbeiten.

„Und du, Monika," wandte sich Vogel an das blonde Mädchen, „schneid den Schnittlauch in gleichmäßige, möglichst schmale Ringe! Hier geht es nicht um Geschwindigkeit, sondern um Sorgfalt. Das letzte Mal hatten wir Ringe, die einen halben Zentimeter dick waren neben welchen von einem Millimeter. Das sieht abscheulich aus. So einen Mist streu ich doch nicht morgen früh auf die Rühreier!"

Bwaroo erkannte einen Zaunpfahl, wenn er ihn sah, und wusste, dass es Zeit wurde zu gehen. Also verabschiedete er sich mit einem weiteren Lob für das Essen und vertraute sich dem Diener an, der ihn aus dem Schloss geleitete.

Da Walter Vogel erwähnt hatte, dass das ‚Sterntaler' wieder aufmachte, beschloss Bwaroo, dort vorbei zu schauen, bevor er in sein Hotel zurückkehrte.

Das Lokal war nicht schwer zu finden. Es lag prominent am Stadtplatz, ein imposantes Gebäude, das jetzt am Abend mit zahlreichen kleinen Lichtern, die über die Fassade verstreut waren, auf sich aufmerksam machte. Eine Traube von Leuten stand davor, hauptsächlich Menschen und Elfen. Aber Bwaroo konnte auch den einen oder anderen Zwerg und sogar einen Troll ausmachen.

„Es tut mir leid! Wenn Sie nicht reserviert haben, kann ich Sie leider nicht hinein lassen“, hörte Bwaroo eine achtunggebietende, weibliche Stimme, als er näher kam. „Wir sind völlig ausgebucht! Nein, mein Herr, auch wenn Sie einen Extrabonus bieten, kann ich keinen zusätzlichen Tisch aus dem Hut zaubern.“

Jetzt konnte Bwaroo auch die Frau erkennen, die einen dicken Mann so angefahren hatte, dass der mit eingezogenem Kopf davon hastete. Sie war eine Elfe, die ihr pechschwarzes Haar zu einem Zopf geflochten wie eine Krone über den Kopf gelegt hatte, was sie noch größer erscheinen ließ, als sie ohnehin schon war. Sie strahlte Selbstsicherheit und Autorität aus. Bwaroo schmunzelte. An dieser Frau kam niemand vorbei, das war klar.

Am besten verschiebe ich meinen Besuch hier auf morgen, sagte er sich und ging weiter zu seinem Hotel.

„Panntos wäre jetzt da“, begrüßte ihn Helmut, kaum dass er das Foyer betreten hatte. „Soll ich ihn in Ihre Suite schicken?“

„Ja, bitte“, stimmte Bwaroo zu. „Und lassen Sie auch eine Flasche Byonner Pfaffentränen und eine Flasche Bier hinauf schicken.“

Amüsiert bemerkte Bwaroo wie der Rezeptionist sich jede Bemerkung zu dieser Bestellung verkniff. Stattdessen trug er eine gleichmütige Miene, als könne ihn nichts erschüttern.

Er muss auf derselben Schule gewesen sein wie mein lieber Orges, dachte Bwaroo.

Kaum hatte der Elfendetektiv sein Zimmer betreten, kam auch schon ein junges Mädchen mit der bestellten Flasche Wein, natürlich mit der genau richtigen Temperatur, und dem gut gekühlten Bier.

Wenig später erschien Panntos. Für einen Zwerg war er groß. Wie zum Ausgleich waren sein Haar und sein Bart für einen Zwerg recht kurz, wenn auch sehr gepflegt. Vermutlich ein Zugeständnis an seinen Beruf.

„Sie wollten mich wegen des Vorfalls mit Stella Hauser sprechen?" Panntos war in Habachtstellung gleich neben der Tür stehen geblieben.

„Richtig. Setzen Sie sich doch! Wie wäre es mit einem kalten Bier?" Bwaroo wies auf einen bequemen Sessel und das Bier mit Glas, das auf dem niedrigen Tisch davor stand.

Doch Panntos schüttelte den Kopf und blieb stocksteif stehen.

„Aber ja doch", rief Bwaroo heiter, „ich bestehe darauf! Ihr Hotel rühmt sich doch, den Gästen alle Wünsche zu erfüllen, oder etwa nicht?"

Bwaroo deutete noch einmal auf den Sessel und schenkte dann das Bier ein.

Der Zwerg blieb noch einen Moment stehen, wobei er verstohlene Blicke auf das bernsteinfarbene Getränk mit der einladenden Schaumkrone warf. Dann zuckte er mit den Schultern und setzte sich.

„So unterhält es sich doch gleich viel besser", erklärte Bwaroo zufrieden und hob sein Glas Wein, um mit seinem Gast anzustoßen. „Sie wissen wahrscheinlich schon, dass ich hier bin, um den Mord an Mademoiselle Hauser aufzuklären?"

„Ja, ist mir bekannt."

„*Bon.* Ich habe die junge Dame selbst nie kennengelernt. Deshalb möchte ich mehr über sie erfahren. Soviel ich weiß, haben Sie sie vor einigen Jahren in Empfang genommen?"

„Richtig. Sie kam in unser Hotel und verlangte ein Zimmer."

„Wie lief das genau ab?"

„Nun, sie kam herein und fragte, ob wir ein Zimmer frei hätten."

„*Ce n'était pas la question.*" Bwaroo schüttelte milde lächelnd den Kopf. „Was genau ist geschehen? Wie sah Mademoiselle Hauser zum Beispiel aus, als sie eintrat?"

Panntos nahm einen großen Schluck Bier und druckste ein wenig herum.

„Es war vor fünf Jahren", begann er schließlich nach einem weiteren Schluck aus seinem Glas. „Ich war allein an der Rezeption, und es war nichts los – ging immerhin schon auf Mitternacht zu. Da kam dieses Mädchen herein. Ein halbes Kind noch, höchstens siebzehn oder achtzehn, mit langen blonden Haaren und nur mit einem Nachthemd oder so etwas bekleidet. Es war barfuß, und ihre Füße waren schmutzig und blutig und hinterließen Spuren auf den Fliesen. Das ging natürlich nicht, und als ich wieder allein war, habe ich mir einen Lappen geholt, und alles sauber gemacht.

Na, jedenfalls, da stand diese blutjunge Frau. Das Hemd hatte sie vorne zusammengerafft, und es sah aus, als ob da etwas sehr Schweres drin wäre." Noch ein Schluck Bier. „Sie war wirklich völlig unpassend gekleidet, das Hemd vorne so hochgerafft, dass man die Knie sehen konnte, und eigentlich hätte ich sie gleich wieder wegschicken müssen. Aber sie schaute mich mit ihren großen blauen Augen an, und … ich weiß nicht … sie hatte etwas Unschuldiges, Hilfloses an sich, da hat sie mir sofort leid getan. Ich hab sie also so freundlich wie möglich gefragt, ob ich ihr helfen kann.

Sie wollte wissen, ob sie hier irgendwo schlafen kann, und hat dann in ihren Hemdbeutel gegriffen und einen Goldtaler herausgenommen und auf den Tresen gelegt. So eine Münze hatte ich noch nie gesehen! Ein wenig verbogen und mit einem Stern drauf, sonst nichts. Es war pures Gold, als Zwerg merkt man das sofort. Noch nicht einmal Zwergenbatzen sind so rein. Und sie hatte noch viel mehr davon. Ein Wahnsinn mit so einem Schatz einfach durch die Gegend zu laufen! Da hätte ja sonstwas passieren können. Ich war so verdattert, dass ich sie erst einmal gefragt habe, wo sie das her hat. Und sie meinte, sie wäre ganz allein im Wald gewesen und da wären die Sterne vom Himmel in ihren Schoß geregnet und zu Talern geworden. Sie hat das so ernst und glaubhaft erzählt, dass ich keine Zweifel hatte. Natürlich habe ich sie nach ihren Eltern gefragt, aber sie sagte, sie stünde ganz allein auf der Welt. Na ja, im Foyer konnte sie nicht bleiben, schon gar nicht in dem Aufzug. Also hab ich den Taler genommen, ihr ein Zimmer gegeben und sie persönlich hingebracht. Ins Empfangsbuch schrieb sie ‚Stella Hauser'. Keine Adresse. Nur den Namen. Ich hab sie noch gefragt, ob ich einen Arzt rufen sollte wegen ihrer Füße. Aber sie meinte, damit käme sie schon klar. Also hab ich's dabei belassen.

Am nächsten Morgen habe ich bei Schichtwechsel dann den Empfangschef informiert."

„Und weiter haben Sie nichts unternommen?", staunte Bwaroo. „Das Geld hätte ja auch aus einem Überfall stammen können …"

„Das meinte Peter auch und hat mich heftig gerügt. Peter Hell, das war der damalige Empfangschef. Der ging dann bald in Rente und vor zwei Jahren ist er gestorben, der arme Kerl. Na, jedenfalls hat er mich ganz schön geschimpft. ‚Das Mädel ist wahrscheinlich vom horizontalen Gewerbe und hat einen Freier ausgeraubt', meinte er. ‚Dann hat sie die Unschuld vom Lande gegeben und dir schöne Augen gemacht, und du bist drauf reingefallen.'

Aber wie er dann Fräulein Hauser gesehen hat, änderte er seine Meinung. Er ging nämlich persönlich zu ihr. Als er wiederkam, war er ganz verändert und meinte nur, wir sollten die Polizei verständigen, schon der Form halber. Aber vor allem sollten wir einen Arzt für die zerschundenen Füße holen und einen Schneider, damit die junge Dame sich aus dem Zimmer wagen konnte."

„Aha." Bwaroo zwirbelte nachdenklich seinen Schnurrbart. „Hat Ihnen Peter je erzählt, was in dem Zimmer geschehen ist?"

„Ja, bei der Jubiläumsfeier im selben Jahr wurde er nach ein paar Bier ein bisschen redselig und erzählte, Fräulein Hauser war schon wach gewesen, als er klopfte. Er hätte sie erst für eine Feye gehalten, weil sie in einem unserer Bademäntel und mit ihrem langen, nassen Haar wie eine Nymphe oder eine Nixe ausgesehen hätte. Weil sie jedoch keine spitzen Ohren hatte, war sie wohl doch einfach nur ein Mensch. Aber sie hatte so etwas Unirdisches, Verlorenes an sich … Ich schwöre, Peter hatte Tränen in den Augen, als er mir das erzählte."

„*Et puis?* Wie ging es weiter?"

„Das weiß ich nicht so genau. Ein Arzt war da und versorgte ihre Füße. Ein Ausstatter besuchte sie, um sie von Kopf bis Fuß einzukleiden. Zwei Polizisten kamen und gingen, und dann schickte Fräulein Hauser noch nach einem Rechtsanwalt. Nach ein paar Tagen nahm sie dann in einem Haus Quartier. Das war tagsüber, also bekam ich es gar nicht direkt mit. Sie hat dann das ‚Sterntaler' eröffnet und war sehr erfolgreich damit."

„Sie haben sie nie wieder gesehen?"

„Nein. Wenn man nachts arbeitet, bekommt man vom Tagesgeschehen nicht so viel mit." Panntos leerte sein Glas. „Wenn das alles ist?" Er stand auf.

„*Merci beaucoup.*" Auch Bwaroo erhob sich und drückte dem Zwerg ein paar Münzen in die Hand. „Sie haben mir sehr geholfen."

Eine leichte Röte flog über Panntos' Gesicht. Aber es dauerte nur einen Moment. Er nickte knapp und ging dann.

„*Très intéressant*", murmelte Bwaroo, als die Tür sich hinter dem Zwerg geschlossen hatte. „Ein schönes Mädchen, das eine Aura der Unschuld umgab. Ja, wirklich sehr interessant."

Nicht sehr zuvorkommend

„Stella wollte mich, ihre beste Freundin, als Testamentsvollstreckerin. Sie hat mehr als einmal zu mir gesagt, dass ich mich um alles kümmern soll. Im Falle eines Falles, meine ich."

„Es tut mir leid, Frau Gräfin, aber Fräulein Hauser hat schriftlich festgelegt, dass ihr Vermögen nach ihrem Ableben in eine Stiftung für wohltätige Zwecke überführt werden soll. Mit der Durchführung dieses Vorgangs hat sie unsere Kanzlei beauftragt. Wir haben auch bereits erste Schritte unternommen, um das in die Wege zu leiten. Natürlich müssen wir noch die Testamentseröffnung und -verlesung abwarten, die erst nach der Beerdigung stattfinden soll. Leider waren wir gezwungen, so lange zu warten, bis der Leichnam von der Polizei freigegeben wurde. Aber das wissen Sie ja alles, Sie sind schließlich auch dazu geladen."

„Und ich komme natürlich. Aber warum, wenn nicht ich ihr Vermögen verwalten soll?"

„Leider bin ich nicht ermächtigt, Ihnen das zu sagen."

„Das ist empörend!"

„Das ist leider Vorschrift. Wir nehmen das sehr ernst."

„Und die Stiftung? Ich bin die zweite Vorsitzende des Byonner Wohltätigkeitsvereins! Und nach Stellas Tod werde ich nun wohl zur ersten Vorsitzenden aufrücken."

„Das ist mir durchaus bekannt, Frau Gräfin. Und ich bewundere Ihren Enthusiasmus. Wenn die Stiftung erst einmal im Register eingetragen ist, können Sie natürlich um Mittel daraus bitten, wenn …"

„Ich melde bereits jetzt einen Anspruch an. Zweitausend Taler sollten erst einmal reichen."

„Sehr gerne, wenn Sie uns bitte belegen können, wofür Sie das Geld benötigen."

„Ich muss das belegen?"

„Selbstverständlich. Eine Auszahlung muss zweckgebunden und dem Stiftungszweck dienlich sein."

***

Am nächsten Morgen nach seinem Frühstück bat Bwaroo Helmut, ihm einen Tisch für zwei im ‚Sterntaler' zu reservieren. Für den Abend, sofern das möglich war, fügte der Elf hinzu, und Helmut reagierte beinahe entrüstet auf die Annahme, dass es vielleicht nicht möglich sein könnte. Bwaroo nahm es schmunzelnd zu Kenntnis und machte sich auf den Weg zur Polizeistation, wo er von einem grummeligen Polizisten in Empfang genommen und nach einigem Hin und Her zu Inspektor Essinger geführt wurde.

„Sie sind also der Elf, der sich in meine Ermittlungen einmischen will", raunzte ein Mann mit kantigem Gesicht und kleinen Schweinsäuglein zur Begrüßung. Er saß an einem mit Papieren überquellenden Schreibtisch und machte sich nicht die Mühe, aufzustehen. Er bot Bwaroo auch keinen Platz an.

Stattdessen musterte er den Detektiv unverhohlen. „Sie sind recht klein für einen Elf", stellte er fest. „Die sind doch für ihre Größe und Schönheit berühmt. Da war wohl eine dralle, menschliche Dienstmagd unter den Vorfahren, eh? Hat Ihnen auch die Figur vererbt, oder? So ähnlich wie bei unserem Herzog oben auf dem Schloss."

„Ich bin ein Niederelf", beschied ihn Bwaroo sichtlich verärgert. „Sie verwechseln mich mit einem Hochelfen. Soviel zu Ihren kriminalistischen Fähigkeiten."

Der Elfendetektiv schaute sich um und fegte dann einfach einige Akten von der Sitzfläche eines Stuhls, um sich zu setzen. Höflichkeit, entschied er, war bei diesem ungehobelten Menschen fehl am Platz.

Essinger nahm das alles mit einem Stirnrunzeln zur Kenntnis, sagte aber nichts dazu.

„Ich bin nicht begeistert davon, dass Sie Ihre Nase in diesen Fall stecken wollen", knurrte er stattdessen.

„Das hätte ich nie gedacht." Bwaroo setzte ein süffisantes Lächeln auf.

„Kommen Sie mir bloß nicht dumm!" Essinger kniff die Augen zusammen. „Sie sind hier, weil Herzog Boonis darauf besteht, und nur deshalb. Eigentlich hat mir der Herzog ja gar nichts zu sagen. Aber er hat nun mal einen gewissen Einfluss, also lass ich Sie machen. Aber wenn Sie denken, Sie hätten hier das Sagen … Das können Sie gleich vergessen! Ich hab von Ihnen gehört. Sie wollen der Beste sein. Aber ich sage Ihnen gleich, ich halte nichts davon."

„Machen Sie sich darüber keine Gedanken", winkte Bwaroo betont freundlich ab. „Sie ermitteln auf Ihre Weise, ich auf meine. Vielleicht gestatten Sie mir fürs Erste, die Akte des Falls zu studieren."

„Hm. Ja, kann ich machen." Der Inspektor griff nach einer Akte und hielt sie Bwaroo hin. „Da steht alles drin. Zeugenaussagen, Bilder vom Tatort, der Bericht von der Leichenbeschau … Ist natürlich nur eine Kopie."

„*Mais oui.* Selbstverständlich. Sehr liebenswürdig von Ihnen." Bwaroo nahm die Akte entgegen. „Vor dem mysteriösen Mord an Mademoiselle Stella Hauser gab es vor einigen Jahren doch noch einen Vorfall mit …"

„Ich wüsste nicht, was an diesem Mord mysteriös sein sollte!"

„Der Mörder? Das Motiv? Der Mörder und sein Motiv, zum Beispiel? Aber gut, lassen Sie es mich anders formulieren: Mademoiselle Hauser tauchte vor ein paar Jahren praktisch aus dem Nichts auf …"

„Ja, und?" Irritiert kratzte sich der Inspektor an der Nase.

„Ich würde gerne mehr darüber erfahren."

„Wozu?"

„Vielleicht hängen die Ereignisse ja zusammen."

„So ein Blödsinn kann auch nur einem Elfen einfallen!", brauste Esslinger da auf. „Das ist mindestens fünf Jahre her! Was soll das jetzt noch für eine Rolle spielen. Wollen Sie mir etwa vorschreiben, wie ich meine Arbeit zu machen habe?"

„*Non*. Durchaus nicht." Bwaroo hob entschuldigend die Hände. „Sehen Sie es als die Neugier eines Elfen, der nicht von hier ist", fuhr er dann liebenswürdig fort. „Bestimmt gibt es doch auch dazu eine Akte?"

„Ja, klar", knurrte Esslinger widerwillig. „War ja selbst vor Ort. Damals war ich noch Oberwachtmeister."

„Das ist ja noch besser. Vielleicht könnten Sie mir auch davon eine Kopie machen, wenn es nicht zu viel verlangt ist."

„Ja, kann ich machen." Esslinger stockte. Anscheinend fand er, dass er viel zu entgegenkommend klang, denn er fügte ein unwirsches „meine Leute haben ja auch sonst nichts zu tun" hinzu.

„Sie sind wirklich sehr hilfsbereit." Bwaroo strahlte den Inspektor an. „Fürs Erste werde ich also in Ruhe diese Akte studieren. Vielleicht geben Sie mir schon vorab eine Zusammenfassung?"

„Also, ich habe wirklich Besseres zu tun!", brauste Essinger auf, überlegte es sich dann aber anders. „Ich denke, Sie sprechen da besser mit Liebig. Der war als erster vor Ort und hat die meisten Befragungen durchgeführt."

„Liebig?"

„Wachtmeister Paul Liebig. Der sollte in seinem Büro sein. Hab ihn heute Morgen zumindest vorbeilaufen sehen. Wenn Sie rausgehen links, zwei Türen weiter."

Mit diesen Worten schnappte sich Essinger eine andere Akte, schlug sie auf und begann zu lesen.

Bwaroo erhob sich, wartete einen Moment, ob Essinger noch etwas sagen würde, und ging dann grußlos hinaus auf den Flur.

Hinter der besagten Tür fand er einen jungen Mann, der gerade damit beschäftigt war, Bilder von verschiedenen Personen an die Wand zu heften und diese zu studieren.

„Wachtmeister Liebig?", sprach Bwaroo ihn an.

Der junge Mann schrak zusammen und schaute den Elf einen Moment verständnislos an. Dann breitete sich ein Lächeln auf seinem Gesicht aus.

„Ja, der bin ich!", rief er fröhlich. „Und Sie müssen der weltberühmte Privatdetektiv Erkül Bwaroo sein!"

Bwaroo lächelte geschmeichelt und nickte.

„Ich kann Ihnen gar nicht sagen, wie sehr ich mich freue, Sie kennenzulernen!" Liebig ergriff Bwaroos ausgestreckte Hand und schüttelte sie herzlich. „Ich habe schon so viel von Ihnen gehört. Und was für ein Glück, dass Sie gekommen sind. Wir hatten hier noch nie einen Mord. Jedenfalls nicht, so lange ich da bin. Und ich muss sagen, dieser Mord ist wirklich mysteriös. Es gibt praktisch keine Verdächtigen. Außer …" Er unterbrach sich.

„Außer?", fragte Bwaroo freundlich nach.

„Na ja, der Chef, Inspektor Essinger meine ich, der glaubt, es müsste die Zofe gewesen sein. Sonst war keiner im Haus, und das Mädchen hat die Tote auch gefunden …"

„Ah, *très pratique* – sehr praktisch."

„Ja, zu praktisch, wenn Sie mich fragen. Aber was weiß ich schon." Liebig fuhr sich durchs Haar. „Der Chef meint, es hätte wahrscheinlich Streit wegen des Lohns gegeben. Möglicherweise wollte die Zofe mehr Geld, und Fräulein Hauser hat abgelehnt. Aber dafür gibt es überhaupt keine Anzeichen und schon gar keinen Beweis. Die Zofe streitet es ab, und Fräulein Hauser war eigentlich als sehr großzügig bekannt." Er deutete auf eines der Bilder, die er studiert hatte. „Sehen Sie, das ist sie, die Zofe, also, ein Bild von ihr."

„Oh, eine Wand mit allen Beteiligten undsoweiter!"

„Ja, das habe ich an der Polizeischule gelernt. Man bittet die Beteiligten um Bilder von sich und hat dann einen besseren Überblick, wer wer ist. Neumodisches Zeug eben. Was man halt so lernt."

„*Non, non, non,* das ist geradezu vorbildlich. Alles auf einen Blick, *formidable!*"

Bwaroo beugte sich nach vorn und studierte die Aufnahme. Ein hübsches junges Mädchen mit brünettem Haar unter einem weißen Häubchen lächelte ihm scheu entgegen.

„Und das ist Mademoiselle Hauser?" Er deutete auf ein anderes Bild, auf dem eine blonde Frau mit geschlossenen Augen zu sehen war.

„Ja, das ist eines der Abbilder, die ich von der Toten am Tatort gemacht habe."

„*Quelle bonne idée!* Sie haben also Bilder vor Ort gemacht?"

„Na ja, ich habe einen Bildkristall – ist mein Hobby. Und da kam ich auf den Gedanken, alles aufzunehmen. Auch so eine neumodische Idee."

„*Excellent!* Wirklich eine sehr gute Idee."

Liebig errötete, lächelte aber stolz.

„Das Bild wird Stella Hauser aber nicht wirklich gerecht", schränkte er ein. „Sie war eine schöne Frau mit einer bemerkenswerten Ausstrahlung. Ich bin ihr mal begegnet, als sie den neuen Flügel des Waisenhauses eröffnete. Und dann nochmal, als uns das Frauenhaus gezeigt wurde. Die Lage des Hauses ist natürlich eigentlich geheim. Aber es wäre ja schlimm, wenn die Polizei auch nicht weiß, wo es ist … falls mal was passiert."

„Ein Frauenhaus?", staunte Bwaroo. „Ich weiß, dass Byonn als Idylle gilt und deshalb gern besucht wird. Und dann gibt es in dieser idyllischen kleinen Stadt so viele Frauen in Nöten, um ein ganzes Haus zu füllen?"

„Die Frauen kommen auch aus der Umgebung. Einer weiten Umgebung. Tatsächlich gab es schon öfter Ärger zwischen dem Wohltätigkeitsverein und den Vertretern der Wirtschaft wegen des Frauenhauses, des Waisenhauses undsoweiter. Die sind nämlich sauer, weil, wie sie sagen, das falsche Klientel in die Stadt gerät …" Liebig verzog den Mund. „Menschen mit wenig Geld, wenn man die ganzen blumigen Begründungen auf das Wesentliche eindampft. Andererseits werden durch die ganzen Einrichtungen auch Arbeitsplätze geschaffen. Man hat dann den Kompromiss gefunden, das Haus an den Stadtrand zu verlegen. Wir von der Polizei schauen natürlich regelmäßig vorbei, denn hin und wieder bekommt ein Ehemann, der seine Frau laufend verprügelt hat, doch heraus, wo sie ist, und kommt, um sie zurückzuholen. Gelegentlich wird er dann aggressiv. Wir haben das jedoch im Griff. Aber das nur nebenbei. Jedenfalls, bei dem Waisenhaus hat Fräulein Hauser den neuen Flügel ganz offiziell persönlich eröffnet, und ich hatte an dem Tag frei und bin hingegangen. Ehrlich gesagt hab ich gedacht, sie wäre so ein gelangweiltes, reiches Ding, das sich darin gefällt, Gutes zu tun und Wohltaten zu verteilen. Aber sie war ganz anders. Ihre Rede war voller Leidenschaft. Sie schien richtig von innen heraus zu glühen, als wüsste sie genau, wovon sie sprach. Und gleichzeitig hatte sie so eine reine Unschuld an sich …" Der Wachtmeister unterbrach sich verlegen. „Aber egal. Jedenfalls gibt meine Aufnahme das nicht im Mindesten wieder. Sie finden bessere Bilder in diversen Zeitungen."

„Seien Sie nicht so bescheiden! Allein die Tatsache, dass man noch Tage nach der Tat jederzeit nachsehen kann, wie man den Tatort vorgefunden hat, das ist doch eine große Hilfe."

„Dachte ich auch. Sogar der Chef gab zu, dass es seine Vorteile hat." Ein wenig verlegen fuhr sich Liebig durchs Haar.

„Wer sind die anderen Personen?"

„Das hier ist Christoph Berner. Er ist ein Dichter. Sagt er zumindest. Ich hab aber noch nichts von ihm gelesen – Gedichte sind nicht so meins. Ich könnte bei keinem sagen, ob es gut ist oder schlecht. Er hängt hier, weil er oft bei Fräulein Hauser zu Gast war."

„Ihr Liebhaber?"

„Eher ein keuscher Bewunderer, wenn man ihm glaubt. Und anscheinend stimmt das auch – Fräulein Hauser war laut Obduktionsbericht noch Jungfrau."

„*Étonnant* - erstaunlich, bei einer Frau von solcher Schönheit."

„Ja, irgendwie schon."

„Und diese Dame hier?" Bwaroo deutete auf das Bild einer älteren Dame, die sehr vornehm dreinblickte.

„Gräfin Adele von Hohenstein. Sie war eine Freundin von Stella Hauser. Die beiden haben sich kennengelernt, weil die Gräfin im Vorstand des hiesigen Wohltätigkeitsvereins sitzt. Ich habe mit allen dreien gesprochen, also mit der Zofe, dem Dichter und der Gräfin, aber nicht sehr viel erfahren."

„Und diese Herrschaften hier?", Bwaroo deutete auf die verbliebenen Bilder.

„Patrick Hehlbein, der Chefkoch im ‚Sterntaler', und Astarte Leem, die Geschäftsführerin des Lokals. Beide waren zur Tatzeit im ‚Sterntaler', haben also ein Alibi. Aber das Restaurant ist nur ein paar Minuten von Stella Hausers Haus entfernt. Theoretisch hätten sich die beiden kurz mal wegschleichen können. Zumindest der Koch … na ja, wenn es so richtig voll ist, ist der Stress groß, und ob es dann wirklich auffällt, wenn er mal kurze Zeit fehlt, kann ich nicht sagen."

„Und sonst? Mademoiselle Hauser hatte doch sicher noch mehr Personal."

„Es gibt natürlich noch Hilfsköche und Kellner und dergleichen im ‚Sterntaler'. Die hatten aber wenig mit Fräulein Hauser zu tun."

„Und in ihrem Haushalt?"

„Gibt es eigentlich nur noch einen Butler. Der war aber erst seit ein paar Wochen bei ihr und hatte außerdem am Tag des Mordes frei. Und dann ist da noch eine Zugehfrau fürs Putzen und dergleichen und ein Mann für den Garten und, was sonst so anfällt. Die wohnen aber nicht im Haus, sondern kommen zu bestimmten Terminen und gehen dann wieder. Einen Koch gibt es nicht. Fräulein Hauser kochte selbst."

„Verstehe. Es waren also am fraglichen Abend nur die Zofe und Mademoiselle selbst im Haus?"

„Richtig."

„*Bon.* Wir werden sehen, ob das von Bedeutung ist. Ich würde gern selbst mit all diesen Leuten sprechen."

„Hab ich mir schon gedacht. Sie müssen sich allerdings damit abfinden, dass ich mitkomme. Der Chef besteht darauf …" Entschuldigend hob Liebig die Hände.

„Ja, das war zu erwarten." Bwaroo nickte vergnügt. „Aber das trifft sich sehr gut. Wissen Sie, ich habe in so manchen Fällen *mon bon ami* Doktor Heystings hinzugezogen. Es hilft mir, meine Gedanken vor ihm auszubreiten, und seine Ansichten haben mich oft schon weitergebracht." Er schmunzelte. „Vielleicht könnten Sie seine Stelle einnehmen."
„Es wäre mir eine Ehre!" Liebig war begeistert.

„*Bon.*" Bwaroo nickte zufrieden und inspizierte dann die Bilder, die den Tatort zeigten, einen geschmackvoll eingerichteten Salon. Mitten auf dem Teppich lag in einer Blutlache die Leiche der Ermordeten. Eine weitere Aufnahme zeigte nur den Oberkörper genauer.
„Wie sie sehen, gab es mehrere Stichwunden in die Brust", erläuterte Liebig. „Wegen der Blutflecken ist es schwer zu erkennen, aber es gibt drei oder vier Risse im Stoff, wo die Klinge eingedrungen ist. Außerdem finden sich noch ein paar Schnitte an den Unterarmen."
„Mademoiselle Hauser hat sich gewehrt."
„Ja. Der Täter muss direkt vor ihr gestanden und auf sie eingestochen haben."

„Wenn er ihr so nahe kommen konnte, hat sie ihn entweder gekannt oder wurde überrascht. Der Mann oder die Frau muss sehr wütend gewesen sein, wenn er gleich mehrmals zugestochen hat."
„Das hat der Arzt auch gemeint, der den Körper untersucht hat."

„*Un crime passionnel.*" Bwaroo zwirbelte seinen Bart. „Ein Mord aus Leidenschaft. Und das ist die Tatwaffe?" Er deutete auf ein Bild, das ein Messer zeigte.

„Es steckte noch in ... hm ..." Der junge Polizist wurde verlegen. „Beim letzten Stich wurde ein Knochen getroffen, und das Messer steckte fest."

„Und der Mörder machte sich nicht die Mühe, es los zu bekommen. Oder er hatte nicht die Zeit dazu." Der Elfendetektiv wiegte nachdenklich den Kopf. Eine Weile stand er stumm da und ließ sich alles durch den Kopf gehen. „Nun, da haben wir doch bereits eine Menge erfahren, anhand Ihrer Aufnahmen", wandte er sich dann lobend an den Wachtmeister. „Ich sehe schon, das wird eine fruchtbare Zusammenarbeit. Wie wäre es, wenn Sie mir heute beim Abendessen Gesellschaft leisten? Ich wollte erst Inspektor Essinger bitten, aber ich denke, es dürfte angenehmer sein, mit Ihnen zu dinieren und zu plaudern."

„Oh, aber gern! Soll ich mich um einen Tisch in einem guten Restaurant kümmern?"

„Wir werden im ‚Sterntaler' speisen."

„Aber das hat erst gestern wieder aufgemacht, und es war schon vorher auf Monate ausgebucht!"

„Ich bin sicher, dass wir einen Tisch bekommen werden."

„Na ja, wenn Sie meinen …“ Liebig schien nicht wirklich begeistert. „Ich war da noch nie“, gestand er zögernd. „Ist nicht meine Preisklasse.“

„Sie sind selbstverständlich eingeladen.“ Bwaroo lächelte, musterte den jungen Mann dann jedoch kritisch. „Sie haben hoffentlich einen Anzug?“

„Ja, schon …“

„*Très bien.* Dann ist es ausgemacht. Aber jetzt müssen Sie mich leider entschuldigen. Ich habe noch eine Verabredung. *À bientôt*!“

Unerhört!

„Sie sind mit der Miete drei Monate im Rückstand!"

„Ich bezahle, sobald ich kann."

„Und das ist wann?"

„Geld! Alle wollen immer nur Geld! Das ist so gewöhnlich, so ordinär. Kümmern Sie sich doch lieber einmal um Ihre Seele, Ihr tiefstes Inneres."

„Mein tiefstes Inneres fühlt sich am wohlsten, wenn es seine Rechnungen zahlen kann. Glauben Sie denn, ich würde Zimmer vermieten, wenn ich nicht auf die Miete angewiesen wäre? Wir sind hier nicht bei der Wohlfahrt! Also, wann bekomme ich mein Geld?"

„Meine Bücher verkaufen sich im Moment nicht so gut."

„Im Moment? Die haben sich doch noch nie gut verkauft. Wer will schon Gedichte über den Mond lesen …"

„Es geht nicht um den Mond als solchen!"

„Mir als solches egal. Wenn Sie das Geld nicht haben, gehen Sie arbeiten. Oder schreiben Sie doch mal was Nützliches – ein Sachbuch über die hundertfünfzig Möglichkeiten, einen Schal zu knoten, zum Beispiel."

„Werden Sie nicht impertinent!"

„Kunstvoll Seidenschals Knoten können Sie doch ganz gut."

„Sie sind ein Banause. Ich lege eben Wert darauf, dass mein Auftreten, meine Erscheinung meine ätherische Seele unterstreichen. Aber so etwas Triviales wie ein Sachbuch – das ist erbärmlich."

„Na gut. Aber wenn ich mein Geld nicht bis zum Ende der Woche habe, können Sie Ihre Seele getrost im Armenhaus zum Ausdruck bringen."

„Keine Sorge, Sie Geizhals. Heute Mittag schon werde ich ein reicher Mann sein. Dann werde ich ohnehin hier ausziehen, und Sie werden es bereuen, mich so behandelt zu haben."

„Lassen Sie das mal meine Sorge sein. Die Miete für drei Monate, sonst fliegen Sie hochkant raus."

***

Pünktlich um elf Uhr bat Rechtsanwalt Schütte seine Besucher aus dem Wartezimmer zur Testamentsverlesung in sein Büro. Herzog Boonis stellte ihm Bwaroo vor, der versprach, sich diskret im Hintergrund zu halten.

Mit Interesse betrachtete der Detektiv die Versammelten. Die grauhaarige Dame in dem dunklen Samtkleid war zweifellos Gräfin Adele von Hohenstein. Sie stützte sich auf einen Gehstock mit einem silbernen Schwan als Knauf und schaute so streng und missbilligend um sich, als würde nicht der Anwalt, sondern sie das Sagen haben. Der junge Mann mit der wilden blonden Mähne und dem kunstvoll zu einer Riesenschleife gebundenen Seidenschal war sicherlich Christoph Berner, und der stämmige Glatzkopf mit dem kantigen Gesicht musste der Koch Patrick Hehlbein sein. Astarte Leem, die Geschäftsführerin des ‚Sterntaler', erkannte Bwaroo als die Elfe wieder, die am Vorabend die Gäste ohne Reservierung so resolut abgewiesen hatte. Blieb nur noch das junge Mädchen, das schüchtern etwas abseits stand und sich sichtlich unwohl fühlte. Jana Waldhaus, die Zofe. Bwaroo erkannte sie von dem Bild wieder, das Wachtmeister Paul Liebig neben all den anderen an die Wand gehängt hatte. Da hatte sie jedoch entschieden fröhlicher ausgesehen.

Schütte bat die Anwesenden, auf den Stühlen, die vor seinem Schreibtisch aufgereiht waren, Platz zu nehmen. Boonis setzte sich ganz nach links. Bwaroo bemerkte interessiert, dass er Gräfin von Hohenstein völlig ignorierte, als die sich neben ihn setzte und ihn erwartungsvoll anschaute. Anscheinend hält er nicht viel von ihr, sagte sich der Elfendetektiv, wurde aber gleich wieder abgelenkt, denn Berner okkupierte jetzt den Platz auf der anderen Seite der Gräfin, worauf diese wiederum reagierte, indem sie demonstrativ an ihm vorbeischaute. Da gibt es einiges an Animositäten, dachte sich Bwaroo und strich vergnügt seinen Schnurrbart.

Die beiden Angestellten aus dem Restaurant setzten sich derweil auf die hinteren Stühle, während sich Jana schüchtern auf der Kante des Stuhls gleich neben der Tür platzierte. Bwaroo blieb stehen und ließ seinen Blick die Rückenansichten der Anwesenden schweifen.

„Wir haben uns heute hier versammelt, um den Letzten Willen von Fräulein Stella Hauser zu verlesen", begann Rechtsanwalt Schütte. „Fräulein Hauser hat in einem Kodizill festgelegt, dass meine Kanzlei und im Besonderen ich als Testamentsvollstrecker fungieren werden. Ihr Vermögen soll in eine Stiftung für Hilfsbedürftige überführt werden."

Gräfin von Hohenstein schnaubte.

„Entsprechende Schritte wurden bereits eingeleitet", fuhr Schütte fort. „Hiervon ausgenommen sind diverse Legate, die ich nunmehr verlesen werde." Er hob den Blick und schaute über den Rand seiner Brille hinweg der Reihe nach alle Anwesenden an, als wollte er sich deren Aufmerksamkeit versichern. Das hätte er sich jedoch sparen können, dachte Bwaroo amüsiert. Alle Köpfe waren ihm zugewandt, und es war so still im Zimmer, dass man eine Stecknadel hätte fallen hören.

Schütte räusperte sich.

„Meiner Freundin Adele, Gräfin von Hohenstein, vermache ich meine Perlenkette, die sie stets sehr bewundert hat. Als ich sie erwarb, hatte die Kette einen Wert von zweihundert Talern. Bei einem Verkauf dürfte sie inzwischen etwas mehr erzielen."

„Verkauf? Was soll denn diese idiotische Formulierung?", begehrte die Gräfin auf.

„Es ist der Wortlaut, so wie er hier steht", rügte Schütte, beachtete die aufgebrachte Gräfin aber nicht weiter. „Mein Freund Christoph Berner soll meinen Füllfederhalter mit Perlmutteinlage und Saphir auf der Verschlusskappe erhalten. Möge er damit besonders schöne Gedichte schreiben. Herzog Boonis soll ein von mir handgeschriebenes Kochbuch zur freien Verfügung erhalten. Das Restaurant ‚Sterntaler' geht zu gleichen Teilen in das Eigentum von Astarte Leem und Patrick Hehlbein über, die es gemeinsam weiterführen sollen. Jana

Waldhaus vermache ich zweitausend Taler und mein Haus als Anerkennung für Ihre Dienste und ihre Freundschaft. Außerdem erhält sie eine Rente von fünfzig Talern im Monat aus einem Fond, der extra dafür eingerichtet werden wird."

Jana schrie leise auf und starrte den Anwalt mit großen Augen an.

„Für mich?", hauchte sie. „So viel?"

Schütte gestattete sich ein gütiges Lächeln.

„So steht es hier", bestätigte er. Damit klappte er die Mappe mit dem Testament zu und erhob sich.

„Das kann nicht stimmen!", rief die Gräfin, die keine Anstalten machte, sich ebenfalls zu erheben. „Schauen Sie noch einmal nach! Es kann unmöglich sein, dass ich nur eine Halskette abbekomme."

Sie war eindeutig wütend. Auch der Dichter, fand Bwaroo, war nicht zufrieden. Er sah jedoch eher ratlos drein. Der Koch und die Elfe musterten sich gegenseitig mit deutlich gemischten Gefühlen. Boonis jedoch hatte, wie Bwaroo bemerkte, Tränen in den Augen. Und Jana saß immer noch auf ihrem Stuhl und starrte den Anwalt ungläubig an.

Mademoiselle Hauser hatte anscheinend eine sehr eindeutige Meinung über die Leute gehabt, die ihr nahe gestanden hatten. Bwaroo strich sich belustigt den Schnurrbart. Es würde interessant werden, sie alle zu befragen. Jetzt noch mehr – nach dieser Testamentseröffnung.

„Ich bedaure, Frau Gräfin", wandte sich Schütte derweil an die Adlige, ohne sich die Mühe zu machen, sich noch einmal hinzusetzen. „Das ist der genaue Wortlaut des Testaments in seiner letzten Fassung. Wir werden Ihnen die Kette per Boten zustellen. Sollen wir vorher noch eine Expertise einholen über den derzeitigen Wert?"

„Den Wert? Der Wert ist mir doch ganz gleich." Gräfin von Hohenstein bekam einen hochroten Kopf und stand auf. „Ja, schicken Sie mir die Perlen. Aber Sie werden noch von meinem eigenen Anwalt hören. Ich weiß genau, Stella hat es anders gemeint."

Damit rauschte sie aus dem Zimmer, wobei sie bei jedem Schritt mit ihrem Stock auf den Boden schlug, als wollte sie die Dielen durchstoßen.

„Auch Ihnen werden wir das besagte Schreibgerät per Boten zukommen lassen", sagte der Anwalt zu dem Dichter, der unschlüssig herumstand.

„Äh. Ja. Danke", murmelte dieser, schüttelte dann den Kopf und stürzte hinaus.

Rechtsanwalt Schütte erklärte nun, dass er die Eigentumsübertragung des Restaurants veranlassen würde, und bat die beiden Erben, sich für einen weiteren Termin bereit zu halten. Ähnliches sagte er zu Jana, der er auch anbot, sie zu beraten, wie sie das Geld am besten anlegen sollte.

„Sie, Herzog Boonis, bleiben bitte noch einen Moment", schloss er seine Ausführungen und signalisierte somit deutlich, dass die Angelegenheit zumindest vorläufig erledigt war.

Bwaroo gesellte sich zu Boonis, als die anderen gegangen waren. Schütte runzelte die Stirn und schaute den Herzog fragend an.

„Ich möchte, dass er bleibt", entschied dieser, und der Anwalt quittierte das mit einem Nicken.

„Fräulein Hauser hat uns angewiesen, Ihnen das besagte Buch persönlich zu übergeben“, erklärte er und zog eine Schublade auf, der er ein Kästchen entnahm. „Hier ist das Buch und noch eine persönliche Nachricht.“ Er klappte den Deckel des Kästchens auf und nahm ein dickes Buch samt einem Umschlag heraus. Beides reichte er dem Elfen.

Der blätterte in dem Buch. Bwaroo, der ihm über die Schulter schaute, bemerkte, dass es mit handgeschriebenen Listen und Texten gefüllt war, hin und wieder auch mit einer kleinen ungelenken Zeichnung. Die Schrift war klar und sorgfältig wie von einem Schulmädchen. Während Bwaroo noch darüber sinnierte, dass Stella Hauser offenbar nicht viel geschrieben hatte, nahm Boonis den Briefumschlag zur Hand und wog ihn nachdenklich in der Hand.

„Wenn Sie ihn gleich lesen wollen, lassen wir Sie gerne ein paar Momente allein“, bot Schütte an.

„Ja, das wäre sehr nett von Ihnen“, murmelte Boonis.

Bwaroo und der Anwalt verließen das Zimmer.

„War Mademoiselle Stella schon lange Ihre Klientin?“, erkundigte sich Bwaroo, während sie im Vorzimmer warteten, wo eine adrette Dame mittleren Alters an ihrem Schreibtisch emsig auf einer Schreibmaschine tippte.

„Seit sie damals in Byonn eingetroffen ist.“ Der Anwalt musterte Bwaroo. „Oh, verzeihen Sie, darf ich Ihnen einen Tee anbieten?“

„Hagebuttentee?“

„Selbstverständlich.“

„Nein, danke.“ Bwaroo konnte Hagebuttentee nicht ausstehen. Leider war das der Tee, den man als Gast üblicherweise angeboten bekam.

„Äh. Ich glaube, meine Sekretärin hätte auch noch einen Kräutertee …“ Schütte schaute fragend zu der Dame am Schreibtisch.

„Ich hätte Lindenblütentee“, bot diese eifrig an.

„*Excellent!* Sehr gerne“, nickte Bwaroo erfreut.

Wenig später stand vor ihm eine Tasse dampfenden Tees und ein Teller mit Schokoladenkeksen.

„Dieses Testament“, brachte er die Rede wieder auf den Grund seines Hierseins, „es erschien mir ein wenig seltsam. Wann wurde es aufgesetzt?“

„Das dürfte ein gutes halbes Jahr her sein.“

„Und davor gab es ein anderes?“

„Ja.“ Schütte war eindeutig nicht gewillt, über seine Klientin zu sprechen.

„Sie wissen, dass ich hier bin, um den Mord an Mademoiselle Hauser aufzuklären“, versuchte Bwaroo es anders.

„Ja, das weiß ich. Aber ich unterliege der anwaltlichen Schweigepflicht.“

„*Mais je vous priez!* Ich bitte Sie. Sie werden mir doch wenigstens sagen können, welche Meinung Sie von Ihrer Klientin hatten.“

Bwaroo zwirbelte ungehalten seinen Schnurrbart.

Der Anwalt nahm sich Zeit, das Ansinnen des Detektivs zu überdenken.

„Nun, Fräulein Hauser war eine schöne Frau", meinte er dann mit Bedacht. „Aber vor allem war sie sehr intelligent. Sie wirkte unschuldig und, na ja, in gewisser Weise war sie das auch. Aber sie war nicht naiv und sie durchschaute die Menschen um sich herum." Schütte überlegte noch ein wenig. „Ich wurde gleich am Morgen nach ihrem Auftauchen zu ihr gerufen. Fräulein Hauser war sich bewusst, dass es unklug war, einen solchen immensen Schatz einfach herumliegen zu lassen. Ich meine, wir sprechen hier von Talern aus reinem Gold, nicht von den üblichen Talern, die als Zahlungsmittel dienen. Sie gab die Münzen zum größten Teil in die Obhut der Kanzlei und ließ sich beraten, wie sie am besten angelegt werden sollten."

„Darum haben Sie sich persönlich gekümmert?"

„Das habe ich. Ich glaube, ich kann sagen, dass ich zu den Wenigen gehörte, die das uneingeschränkte Vertrauen von Stella Hauser genossen."

Das Gespräch wurde unterbrochen, denn die Tür öffnete sich, und Boonis trat heraus. Er war blass und hatte offenbar geweint, nahm sich aber zusammen.

„Wenn es recht ist, nehme ich das Kästchen samt Inhalt mit", sagte er. Seine Stimme klang rau.

„Selbstverständlich", nickte der Anwalt.

Vor der Tür der Anwaltskanzlei verabschiedete sich Bwaroo von Boonis, der so schnell wie möglich nach Hause wollte. Bwaroo hatte es dagegen gar nicht eilig, zum Hotel zurückzukehren. Stattdessen schlenderte er ein wenig durch die Straßen, bis er einen Blumenladen fand, wo er einen kleinen Strauß kaufte.

Mit diesem in der Hand kehrte er in die Kanzlei zurück.

„Madame, ich wollte Ihnen danken“, wandte er sich mit einer kleinen Verbeugung an die Sekretärin, die allein in ihrem Vorzimmer saß. „Sie haben mich gerettet. Ich muss Ihnen gestehen, dass ich Hagebuttentee nicht ausstehen kann. Aber Ihr Lindenblütentee … *formidable!* Ein Genuss!“ Er küsste seine Fingerspitzen.

„Oh, ich habe gern geholfen.“ Hocherfreut nahm die Sekretärin die Blumen entgegen. „Noch dazu, wenn es für so einen berühmten Mann ist. Ich habe in der Zeitung von Ihnen gelesen …“ Sie zögerte kurz und warf einen vorsichtigen Blick auf die geschlossene Tür, hinter der sich Herr Schütte befand. „Ist es wahr?“, flüsterte sie dann. „Untersuchen Sie den Mord an Stella Hauser?“

„*Bien sûr.* Deshalb bin ich hier. Kannten Sie die junge Dame?“

„Aber natürlich! Sie war oft hier. Und manchmal, wenn Herr Schütte gerade anderweitig beschäftigt war, haben wir ein wenig geplaudert. Sie war eine wundervolle Frau. Und ihr Geschmack war ausgezeichnet. Sie hat mir zu dieser Frisur geraten …“ Sie fuhr sich durch ihre schulterlang herabfallenden Locken. „Früher habe ich das Haar immer in einem Dutt getragen. Aber sie fand, dass es kürzer und offen viel lebendiger wirken würde.“

„Und wie recht sie hatte. Dieser Schnitt steht Ihnen ausgezeichnet!“, beeilte sich Bwaroo zu versichern.

„Vielen Dank." Die Dame lächelte geschmeichelt. „Sie war auch immer so gut angezogen. Hatte einen ähnlich guten Geschmack wie Sie", fügte sie mit einem anerkennenden Blick auf Bwaroos eleganten Anzug hinzu. „Wenn Sie wüssten, wie die Leute hier manchmal aufkreuzen."

„Das kann ich mir denken. Sie haben sicherlich schon einiges gesehen, Madame …"

„Leisner."

„Wie der Kompagnon dieser Kanzlei?"

„Es gibt keinen Kompagnon." Frau Leisner verzog amüsiert den Mund. „Herr Schütte dachte sich, das würde besser klingen. Mein Mann und ich haben auch ein wenig zugeschossen, als die Firma vor gut zehn Jahren gegründet wurde. Also ist das schon gerecht, nicht wahr?"

„Auf jeden Fall."

„Ach, Sie sind wirklich sehr nett. Das habe ich mir gleich gedacht. Deshalb habe ich Ihnen tatsächlich lieber die Kekse mit Schokolade hingestellt, nicht die einfachen."

„Sie schmeicheln mir."

„Aber nein. Wissen Sie, wenn man das hier ein paar Jahre macht, bekommt man schon eine gewisse Menschenkenntnis."

„Davon bin ich überzeugt. Und Ihre Erfahrung sagte Ihnen, dass Mademoiselle Hauser ein netter Mensch ist?"

„Auf jeden Fall! Und sie war herzensgut. Leider gibt es da ja immer Menschen, die so etwas ausnutzen. Dieser Dichter zum Beispiel. Ein richtiger Taugenichts. Ich meine, er ist kein Lump oder so. Nur … äh … stinkfaul. Zumindest, wenn Sie mich fragen." Frau Leisner warf noch einmal einen vorsichtigen Blick auf die Tür und beugte sich dann vertraulich nach vorn: „Und dann die Gräfin …", flüsterte sie im Verschwörerton, „eine Freundin von mir hat früher bei ihr gearbeitet. Und die hat mir erzählt, dass die Gräfin gar nicht so reich ist, wie sie immer tut. Es kam schon mal vor, dass meine Freundin auf ihren Lohn warten musste, weil das Geld knapp war. Vorne hui, hinten pfui, sage ich immer."

„Ja, der Adel heutzutage …", nickte Bwaroo verständnisvoll.

In diesem Moment wurde die Klinke der Tür herabgedrückt und Rechtsanwalt Schütte kam heraus. Er sah, dass Bwaroo am Tisch der Sekretärin saß und die Sekretärin selbst holte gerade eine Vase aus dem Schränkchen hinter ihr, in der freien Hand einen Blumenstrauß.

„Herr Bwaroo hat mir ein kleines Dankeschön für den Tee gebracht", erklärte sie leichthin auf den fragenden Blick ihres Arbeitgebers. „Sind die nicht wunderschön?"

„Ja, ganz nett", gab Schütte zu. Er zögerte einen Moment unschlüssig. „Wenn Sie die Blumen ins Wasser gestellt haben, kommen Sie bitte zu mir zum Diktat," forderte er dann, ehe er sich Bwaroo zuwandte. „Wenn das alles ist …"

„*Bien sûr!*" Der Elf stand auf, verneigte sich heiter vor Frau Leisner, wünschte ihr und dem Anwalt einen guten Tag und verließ dann endgültig das Büro.

Auf dem Weg zum Hotel zwirbelte er vergnügt seinen Bart. Das Geld für den Blumenstrauß war gut angelegt gewesen. Es gab also mindestens zwei Nassauer im Bekanntenkreis der Toten. Nun, bei vermögenden Menschen war das keine Seltenheit. Erstaunlicher war eher, dass Stella Hauser das anscheinend genau gewusst hatte, wie ihr Testament bewies. Aber warum hatte sie es sich gefallen lassen? Und weshalb hatte sie die Retourkutsche posthum in ihr Testament geschrieben? Sie war eine junge Frau gewesen, die noch viele Jahre vor sich haben sollte. Hatte sie damit gerechnet, dass sie nicht alt werden würde? Eine Krankheit vielleicht? Nun, darüber würde der Autopsiebericht sicher Auskunft geben. Den würde er sich in seiner Hotelsuite gleich als Erstes vornehmen.

Das ‚Sterntaler'

„Bitte, du kannst mich natürlich auszahlen. Dann kannst du hier schalten und walten, wie es dir gefällt. Aber ich glaube nicht, dass du das Niveau wirst halten können. Ich bin der beste Koch weit und breit. Du brauchst mich, damit das ‚Sterntaler' auch weiterhin ein Erfolg bleibt."

„Denkst du? Du kochst doch nur nach, was Stella erdacht hat. Was Neues fällt dir doch gar nicht ein! Außerdem gibt es gute Köche wie Sand am Meer. Wie auch immer, ein Ersatz für dich findet sich eher als für mich."

„Ach, du glaubst wirklich, dass du die Einzige bist, die Buchführung kann?"

„Buchführung? Buchführung – du weißt genau, dass an der Führung eines solchen Lokals sehr viel mehr hängt als das. Wenn du das allein führst, kann das ‚Sterntaler' innerhalb einer Woche zumachen. Du bist doch viel zu ungeduldig, zu laut, zu cholerisch, um mit den Leuten auszukommen. Ich erinnere mich, wie du mit dem Fleischermesser auf einen Gast losgehen wolltest, der fand, sein Steak sei nicht blutig genug."

„Es war ein Gemüsemesser. Und das Steak war blutig! Noch blutiger wäre es nur gewesen, wenn ich es ihm roh serviert hätte."

„Lenk jetzt nicht ab. Du hast dich nicht im Griff. Das Personal würde dir sofort davonlaufen, und die Gäste würden einen großen Bogen um das ‚Sterntaler' machen. Ohne mein Geschick im Umgang mit unseren Gästen wärst du aufgeschmissen."

„Quatsch. Das hast du Stella doch nur eingeredet, damit sie mir das Lokal nicht allein vermacht."

„Hast du wirklich geglaubt, dass sie das tut? Hast du sie deshalb umgebracht?"

„Wie bitte?"

„Ich weiß genau, dass du die Polizei angelogen hast, als du gesagt hast, du wärst die ganze Zeit in der Küche gewesen. Als ich dir ein Kompliment von einem Gast überbringen und dich an seinen Tisch bitten sollte, da warst du nirgends zu finden. Zu Stellas Haus ist es ja nicht weit. Na, hast wohl schnell vorbei geschaut bei ihr? Messer hängen ja genügend in deiner Küche herum."

***

Bwaroo fand es besser, vor dem ‚Sterntaler' auf Wachtmeister Liebig zu warten. Er dachte sich, dass der junge Mann nur ungern allein im ganzen Lokal nach Bwaroo suchen würde. Tatsächlich war Liebig, als er dann pünktlich eintraf, ziemlich nervös. Ständig fuhr er sich durchs Haar oder zupfte an seinem Anzug herum, der schon etwas älter und dem jungen Mann ein wenig zu groß war.

An Liebigs Nervosität änderte sich auch nichts, als eine zuvorkommende junge Dame sie in Empfang nahm und zu ihrem Tische führte. Und als er die Speisekarte aufschlug, schien er der Verzweiflung nahe.

„Wenn Sie möchten, suche ich etwas für uns beide aus“, erbarmte sich Bwaroo schließlich.

„Nein, es wird schon gehen“, erklärte Liebig, obwohl er unsicher dreinschaute. „Ein paar der Gerichte erkenne ich ungefähr wieder. Zumindest die Zutaten ...“

Der Elfendetektiv schmunzelte und orderte erst einmal zwei Gläser Champagner als Aperitif.

„Oh, das kitzelt in der Nase“, stellte Liebig fest, als er den ersten Schluck aus seiner Champagnerflöte genommen hatte.

Normalerweise hätte Bwaroo über so einen Kommentar missbilligend den Kopf geschüttelt, doch dieses Mal lächelte er wohlwollend.

„Ich glaube, das ist der eigentliche Hauptzweck“, erklärte er gut gelaunt. „Aber wenn Sie gestatten, würde ich Ihnen gern ein paar Fragen zu Stella Hauser stellen.“

„Sehr gern! Schießen Sie los!“

„Mademoiselle Hauser war eine noch sehr junge Frau“, begann Bwaroo, „und im Autopsiebericht steht, sie war bei bester Gesundheit. Finden Sie es nicht ein wenig seltsam, dass sie da ihr Testament gemacht hat? Sie war jung und schön, sie war reich … da sollte man doch eher erwarten, dass sie das Leben in vollen Zügen genießt, statt über den Tod nachzudenken, *n'est-ce pas?*“

„Ja, das stimmt“, gab Liebig zu und runzelte die Stirn. Er fühlte sich jetzt auf sichererem Terrain. Ein wenig trug außerdem der Champagner dazu bei, dass er sich lockerer fühlte. „Wahrscheinlich hatte sie eine schlimme Kindheit. Sie wuchs wohl in armen Verhältnissen auf und dann wurde sie aus ihrem Elternhaus hinausgeworfen …“

„Wo war denn eigentlich dieses Elternhaus? Ich meine, sie stammte ja offensichtlich nicht aus Byonn. Dann musste sie doch wohl aus einem der Nachbarorte kommen. Denn, wie weit kann man barfuß schon laufen?“ Bwaroo schüttelte den Kopf. „Außerdem will mir nicht eingehen, wie sie aus ihrem Elternhaus geworfen werden konnte. Als einzige Tochter müsste sie doch die Erbin des Hauses gewesen sein.“

„Leider kann ich dazu nicht viel sagen. Als Fräulein Hauser in Byonn auftauchte, war ich noch nicht bei der Polizei. Soviel ich weiß, hat Inspektor Essinger sich damals um den Fall gekümmert.“

„*Quelle dommage!* Nun, dann werde ich wohl den Inspektor damit belästigen müssen.“ Bwaroo beließ es dabei und kümmerte sich erst einmal um die Speisekarte.

„Ich denke, ich beginne mit dem Seesaibling in Buttermilchdashi auf einem Rote-Bete-Nest“, erklärte er schließlich. „Danach vielleicht das geschmorte Kalbsbries mit weißen Bohnen und Chorizo auf Tomatengremulata.“

„Äh … ich nehme die handgetauchten Jakosmuscheln auf eingelegtem Kürbis in Tonkabohnenschaum“, erklärte Liebig unsicher. „Obwohl ich zugeben muss, dass ich nicht weiß, was Tonkabohnen sind“, gestand er. „Und das Kalbsbries klingt gut … allerdings … was ist Chorizo?“

„Eine würzige Hartwurst.“ Bwaroo lächelte. „Machen Sie sich keine Gedanken, wenn Sie etwas nicht wissen. Ich zum Beispiel habe keine Ahnung, was ein Dashi sein soll. Diese Art von Lokalen ist geradezu verpflichtet, seine Speisen so zu nennen, dass sie möglichst unverständlich daherkommen. Die Gäste erwarten das einfach.“

„Darf ich Ihnen eine kleine Aufmerksamkeit des Hauses anbieten?“ Die zuvorkommende junge Dame war mit zwei Tellern zurückgekehrt. „Sellerie aus dem Salzteig mit Belper Knolle in Clamansijuice.“

Sie stellte die beiden Teller vor den beiden Männern ab. Liebig starrte erstaunt auf seinen. Er war zum größten Teil leer. In der Mitte befand sich ein rundes Etwas, das wohl der Sellerie sein sollte. Im Kreis darum herum waren gelbe Späne angeordnet, die wiederum von einem Kreis eingedickter Flüssigkeit umgeben waren.

„Schau an, die Belper Knolle ist anscheinend ein Käse zum Hobeln“, sagte Bwaroo und hoffte, seinen Gast damit zu beruhigen, denn der schien nah der Panik zu sein. „Essen Sie, genießen Sie – das ist alles nur Wortgeklingel und eine Art Rätselraten. Im Grunde ist es ein bisschen wie im Leben: Eine Putzfrau nennt man jetzt eine Reinigungsfachkraft, aber die Tätigkeit ist dieselbe. Und hier sind es einfach nur verschiedene Gerichte, die hoffentlich delikat sind. Aber Hauptsache, man wird nicht vergiftet.“

„Haben Sie bereits gewählt?“ Eine andere Dame erschien am Tisch.

Bwaroo gab die Bestellungen für sich selbst und Liebig auf: „Wegen des Desserts werden wir uns später entscheiden.“

„Natürlich. Eine ausgezeichnete Wahl“, nickte die Dame. „Zum Fisch und zum Kalb würde gleichermaßen ein leichter Weißwein passen. Darf ich Ihnen einen Byonner Entenkopf empfehlen? Mit einem sanften Erdbeerbukett und hauchzart harzig im Abgang?“

„Das klingt vorzüglich. Wir folgen Ihrem Rat“, nickte der Elf.

„Ist das nicht ein wenig viel Alkohol?“, merkte Liebig zaghaft an.

„Sie müssen ja nicht mehr als ein Glas trinken“, beruhigte ihn Bwaroo. Dann griff er zu Messer und Gabel und aß seinen Sellerie mit zwei Bissen auf – sehr zur Erleichterung von Liebig, der sich bereits den Kopf zerbrochen hatte, wie er mit diesem Gericht, diesem Häppchen, umgehen sollte. Im Stillen fragte er sich auch, wohin er hinterher gehen sollte, um seinen Hunger zu stillen. Denn er hatte gehört, dass die Portionen in Restaurants umso kleiner ausfielen, je mehr sie kosteten.

Doch schon bei den Muscheln war er beruhigt. Da lag nicht nur wie befürchtet eine Muschel auf dem Teller, sondern ein Dutzend. Und sie schmeckten hervorragend.

Liebig fand auch den Wein ganz ausgezeichnet, auch wenn er nicht viel an Erdbeeren herausschmeckte. Allerdings hatte er nicht damit gerechnet, dass ihm der Wein derartig schnell zu Kopf stieg.

„Darf ich Sie etwas fragen?“, platzte er plötzlich heraus.

„*Bien sûr.*“

„Diese Ausdrücke, die Sie gebrauchen – das ist französisch, oder?“

„Und Sie wollen wissen, warum ich das mache?“ Bwaroo schmunzelte. Er war es inzwischen gewöhnt, dass die Frage über kurz oder lang auftauchte. „Die Antwort ist ganz einfach: Ich habe als junger Mann die Parallelwelt besucht und habe lange in Belgien gelebt. Ein wunderbares Land. Dort spricht man französisch, und das ist, wie soll ich sagen, hängen geblieben.“

„Die Parallelwelt?“, staunte Liebig. „Dann müssen Ihre Eltern aber sehr reich sein! Normalerweise macht so etwas doch nur der Adel …“

„Mein Vater war ein einfacher Schneider.“ Bwaroo machte eine wegwerfende Handbewegung. „Ich habe mir das Geld für die Reise ganz allein verdient.“

„Du meine Güte.“ Aus dem Blick, mit dem Liebig den Elfen ansah, sprach tiefe Bewunderung. „Durch das Aufklären von Fällen?“

„Etwas in der Art.“ Bwaroo ließ unerwähnt, dass er als junger Mann so ziemlich alles gemacht hatte, was sich ihm bot. Das Wiederfinden von Schmuckstücken, die angeblich gestohlen, aber dann doch nur verlegt worden waren, kam genauso vor, wie das Einfangen entflohener Haustiere.

„Paul? Was machst du denn hier?“ Eine junge Dame mit langem blonden Haar und in einem sehr schicken, fliederfarbenen Chiffonkleid blieb am Tisch stehen.

Liebig schaute erschrocken auf und lief dann rot an.

„Oh, Cyntia, äh …“, stotterte er, „ich bin … äh ... zum Essen hier … mit … mit Herrn Bwaroo … Erkül Bwaroo ...“

„Der berühmte Elfendetektiv?“ Die mit Cyntia Angesprochene schaute beeindruckt zu Bwaroo.

Dieser erhob sich und machte eine elegante kleine Verbeugung. Das brachte Liebig dazu, ebenfalls hastig aufzuspringen, wobei er fast den Tisch umgeworfen hätte.

„*Oui, c'est moi*“, bestätigte Bwaroo, das knapp vermiedene Unglück einfach ignorierend. „Und Sie müssen die Mademoiselle Cyntia sein, von der mir mein Freund Liebig erzählt hat.“ Liebigs erstaunten Blick beachtete er ebenfalls nicht weiter.

„Ach, hat er?“ Cyntia schaute Liebig verwundert an. „Und Sie sind mit ihm befreundet?“, wandte sie sich dann wieder an Bwaroo.

„*Bien sûr*“, versicherte der. „Ich schätze mich glücklich, ihn zu kennen. Sein Rat hat mir schon oft weitergeholfen.“

„Wirklich?“ Cyntia betrachtete Liebig, als hätte sie ihn noch nie zuvor gesehen.

„Im Moment ermitteln wir gemeinsam in dem Mord an Stella Hauser“, führte Bwaroo weiter aus.

„Stella? Oh ja, sie wurde ja ermordet.“ Cyntias Interesse schien sich in Grenzen zu halten. „Schreckliche Sache“, fügte sie schließlich noch hinzu.

„Cyntia, mein Engel, kommst du?“, meldete sich da ein Mann zu Wort, der sich bisher im Hintergrund gehalten hatte.

„Oh, ja, gleich, gleich …“ Cyntia nickte Bwaroo und Liebig zu, was letzteren dazu brachte, erneut knallrot zu werden, und ging dann mit dem fremden Mann hinaus.

„Diese Cyntia ist eine Freundin von Ihnen?“ Bwaroo schaute der eleganten jungen Dame nach.

„Oh nein, so weit würde ich keinesfalls gehen!“, wehrte Liebig ab, immer noch sehr rot im Gesicht. „Eher eine flüchtige Bekannte. Wir liefen uns an einem Beltane-Fest über den Weg und haben ein wenig geplaudert. Normalerweise bewegt sie sich nicht in meinen Kreisen. Sie steht weit über mir.“

„*Ce n'est pas vrai*“, widersprach Bwaroo. „Niemand steht über einem anderen, nur weil er mehr Geld zur Verfügung hat. Schauen Sie mich an. Der Sohn eines Schneiders verkehrt inzwischen in den höchsten Adelskreisen …“

„Ja, aber bei Ihnen liegt das daran, dass Sie brillant sind!“

Bwaroo nahm das Kompliment geschmeichelt, aber auch mit einem zustimmenden Nicken zur Kenntnis.

„Ich dagegen bin nur ein einfacher, kleiner Polizist.“

„Sie sind zu bescheiden. Allein schon Ihre Idee, Bilder vom Tatort zu machen … Sie haben Potenzial. Bwaroo hat das gleich erkannt.“

„Aber Cyntia zu erzählen, dass Sie meinen Rat suchen … das war dreist gelogen!“

„*Qui sait?*“ Bwaroo strich sich schmunzelnd den Schnurrbart. „Wer weiß schon, was in einem so lange schlummert, bis es gebraucht wird?“

„Was soll in mir schon groß schlummern.“ Liebig zuckte resigniert mit den Schultern. „Ich habe immer Ideen, aus denen dann nichts wird. Zum Beispiel habe ich mal vorgeschlagen, dass wir die Karteien mit den Fingerabdrücken zusammenfügen. Im Moment hat jede Polizeistation solche Karteien, und ich dachte, es wäre doch praktisch, wenn alle auf alle Zugriff hätten.“

„Das klingt nach einem guten Plan.“

„Schon, nur hat man mir gesagt, dass das ein viel zu großer Aufwand ist. Wer soll das machen, und wo soll das gelagert werden? So geht es mir mit den meisten Ideen, die ich habe. Sie klingen ganz nett, sind aber nicht praktikabel. Schon meine Mutter sagt immer wieder: ‚Junge, du hast den Kopf in den Wolken'."

„Sie leben noch bei Ihrer Mutter?"

„Ja. Sie ist ein wenig gebrechlich. Nicht mehr so gut auf den Beinen. Ich helfe ihr, wo ich kann."

Bwaroo lächelte. Genau so hatte er Liebig eingeschätzt.

„Wie wäre es zum Abschluss mit ‚Gedämpften Mandelbiskuit mit Puschinieis und eingelegten Zitrusfrüchten'?", schlug er vor, als die Teller des Hauptgerichts abgeräumt wurden. Liebig nickte nur, und Bwaroo orderte zwei Portionen.

„Bin gespannt, was Puschinieis sein soll", kommentierte Liebig, als sie wieder allein waren.

„Puschini ist ein Opernkomponist. Aber was das nun wieder mit Eis zu tun haben soll ..." Bwaroo zuckte amüsiert mit den Schultern.

Da wurde seine Aufmerksamkeit auf drei Personen gelenkt, die aus der Küche kamen. Einen erkannte er als den Chefkoch Patrick Hehlbein. Die anderen beiden trugen weiße Mäntel und hatten die Haare unter Hauben verborgen, die sie jetzt abnahmen.

Bwaroo spitzte die Ohren. Sein Gehör war ausgezeichnet, und so konnte er einen der beiden Fremden sagen hören: „Also, die Dichtung zum Kühlraum müssen Sie wirklich peinlich sauber halten, damit die Temperatur erhalten bleibt. Und, na ja, das eine Schneidbrett haben Sie ja zum Glück gleich entsorgt. Das war aber auch wirklich hinüber. Nicht auszudenken, was sich da für Schmutz in den Kratzern festsetzen kann."

„Aber ansonsten ist Ihre Küche vorbildlich", erklärte der zweite. „Da hab ich schon ganz andere gesehen."

Hehlbein bot den beiden an, sich zu setzen und eine Kleinigkeit zu essen, doch beide schüttelten den Kopf.

„Noch weiterhin viel Erfolg", verabschiedete sich der eine.

„Ja. Trotz der tragischen Umstände", ergänzte der andere, und beide wandten sich zum Gehen.

„Das sind unsere Kontrolleure vom Ordnungsamt", erklärte Liebig, als Bwaroo ihn auf die Männer aufmerksam machte. „Ich bin hin und wieder selbst mit den beiden unterwegs, wenn sie nachts die verrufeneren Lokale besuchen und jemanden dabei haben wollen, damit nichts passiert. Hin und wieder kann der Wirt von so einer Spelunke schon mal aggressiv werden. Und erst die Gäste …"

„Das kann ich mir vorstellen", nickte Bwaroo. „Vor allem, wenn es etwas auszusetzen gibt."

„Stimmt. Dabei sollten doch gerade die Gäste froh sein, dass es da eine Behörde gibt, die darauf achtet, dass alles sauber und die Lebensmittel einwandfrei sind. Na ja, hier gab es bestimmt nichts zu beanstanden …"

„*Non*, nichts Wesentliches, nein." Bwaroo schaute an Liebig vorbei weiter zu Hehlbein, der jetzt auf die Geschäftsführerin Astarte Leem einredete, die zu ihm getreten war, kaum dass die Kontrolleure weg waren. Die beiden flüsterten so leise miteinander, dass selbst Bwaroo nichts erlauschen konnte. Doch man sah an ihren Gesten, dass Astarte anscheinend etwas von dem Chefkoch wollte, das dieser nicht bereit war zu geben.

Schließlich stürzte die Elfe mit hochrotem Kopf davon, und Hehlbein machte ein geradezu grimmiges Gesicht, als er sich in Richtung Küche wandte. Kaum war er darin verschwunden, bezeugte ein lautes Scheppern und Klirren, dass etwas zu Bruch gegangen war.

„*Très intéressant*“, murmelte Bwaroo, „sehr interessant.“

„Was denn?“, wollte Liebig wissen.

„Der Koch und die Geschäftsführerin sind einander anscheinend nicht grün. Und zumindest der Koch hat ein heftiges Temperament.“

„Hm. Es wird wohl wenig bringen, ihn jetzt und hier zu befragen.“ Liebig zupfte beunruhigt an seinem Hemdkragen.

„*Mais non*, wir werden ihn nicht behelligen.“

„Weil er so schlecht drauf ist? Dann gehen wir also zuerst zu der Geschäftsführerin?“

„*Non*, Bwaroo hat nicht vor, die beiden heute zu befragen. Die beiden laufen uns nicht davon.“

„Ja, aber ich dachte … wenn wir schon mal hier sind …“

„Ah, aber jetzt, bei diesem Hochbetrieb, das würde zu nichts führen.“

„Aber warum sind wir denn dann hier?“

„Um einen Fall zu lösen, kommt es nicht nur darauf an, Antworten von den Beteiligten zu erhalten. Auch die Atmosphäre ist wichtig.“ Bwaroo hob dozierend einen Finger.

„Schauen Sie sich um. Die beiden haben angegeben, dass sie den ganzen Abend hier waren, als der Mord geschah. Halten Sie das für glaubhaft, wenn Sie sehen, wie es hier zugeht?“

„Es wäre zumindest ein enormes Risiko gewesen, sich bei diesem Betrieb wegzuschleichen.“

„*Exactement.* Es erscheint unwahrscheinlich, wenn auch nicht unmöglich. Davon wollte ich mich überzeugen.“ Bwaroo strich sich den Bart und lächelte dann. „Außerdem wollte ich wissen, ob die Küche hier wirklich so gut ist. Und ich wollte einen Abend in netter Gesellschaft verbringen und Sie ein wenig besser kennenlernen.“

Beinahe gerührt bemerkte Bwaroo, wie Liebig errötete.

Ich war es nicht!

„Aber Schätzchen, was machst du denn für ein trauriges Gesicht? Zweitausend Taler und das Haus! Das is doch toll! Damit lässt sich ‘ne Menge anfangen.“

„Ja, du hast schon recht. Wir können endlich heiraten.“

„Äh, daran hab ich jetzt nich gedacht. Neinnein, schon gut! Natürlich will ich dich heirat’n! Schau nicht so enttäuscht. Aber sieh mal, ich will dir doch nicht auf der Tasche lieg’n. Ich hab mir gedacht, wir bauen erst mal ein Geschäft auf. Ideen hab ich reichlich, mir fehlte nur das Kapital …“

„Und wo willst du das jetzt herbekommen?“

„Na, von dir!“

„Aber du willst mir doch nicht auf der Tasche liegen!“

„Das ist was anderes. Du kriegst es ja zurück. Und dann, wenn das Geschäft so richtig ins Rollen gekommen ist, dann heiraten wir.“

„Was für ein Geschäft ist das denn?“

„Zerbrich dir da drüber nicht dein hübsches Köpfchen.“

„Und wie viel Geld brauchst du dafür?“

„Tausend Taler müssten’s fürs Erste tun.“

„So viel! Und was meinst du mit ‚fürs Erste‘?“

„Das ist doch bloß so daher g'redt. Jetzt mach dir mal keine Sorgen. Das macht nur Falten, und du siehst dann gar nicht mehr so hübsch aus. Gib mir das Geld und überlass den Rest mir."

„Ja, aber wofür denn nur?"

„Davon verstehst du nichts."

„Ich bin die Tochter eines Krämers. Natürlich verstehe ich etwas davon."

„Ach so. Aber es geht doch nicht um solche Kinkerlitzchen. Ich hab da ne viel größere Sache im Kopf. Wenn man Erfolg haben will, muss man groß denken. Was guckst du denn jetzt so? Vertraust du mir etwa nicht?"

***

Erkül Bwaroo hatte sich gleich nach dem Frühstück zum Haus von Stella Hauser aufgemacht. Dort sollte er mit Wachtmeister Liebig zusammentreffen.

Mit anerkennendem Blick begutachtete der Detektiv das zweistöckige Backsteinhaus, das, beschattet von Rosskastanien und Platanen, inmitten eines Gartens voller blühender Sträucher stand. Es war elegant in seinem schlichten Stil ohne Schnörkel, und die weiß gefassten Fenster links und rechts von der ebenfalls weißen Tür behagten Bwaroos Sinn für Symmetrie. Das alles zeigte den guten Geschmack der Frau, die hier bis vor kurzem gewohnt hatte.

Aber, sagte sich Bwaroo, er war nicht hier, um das Gebäude zu bewundern. Also trat er zum Eingang und betätigte den Klingelzug.

Die Tür wurde dem Elfendetektiv allerdings nicht von Liebig, sondern von einem fremden Polizisten geöffnet, der dem Detektiv prompt den Zutritt verweigern wollte. Doch da kam auch schon Liebig dazu und klärte den Kollegen über Bwaroo und dessen Gründe auf – etwas, was Inspektor Essinger ganz offensichtlich versäumt hatte.

Kaum war der Elf eingetreten, hörte er ein lautes Weinen, und eine Stimme donnerte: „Jetzt geben Sie es doch endlich zu!"

Alarmiert stürzte Bwaroo zu der Tür zur Linken, woher der Lärm kam, und fand Jana Waldhaus in Tränen aufgelöst in einem Sessel, den Kopf in den Händen. Inspektor Essinger ragte geradezu drohend über ihr und funkelte sie an.

„*Qu'est-ce que c'est?* Was ist denn hier los?", verlangte Bwaroo zu wissen, und nahm zugleich wahr, wie sich Liebig und der andere Polizist schön im Hintergrund hielten. „Ist das Ihre Art, Geständnisse zu bekommen, *Monsieur l'inspecteur*?"

„Was mischen Sie sich denn da ein? Und was machen Sie überhaupt hier?"

„Ich untersuche den Mord an Mademoiselle Stella Hauser. Ihr Gedächtnis scheint auch nicht das Beste zu sein."

„Sehr witzig."

„Das war nicht witzig gemeint. *Mais n'importe pas.* Egal. Ich bin hier, um einen Blick auf das Zimmer zu werfen, in dem Mademoiselle Hauser getötet wurde, und um das Personal zu befragen."

„Dann stellen Sie sich mal brav hinten an." Essinger musterte Bwaroo abschätzig und wandte sich dann von ihm ab, als sei er gar nicht da.

„Fräulein Waldhaus, alles spricht gegen Sie“, sagte er, jetzt in moderatem Ton. „Sie haben mit Ihrer Herrin gestritten, weil diese Ihren Liebhaber …“

„Er ist nicht mein Liebhaber! Ich bin ein ehrbares Mädchen!“

„Nun gut, Ihren Verehrer also, weil Fräulein Hauser ihn ablehnte. Das haben Sie selbst zugegeben. Und dann haben Sie sie umgebracht, weil Sie befürchten mussten, dass sie Sie aus ihrem Testament streicht …“

„Nein! Woher sollte ich denn wissen, dass sie mir etwas vererben wollte? Woher? Ja, wir haben gestritten, und es tut mir ewig leid, dass ich mich nicht mehr mit ihr aussprechen konnte.“

„Sie waren als Einzige mit ihr im Haus.“

„Ja, und ich weiß selbst nicht, wie und wann das alles geschehen konnte. Stella hatte ja auch keinen Besuch. Die eine Dame, die vorsprach, kam gar nicht erst zur Tür herein.“

„Eine Dame?“, mischte sich Bwaroo ein. „Wer war das?“

„Ich muss doch sehr bitten“, fuhr Essinger ihn an. „Sie stören hier ein Verhör!“

„Eine Vernehmung, *Monsieur l'inspecteur.* Eine Vernehmung. Es sei denn, Sie hätten genügend Verdachtsmomente, um Mademoiselle Waldhaus zu verhaften. Erst dann ist es ein Verhör. Der Unterschied ist Ihnen doch sicherlich bekannt! Und? Ist Mademoiselle Waldhaus verhaftet?“

Essinger hätte Bwaroo am liebsten mit seinen Blicken erdolcht. Er atmete schwer und musste an sich halten, um nicht auf den kleinen Elf loszugehen.

„Nein“, gab er schließlich tonlos zu.

„Dann schlage ich vor, dass Sie das Gespräch mit Mademoiselle Waldhaus beenden“, erklärte Bwaroo betont liebenswürdig. „Die Dame hat Ihnen anscheinend nichts weiter zu sagen.“

Essinger stand einen Moment lang verdattert da.

„Gut, ich gehe“, erklärte er dann, wobei er ausdrücklich nur Jana ansprach. „Aber ich werde weiterforschen und ich werde wiederkommen.“

Damit nickte er ihr zu und eilte hinaus, ohne Bwaroo eines Blickes zu würdigen.

Erst als er laut genug die Tür hinter sich geschlossen hatte, wagte sich Liebig vor.

„Ja, die Luft ist rein“, begrüßte ihn Bwaroo schmunzelnd.

„Ich … es tut mir leid … aber er ist nunmal mein Chef …“, stotterte der junge Mann verlegen.

„*Je comprends.* Machen Sie sich keine Gedanken.“ Bwaroo nickte ihm freundlich zu und schaute sich unauffällig um.

Das Zimmer war kühl und elegant auf dezente, geschmackvolle Weise eingerichtet. Leichte Vorhänge hoben sich in der Brise, die durch das offene Fenster drang, und aus einiger Entfernung war das Geräusch von spielenden Kindern im Park zu hören. Die Gruppe hoher Bäume vor dem Fenster filterte das Sonnenlicht, das durch die großen Fenster drang, so dass der Raum hell war, man aber nicht geblendet wurde. Der Elf erkannte den Salon von den Bildern wieder, die Liebig ihm gezeigt hatte. Hier also war Stella Hauser erstochen worden. Aber nichts deutete mehr darauf hin. Die Putzfrau musste sehr tüchtig sein, denn sie hatte anscheinend sogar den Blutfleck vollständig aus dem Teppich bekommen.

Bwaroo richtete den Blick auf Jana, die immer noch weinte, und setzte sich auf den Sessel neben sie. Sanft legte er ihr die Hand auf den Arm und betrachtete sie wohlwollend. Sie trug immer noch ihre Zofenuniform, so als hätte sie noch gar nicht recht begriffen, dass sie jetzt die Herrin dieses Hauses war.

„Mademoiselle, beruhigen Sie sich", bat er und reichte ihr ein seidenes Taschentuch. „Alles wird gut. Papa Bwaroo wird Sie beschützen."

Jana nahm zögerlich das Taschentuch, trocknete die Tränen und schnäuzte sich.

„Danke", sagte sie. Dann beugte sie sich eifrig zu Bwaroo. „Sie müssen mir glauben! Ich habe Stella nicht umgebracht! Ich war völlig fertig, als ich sie gefunden habe. Und das mit dem Testament weiß ich doch erst seit gestern."

„Ja, das war offensichtlich." Bwaroo tätschelte ihren Arm.

Liebig reagierte auf diese Worte mit einem skeptischen Blick. Er machte den Mund auf, um etwas zu sagen, überlegte es sich dann aber anders und schloss ihn wieder.

„Erzählen Sie mir von dem Streit", forderte Bwaroo Jana freundlich auf. „Wann war das?"

„An dem Tag, bevor Stella … ermordet wurde. Sie hatte erfahren, dass ich mit Jojo ausgehe. Er hat nicht den besten Ruf und war sogar mal im Gefängnis. Aber er war unschuldig, hat er mir erzählt. Und er war immer so lieb zu mir und aufmerksam."

„Und Mademoiselle Hauser hat missbilligt, dass Sie sich mit ihm eingelassen haben?"

„Ja." Jana spielte verlegen mit einem Zipfel ihrer Schürze. „Na ja, vielleicht hatte sie ja auch ein bisschen recht damit ..."

„*Mais pourquoi?* Was ist geschehen?“

„Gestern Abend waren wir aus, und ich habe ihm von meiner Erbschaft erzählt. Da wollte er gleich Geld von mir – für eine Geschäftsidee, sagt er. Er wollte mir aber nicht verraten, worum es geht. Ich hab ihm vorgeschlagen, wir könnten doch erst einmal heiraten, aber davon wollte er nichts wissen. Und was er vorhat, damit will er auch nicht heraus. Hat gemeint, davon verstehe ich nichts. Aber ich bin die Tochter eines Krämers – mein Vater hat ein eigenes Geschäft für Stoffe und Kurzwaren! Ich hab dort auch schon von Kindesbeinen an mitgearbeitet, bevor ich beschloss, dass ich lieber in herrschaftlichen Dienst gehe. Na ja, genaugenommen war Stella öfter mal bei uns im Laden einkaufen, und wir freundeten uns an, und sie bot mir die Stelle als Zofe an. Ich verdiente da viel mehr, und die Arbeit schien mir leichter, und Stella war so nett zu mir … also, jedenfalls hab ich schon ein wenig Ahnung von Geschäften. Jedenfalls hab ich Jojo gesagt, dass ich erst einen genauen Plan einsehen will, und da wurde er wütend und ist gegangen. Wahrscheinlich tu ich Jojo damit furchtbar unrecht, und er kann alles erklären. Woher soll er auch wissen, dass ich etwas vom Handel verstehe? Er meint es immer so gut mit mir und will mich beschützen, wissen Sie? Aber ich kann Stella jetzt schon verstehen, hab’s eigentlich damals schon verstanden, aber, wie es eben so ist ... Es ist furchtbar, ich hab schlimme Sachen zu ihr gesagt, und jetzt ist es zu spät, um sich zu entschuldigen. Ich werde mir das nie verzeihen!“

Jana brach wieder in Tränen aus.

„*Ne vous blâmez pas*. Machen Sie sich keine Vorwürfe, *ma petite*. Mademoiselle Hauser wusste in ihrem Herzen, dass Sie ihr aufrichtig zugetan waren. So ein kleiner Streit, das ist doch nichts!“ Bwaroo machte eine wegwerfende Handbewegung. „Leben Ihre Eltern noch?“

„Ja. Papa hat immer noch seinen Laden, und Mama hilft mit.“

„Wissen die beiden, was passiert ist?“

„Mein letzter Besuch war vor dem Mord. Und irgendwie kam ich noch nicht dazu …“

Bwaroo schmunzelte. Das Mädchen hatte also Zeit, mit ihrem Verehrer auszugehen, nicht aber, um ihre Eltern zu besuchen.

„Das war ziemlich dumm von mir. Ich hätte gleich mit ihnen reden sollen.“ Jana biss sich auf die Lippen. „Von Jojo hab ich ihnen auch noch nicht erzählt“, flüsterte sie dann noch verschämt.

Bwaroo lächelte, ließ den letzten Satz aber unkommentiert.

„Ich könnte den beiden eine Winddepesche in Ihrem Auftrag schicken“, bot er stattdessen an.

„Aber das ist doch so furchtbar teuer!“ Jana riss die Augen auf. „Und so weit weg wohnen sie ja auch gar nicht.“

„Dann schlage ich vor, dass Sie sie gleich besuchen“, riet Bwaroo ernst.

„Wenn Sie mir die Adresse verraten, können Sie auch ein paar Tage dort bleiben“, mischte Liebig sich da eifrig ein. „Solange Sie die Stadt nicht verlassen, falls der Inspektor noch Fragen hat, ist das völlig in Ordnung.“

„Bei weiteren Besuchen des Inspektors sollten Sie übrigens darauf bestehen, dass ein Anwalt zugegen ist“, ergänzte Bwaroo.

„Ein Anwalt? Aber ich bin doch unschuldig!“

„Darum geht es gar nicht, *ma petite*“, winkte Bwaroo ab. „Es ist ihr gutes Recht, und es dient Ihrem eigenen Schutz.“

„Das … äh … würde ich auch sagen“, gab Liebig ihm recht, wobei ihm das Blut in die Wangen stieg. „Mein Chef kann ein wenig … äh … forsch werden.“

Bwaroo bemerkte aus dem Augenwinkel, wie der andere Polizist, der neben der Tür stand, eifrig mit dem Kopf nickte. Der Elfendetektiv strich sich den Schnurrbart, um sein Schmunzeln zu verbergen.

„So wie gerade eben“, fuhr Liebig derweil fort. „Ein Anwalt würde einschreiten, wenn … äh … mein Chef Sie wieder zum Weinen bringt. Aber sagen Sie ihm bitte nicht, dass Sie das von mir haben.“

Er trat sichtlich verlegen von einem Fuß auf den anderen. Jana sah zu ihm auf, und ein Lächeln huschte über ihr Gesicht.

„Ich werde nichts sagen“, versprach sie. „Aber setzen Sie sich doch.“

Liebig rückte einen Stuhl heran und nahm Platz.

„Wissen Sie, Inspektor Essinger ist manchmal ein wenig schnell bei seinen Entscheidungen“, gestand er. „Und dieser Fall ist ganz schön verzwickt.“

„Meinen Sie, Herr Schütte würde das übernehmen?“, wollte Jana wissen. „Er schien mir nett zu sein.“

„Rechtsanwalt Schütte nimmt seinen Beruf sehr ernst“, nickte Bwaroo. „Ich denke, er ist eine gute Wahl.“

„Dann werde ich ihn fragen, ob er das für mich tun würde“, entschied Jana. „Und gleich nachher besuche ich meine Eltern.“

„Eine sehr gute Idee!“ Bwaroo strahlte. Doch dann wurde er wieder ernst. „Mademoiselle, Sie wissen, dass ich den Mord an Ihrer Herrin untersuche?“

„Ja, das weiß ich. Die Reinemacherfrau hat's mir erzählt. Und die hat es vom Gemüsehändler …“

„Ah, es hat schon die Runde gemacht. *Tant mieux,* umso besser.“ Bwaroo lächelte. „Nun, es ist wahr. *Je suis très désolé*, aber ich muss Ihnen ein paar Fragen zu dem Abend des Verbrechens stellen. Es tut mir wirklich sehr leid. Fühlen Sie sich dazu in der Lage?“

„Es wird schon gehen. Ich möchte, dass der Mörder schnell gefunden wird. Stella war so ein feiner Mensch.“

„*Bon.* Wie verlief der Abend also? Beginnen Sie am Anfang.“

„Es war ein ruhiger Abend. Martin hatte frei – das ist unser Butler. Er trifft sich dann meistens mit ein paar Freunden, um Whist zu spielen.“

„Ja, das stimmt“, bestätigte Liebig. „Wir haben das überprüft.“

„Stella und ich waren allein im Haus“, erzählte Jana weiter. „Stella meinte, sie würde im Salon ein wenig lesen, also hier. Sie meinte, sie bräuchte mich nicht mehr. Sie würde nach mir klingeln, wenn sie schlafen gehen wollte. Also hab ich mir ihr grünes Seidenkleid geholt – das hatte einen kleinen Riss am Saum, und den hab ich repariert.“

„Haben Sie dabei Mademoiselle Hauser Gesellschaft geleistet?“

„Nein. Stella wollte beim Lesen immer ungestört sein. Ich hab das Kleid mit auf mein Zimmer genommen.“

„Sie erwähnten vorhin etwas von einem Besuch.“

„Na ja, eigentlich war es kein Besuch. Eine Frau klingelte. Sie kam von Gräfin Adele von Hohenstein, sagte sie. Stella hatte der Gräfin einen Schal geliehen, und die Frau brachte ihn zurück. Das hat aber keine fünf Minuten gedauert, und sie kam auch gar nicht groß rein, sondern blieb an der Tür stehen.“

„Wie sah die Frau aus?“

„Och, ganz normal. Eher unscheinbar. Sie war ungefähr so groß wie ich, das weiß ich noch.“

„Würden Sie sie unter Umständen wiedererkennen?“

„Äh … nein. Ich hab gar nicht groß auf sie geachtet.“

„*Quelle dommage*. Nun, es ist nicht zu ändern. Sie kam also nicht herein?“

„Nein, sie blieb vor der Tür stehen, hat sich vorgestellt, alles erklärt, gab mir den Schal und ging gleich wieder.“

„Und was haben Sie dann gemacht?“

Ich hab den Schal in die Wäsche gegeben. Er roch noch nach dem Parfüm der Gräfin, also wollte ich ihn erst mal waschen. Dann bin ich wieder hinauf in mein Zimmer gegangen und habe das rosa Kleid gebügelt, das Stella am nächsten Tag anziehen wollte.“

„Und weiter?“

„So gegen zehn bin ich dann hinunter gegangen, um die Tür für die Nacht zu verriegeln. Im Salon brannte noch Licht, als ich vorbeikam. Ich dachte, Stella wäre vielleicht über dem Buch eingeschlafen, und schaute hinein …“ Jana schluckte.

„Die Eingangstür war also noch offen?“

„Sie war schon zu. Ich meine, man konnte sie nicht einfach aufstoßen oder aufmachen, indem man die Klinke drückt oder so. Aber für die Nacht legen wir immer noch einen Extrariegel vor.“

„Und gibt es noch einen anderen Eingang? Nach hinten vielleicht?“

„Den Personaleingang. Aber der war auch abgesperrt. Das hat Martin auch gesagt, als er nach Hause kam. Er hat natürlich einen Schlüssel.“

„Wann kam er denn zurück?“

„So gegen Mitternacht.“

„Genau. Er hat seine Freunde gegen halb zwölf verlassen“, bestätigte Liebig.

Bwaroo ließ sich das alles durch den Kopf gehen. Dann stand er auf und ging zu dem offenen Fenster des Salons. Er wurde sofort enttäuscht: Das Fenster war wie alle anderen vergittert und die Gitterstäbe, an denen er probeweise rüttelte, erwiesen sich als ziemlich stabil.

„*Merde alors*“, entfuhr es dem Elfendetektiv. „Wie kam der Mörder hier nur herein?“

Ärgerlich kehrte er zu seinem Sessel zurück.

„Sind Sie sicher, dass sonst niemand im Haus war? Vielleicht ist die Reinemachfrau noch ein wenig länger geblieben?“

„Frau Claussen? Nein, bestimmt nicht.“ Jana schüttelte energisch den Kopf. „Sie geht immer sehr pünktlich. Immerhin hat sie einen Mann und ihre drei Kinder, die auf ihr Abendessen warten.“

„Ist sie sehr gründlich?“ Bwaroo unterließ es, auf den Blutfleck hinzuweisen, den Frau Claussen anscheinend spielend wegbekommen hatte. „Vielleicht hat sie etwas vergessen und kam noch einmal zurück?“

„Das hätte ich gemerkt. Sie hätte nämlich klingeln müssen, weil sie keinen eigenen Schlüssel hat.“ Jana schüttelte entschieden den Kopf. „Außerdem ist es in all den Jahren noch nie vorgekommen, dass sie etwas vergessen hat.“

„*Mais oui*“, nickte Bwaroo, noch immer in Gedanken. Allmählich verstand er, warum Inspektor Essinger sich so auf Jana als Täterin versteifte. Sie war anscheinend die Einzige, mit der Möglichkeit, an diesem Abend Stella Hauser zu erstechen. Aber welches Motiv sollte sie haben? Das Erbe? Nein. Der verdächtige Freund? Noch weniger. Daran glaubte der Elf nicht einen Moment.

„Mademoiselle, Ihr Freund, Jojo war der Name, *n'est-ce pas?* Hat der Sie hier besucht?“

„Oh nein, das wäre nicht schicklich gewesen!“

„Aber Sie haben ihn besucht?“

„Ich … nein.“

Bwaroo schaute Jana streng an, und sie errötete, schwieg aber.

„*Bon*“, lenkte der Elf schließlich ein. „Aber Sie wissen, wo man ihn erreichen kann?“

Wieder zögerte die junge Frau. Dann nannte sie eine Adresse.

„Sie brauchen gar nicht so zu schauen!“, fuhr sie Liebig an, der abschätzig den Mund verzogen hatte. „Ja, das ist das Armenviertel. Aber was soll er machen? Sein Vater war ein einfacher Tagelöhner, und seine Mutter kränklich. Er hatte nie viel Glück in seinem Leben.“

Liebig öffnete den Mund, um zu antworten, kam aber nicht dazu, denn in diesem Moment klingelte es Sturm an der Tür.

„Ich will sofort zu meiner Tochter!“, war wenig später eine resolute weibliche Stimme zu hören. „Gehen Sie gefälligst zur Seite, Mann. Wo ist sie?“

„Mama!“, entfuhr es Jana, und da wurde auch schon die Tür aufgerissen, und eine kleine, rundliche Frau stürmte herein.

„Jana, Liebes!“, rief sie und eilte, um ihre Tochter in die Arme zu nehmen. „Ich bin sofort hergekommen, als der Milchmann von den ganzen Gerüchten erzählt hat. Meine Tochter eine Mörderin – so ein Unsinn. Aber ich bin ja jetzt da! Jetzt wird alles wieder gut.“

Mit einem Schmunzeln beobachtete Bwaroo, wie Jana sich dankbar an ihre Mutter schmiegte. Sie war einen Kopf größer als die ältere Frau und wesentlich schlanker. Doch die Ähnlichkeit zwischen den beiden war trotzdem unverkennbar. Beide hatten dasselbe lockige Haar, auch wenn das der Mutter schlohweiß war und das der Tochter dunkelbraun. Beide hatten den gleichen vollen Mund und dieselben braunen Augen.

Der Elf wurde aus seinen Überlegungen gerissen, als die braunen Augen der Mutter sich auf ihn richteten.

„Und wer sind Sie?"

„Das ist Herr Erkül Bwaroo aus Laundom", stellte Jana vor. „Und das ist Oberwachtmeister Liebig …"

„Wachtmeister", korrigierte dieser und machte eine leichte Verbeugung.

„Ah, Sie wollen meiner Tochter also was anhängen, ja?", kanzelte Frau Waldhaus ihn ab. „Und Sie, Herr Bwaroo? Sind Sie extra von der Polizei aus Laundom gekommen, um meine Tochter zu beschuldigen?"

„*Non*, Madame", beeilte sich Bwaroo zu versichern. „Ich bin Privatdetektiv und von der Unschuld Ihrer Tochter überzeugt."

„Ah, gut. Und was machen Sie dann hier, anstatt den wahren Täter zu finden?"

„Aber Mama, er war sehr nett, und er hatte nur ein paar Fragen …"

„*C'est vrai.*"

„Was?"

„Ich meine: Das ist wahr."

„Dann sagen Sie das doch auch."

„Sie haben vollkommen recht." stimmte Bwaroo freundlich zu. „Und ich habe nur noch eine Frage, dann gehe ich. Ich weiß Mademoiselle Waldhaus ja jetzt in guten Händen."

„Fragen Sie", bat Jana und legte ihrer Mutter die Hand auf den Arm, als die protestieren wollte.

„In der Fallakte steht, dass das Messer, mit dem Mademoiselle Hauser erstochen wurde, nicht aus diesem Haushalt stammt. Sind Sie da ganz sicher?"

„Oh ja. Stella hat ein ganzes Set mit schwarzen Griffen. Ich weiß das, weil ich oft bei ihr in der Küche war. Sie hat mir das Kochen beigebracht. Und ich habe hinterher den Abwasch gemacht. Diese Messer sind noch alle da, und das Messer mit dem … das Messer bei Stella hatte einen braunen Griff."

„*Très bon.*" Bwaroo verneigte sich erst vor Jana, dann vor deren Mutter. „Ich danke Ihnen sehr, dass Sie so offen zu mir waren. Wir werden Sie jetzt allein lassen. Sicher haben Sie viel zu besprechen. Und Mademoiselle Waldhaus: Lassen Sie uns wissen, wo man Sie finden kann."

Damit strebte er der Tür zu, Liebig auf den Fersen.

In der Eingangshalle blieben sie noch kurz stehen, als Liebig dem Polizisten in Uniform mitteilte, dass er vor Ort nicht mehr gebraucht wurde.

„Kind, das ist alles so schrecklich. Kannst du wenigstens noch eine Weile hier wohnen bleiben?", hörte Bwaroo Frau Waldhaus derweil sagen.

„Natürlich. Das Haus gehört mir doch jetzt."

„Was?"

„Mama ..."

Dann fiel die Tür hinter dem Elf und seinen Begleitern ins Schloss.

„*Très intéressant*", bemerkte Bwaroo. „Es hat also die Runde gemacht, dass Mademoiselle Waldhaus eine Mörderin sein soll, aber nicht, dass sie geerbt hat."

„Ich kann mir das gar nicht erklären", versicherte Liebig konsterniert. „Bestimmt hat keiner meiner Kollegen …"

„Nein, bestimmt nicht", stimmte ihm der Polizist eifrig zu.

„Kaum“, beruhigte der Elfendetektiv die beiden. „Aber sehen Sie, es ist ein Mord geschehen. Das ist immer aufregend und ein gutes Gesprächsthema. Man spekuliert und fantasiert, und je mehr es die Runde macht, um so schneller wird aus einem Verdacht Gewissheit. Wir sollten uns beeilen, den Täter zu finden, ehe sich auch noch die Zeitungen einmischen.“ Bwaroo deutete auf einen Mann in einem billigen Anzug, der auf der anderen Straßenseite herumlungerte und das Haus beobachtete. „Der erste Ghul ist schon da.“

„Ghul? Ist das nicht so ein stinkendes, leichenfressendes Wesen?“

„*C'est ça.* Es sind Leichenfledderer. Der Verwesungsgeruch begleitet sie überall hin. Und bei manchen Journalisten ist es ähnlich. Wohlgemerkt, die meisten sind völlig in Ordnung und vor allem an der Wahrheit interessiert. Aber ein paar sind nur auf reißerische Schlagzeilen aus. Und dieser Mann ist einer davon. Da ist sich Bwaroo ganz sicher.“

„Arme Jana“, entfuhr es Liebig. „Äh, ich meine, armes Fräulein Waldhaus“, korrigierte er sich dann schnell.

„Ich denke, so lange ihre Mutter da ist, müssen Sie keine Angst um die junge Dame haben.“ Bwaroo zwinkerte ihm zu.

Alles kein Problem

„Steht dein Angebot noch?“

„Welches von den vielen?“

„Na, die Sache mit dem Correlin!“

„Correlin? Tststs! Das ist doch diese böse, illegale Droge …“

„Ich weiß, was Correlin ist. Man schnupft es und wird dann so richtig beschwingt. Ist gerade bei denen da oben sehr beliebt.“

„Und was soll damit sein?“

„Na, du hast doch gesagt, du könntest an Correlin kommen und das dann mit einem satten Gewinn unter die Leute bringen.“

„Spinnst du, das vor allen auszuposaunen?“

„Ist doch niemand hier außer uns. Du hast gesagt, ich kann bei dem Geschäft mit einsteigen.“

„Ich hab gesagt, ich brauche jemanden, der das nötige Startkapital hat. Nicht so einen Hungerleider wie dich.“

„Tausend Taler hast du gesagt. Ich habe das Geld.“

„Hast du ‘ne Bank überfallen?“

„Nee. Meine Süße hat geerbt.“

„Was denn, die Susi?“

„Ach Quatsch. So ein Mädel aus der Oberstadt. Sie ist die Zofe von dieser reichen Köchin gewesen, die abgestochen wurde. Und die hat ihr was vermacht."

„Ah ja, dieser Mord! Hast du sie etwa kalt gemacht?"

„Blödsinn. Aber ist doch jetzt ganz praktisch, wenn dabei Geld rüber kommt."

„Und diese Zofe, die gibt dir das Geld?"

„Na ja, sie zickt noch ein bisschen rum. Aber ich krieg sie schon noch weich"

„Dann mach mal hinne! Mein Angebot steht nicht ewig."

„Ja, klar …"

„Und komm erst wieder, wenn du den Zaster hast."

„Bestimmt schon morgen. Ich werde sie gleich heute Abend so richtig einseifen. Wenn ich ihr verspreche, dass wir heiraten, krieg ich von der alles, was ich will."

„Lass das mal nicht die Susi hören! Oder willst du dich etwa von der scheiden lassen?"

„Nie im Leben! Die würde mich vorher umbringen. Mindestens. Aber keine Sorge. Mir fällt schon was ein."

„Na gut, Jojo. Dann mach mal. Aber mach schnell."

***

„Wurde dieser Jojo auch von Ihnen vernommen?", fragte Bwaroo, während er und Liebig die Straße entlang schlenderten. „Ich kann mich nicht erinnern, ein Bild von ihm an Ihrer Wand gesehen zu haben. Ist er denn nicht verdächtig?"

„Er kannte Stella Hauser doch gar nicht." Liebig schüttelte den Kopf.

„Aber er kennt Jana Waldhaus. Wenn er wusste, dass sie erben würde, könnte er den Plan gefasst haben, Janas Herrin zu ermorden.“

„Es gibt eine dicke Akte zu Jojo Ganter. Aber alles nur Kleinigkeiten – Taschendiebstahl, kleine Betrügereien, Falschspiel, der eine oder andere kleine Einbruch. Dabei hat er sich meistens sogar ziemlich dämlich angestellt. Für einen vergeigten Überfall hat er dann auch gesessen. Gewalttätig war er aber nie, auch nicht bei dem Überfall. Und wie sollte er überhaupt ins Haus gekommen sein?“

„*C'est facile*, ganz einfach. Jana könnte ihn eingelassen haben.“

„Damit er ihre Herrin eiskalt ermordet?“ Liebig war entsetzt. „Unmöglich! Das würde Jana niemals tun.“

„Mir scheint, Sie sind nicht ganz objektiv,“ belehrte ihn Bwaroo. „*Mais calmez-vous.* Er könnte ja auch den Türschlüssel bei einem Besuch von Mademoiselle kurz entwendet und einen Abdruck gemacht haben, aus dem sich dann ein Zweitschlüssel fertigen ließ.“

„Sie hat doch gesagt, sie war niemals bei ihm zu Hause.“

„Und da hat sie ganz offensichtlich gelogen.“

„Hm. Na ja, doch ja, stimmt. Sie war da etwas zögerlich.“

„Welches anständige Mädchen möchte schon zugeben, dass es allein in der Wohnung eines fremden – oder vielleicht auch nicht ganz so fremden – Mannes war?“

„Und Sie meinen, das war sie?“

„Das oder etwas Ähnliches.“ Amüsiert nahm Bwaroo zur Kenntnis, dass seinem Begleiter der Gedanke Unbehagen bereitete. „Wie auch immer“, lenkte er ab, „wir werden diesem

Jojo einen Besuch abstatten müssen. Vorher möchte ich aber noch bei Gräfin von Hohenstein vorbeischauen und ihr ein paar Fragen stellen."

„Jetzt gleich?"

„*Pourquoi pas* – warum nicht?"

„Ja, also … ich müsste eigentlich ein paar Besorgungen für meine Mutter machen …"

„*Pas de problème!* Ich kann auch alleine gehen." Bwaroo zwinkerte Liebig zu. „Inspektor Essinger muss es ja nicht erfahren."

„Das würden Sie machen? Das wäre großartig!"

„Dann ist es abgemacht. Machen Sie Ihre Einkäufe und kommen Sie dann bei mir im Hotel vorbei. Dann machen wir uns auf die Suche nach Jojo."

„Den müssen wir nicht groß suchen. Man findet ihn meistens im ‚Gasthaus zum Durchfall' beim Kartenspielen."

„Im Gasthaus zu … was für ein seltsamer Name."

„Nun, eigentlich heißt es ‚Bei Otto'. Aber es hat sich rumgesprochen, dass man dort besser nichts essen sollte, und so kam es zu dem Spitznamen." Liebig grinste. „Die Getränke sind aber in Ordnung. Und inzwischen kocht Otto, das ist der Betreiber, auch gar nicht mehr. Das Ordnungsamt hat ihm die Küche zugesperrt."

„Gut zu wissen." Bwaroo schaute trotz allem skeptisch drein. „Nun, dann gehen wir heute also ins ‚Bei Otto'. *A bientôt.*"

„A bien … auf Wiedersehen."

***

Als Bwaroo sich vor dem Haus der Gräfin von Hohenstein fand, konnte er nicht umhin, es mit Stella Hausers elegantem kleinen Haus zu vergleichen. Dagegen wirkte das protzige Stadtpalais der Gräfin wie ein Monstrum. Es musste schon recht alt sein – zumindest, wenn man die verschiedenen Baustile bedachte, die hier vereint waren. Anscheinend hatte jede Generation der von Hohensteins es für nötig befunden, an dem Gebäude seine Spuren zu hinterlassen. Irgendein Vorfahr der Gräfin hatte die ursprünglichen Spitzbögen der Fenster in Rundbögen verwandelt und versucht, das mit sehr viel Stuck zu kaschieren. Ein anderer hatte wohl gefunden, dass ein Stadtpalais unbedingt ein paar Erker haben müsste, und wieder ein anderer hatte wahllos einige Fenster in Türen verwandelt, die auf Balkone mit schmiedeeisernen Geländern führten. Diese Balkone wirkten wie angeklebt und passten kein bisschen zum Rest des Gebäudes. So war mit der Zeit jede Harmonie verloren gegangen. Und, das verstimmte Bwaroo ganz besonders, von Symmetrie konnte schon gar keine Rede mehr sein, falls sie überhaupt je vorhanden gewesen war.

Ein noch sehr junges Mädchen in weißem Häubchen und Schürze nahm Bwaroo in Empfang. Eine Weile stand es unschlüssig da, als ob es nicht so recht wusste, was es mit dem unangekündigten Besucher machen sollte. Bwaroo nahm an, dass die Kleine noch nicht lange in den Diensten der Gräfin stand und erbarmte sich: „Vielleicht könnte ich in der Halle warten, während Sie sich erkundigen, ob die Gräfin mich empfangen möchte“, schlug er freundlich vor.

„Ja, das ist eine gute Idee!“, rief die Kleine erleichtert und wies auf einen der Stühle, die in der Eingangshalle standen. „Setzen Sie sich doch … ich meine, nehmen Sie doch Platz, während ich nachfrage.“

Die Stühle hatten eindeutig schon bessere Tage gesehen. Bwaroo entschied, dass er keinem davon sein Gewicht anvertrauen wollte und blieb lieber stehen, während das Mädchen davon huschte.

Er musste nicht lange warten, denn das Hausmädchen kam nur Minuten später wieder angelaufen: „Die Frau Gräfin lassen bitten.“

Der Elfendetektiv wurde von der Herrin des Hauses in einem kleinen Salon huldvoll empfangen.

„Ach, Sie waren doch auch bei der Testamentsverlesung, nicht wahr? Sie waren ja nicht zu übersehen.“ Die Gräfin forderte Bwaroo mit einer Handbewegung auf, an dem Tisch Platz zu nehmen, an dem sie auch selbst saß. Der Tisch war mit Papieren übersät, die meisten davon, wie Bwaroo bemerkte, handgeschriebene Schriftstücke.

„In der Tat, ich war dort“, bestätigte Bwaroo und setzte sich, „in meiner Eigenschaft als Privatdetektiv. Ich untersuche den Mord an Mademoiselle Stella Hauser.“

„Ja, ein tragischer Verlust.“ Das Lächeln der Gräfin machte einer traurigen Miene Platz. „Wir waren die besten Freundinnen, Stella und ich. Ach, ich vermisse sie jeden Tag. Sie war so ein edler und freundlicher Mensch. Ganz zu schweigen davon, dass sie mir eine große Hilfe war. Wie Sie sehen …“, sie machte eine Handbewegung hin zu den Papieren, „ist es mein Lebensinhalt, Menschen zu helfen, die in Not geraten sind. Dieser Wunsch hat mich mit Stella zusammengebracht. Auch wenn sie sonst nur eine einfache Köchin von unbekannter Herkunft war, deren Vergangenheit im Dunkeln lag."

„Unbekannt? Aber wenn Sie so gut mit ihr befreundet waren, hat sie Ihnen doch sicher mehr von sich erzählt."

„Nun ja, ich muss zugeben, dass sie selbst mir gegenüber etwas vage war. Ich meine mich zu erinnern, dass sie von einer glücklichen Kindheit sprach, wenn sie auch nie erwähnte, wo genau sie aufwuchs. Jedenfalls sind ihre Eltern anscheinend beide ganz plötzlich gestorben, und dann standen etliche Gläubiger vor der Tür. Der Vater hatte wohl einiges an Schulden gemacht. Stella lief davon, als einer der Männer ihr ein unmoralisches Angebot machte – zumindest habe ich mir das so zusammengereimt. Sie fand dann irgendwo Aufnahme, musste von dort auch recht plötzlich weg und landete hier, zusammen mit ihrem Feenschatz."

„*Mais oui*, von der Geschichte mit den Sternen, die als Taler vom Himmel fielen, habe ich gehört. Hat Sie das nie neugierig gemacht? Hatten Sie nie Zweifel an dieser Geschichte?"

„Nun, man hat schon fantastischere Dinge gehört. Obwohl ich zugeben muss, dass mir noch nie etwas von einer gütigen Fee in unserer Gegend zur Kenntnis gebracht wurde. In der Richtung gibt es nur einen Kobold, der neben einem Wirtshaus am Stadtrand haust und gerne Betrunkene verprügelt. Aber mal ehrlich, wenn er Betrunkene nicht mag, soll er eben nicht neben so einer Spelunke seinen Wohnsitz aufschlagen. In dem Lokal kommen die Bauern der Gegend immer am Markttag zusammen und versaufen ihre Einnahmen. Wenn Sie mich fragen, ist der Kobold nur eine Ausrede, wenn es da mal wieder zu einer Schlägerei kommt und die Ehefrauen daheim wissen wollen, warum der Gatte mit so vielen blauen Flecken heimkommt. Man kennt das ja vom einfachen Volk."

Bwaroo schmunzelte. Dafür, dass die Gräfin sich der Mildtätigkeit verschrieben hatte, war ihre Meinung über das ‚einfache Volk' bemerkenswert schlecht.

„Sie haben also noch nie von einer Fee gehört, die in Not geratenen Menschen hilft?", hakte er nach, ohne groß auf die Bemerkungen der Gräfin einzugehen.

„Nein, nie. Und ich sollte es wissen, schließlich würde eine solche Feie meine Arbeit ungemein erleichtern. Aber, wie die Dinge liegen, bleibe nur ich als ‚Ersatzfee'."

„*C'est vrai.* Also haben Sie die Geschichte nicht geglaubt?"

„Nun, ich wusste nie so recht, was ich davon halten sollte. Stella hat mir einmal eine dieser Münzen gezeigt. Sie hatte als Prägung nur einen Stern und war aus reinem Gold, aber ohne Stempel. Solche Münzen habe ich noch nie gesehen. Also kann es natürlich schon sein, dass Stellas Geschichte stimmt." Die Gräfin nahm eines der Schriftstücke zur Hand, legte es aber ungelesen wieder weg. „Herr Bwaroo, wenn Sie Privatdetektiv sind, handeln Sie doch sicher im Auftrag von jemandem. Darf ich fragen, wer es ist?"

„*Bien sûr.* Herzog Boonis hat mich beauftragt, den Mörder von Stella Hauser zu finden."

„Ah, der gute, alte Boonis."

Dass die Gräfin den Herzog so bezeichnete, erstaunte Bwaroo. In der Anwaltskanzlei selbst hatte Boonis Gräfin von Hohenstein völlig ignoriert. Von einer Freundschaft oder auch nur einer engeren Bekanntschaft war nichts zu merken gewesen. Aber auch darauf ging der Elf nicht weiter ein.

„Madame, Sie haben von Mademoiselle Hauser eine Perlenkette geerbt, *n'est-ce pas*? Dürfte ich die einmal sehen?"

„Natürlich. Ich habe sie heute Morgen erhalten." Die Gräfin schaute über Bwaroos Schulter hinweg. „Barbara, würden Sie sie bitte holen?"

Bwaroo fuhr herum. Erst jetzt fiel ihm auf, dass da noch jemand im Raum war. Auf einem Sofa hinter ihm saß eine Dame. In ihrem schlichten, braunen Kleid verschmolz sie beinahe mit der Täfelung der Wand. Sie mochte um die fünfzig sein. Hager und verhärmt wie sie aussah, konnte das aber auch täuschen. Nein, dachte Bwaroo nach einem genaueren Blick auf ihre Hände, diese Frau ist höchstens vierzig. Das Schicksal hatte es wohl nicht gut mit ihr gemeint. Sie hatte kleine Augen und einen blassen Mund, umrahmt von dünnem, schmutziggrauem Haar, das kurz geschnitten war. Insgesamt war es das nichtssagendeste und ausdrucksloseste Gesicht, in das Bwaroo seit langem geblickt hatte.

„Ja", sagte sie, und ihre Stimme war kaum mehr als ein Hauch, als sie den Stickrahmen, den sie im Schoß hielt, beiseite legte, um sich zu erheben und das Zimmer zu verlassen.

„Ihre Gesellschafterin?", erkundigte sich Bwaroo, als die Tür sich hinter ihr geschlossen hatte.

„Ja, die gute Barbara ist seit ein paar Jahren bei mir", nickte die Gräfin selbstgefällig.

„Sie fiel mir gar nicht auf, als ich herein kam“, murmelte Bwaroo, und diese Tatsache wurmte ihn. Denn eigentlich war er sehr stolz auf seine Beobachtungsgabe.

„Das stimmt. Sie ist eher der unauffällige, ruhige Typ. Eine ehemalige Lehrerin aus dem Norden. Als die Privatschule, in der sie unterrichtete, geschlossen wurde, wusste sie nicht so recht wohin, und da habe ich sie bei mir aufgenommen. Sie ist eigentlich recht langweilig, mir aber eine große Hilfe bei der Korrespondenz.“

Die Gräfin hatte kaum zu Ende gesprochen, als Barbara auch schon zurückkam und ihr wortlos ein schwarzes, längliches Etui reichte, bevor sie zu ihrem Platz auf dem Sofa zurückkehrte. Das alles geschah praktisch lautlos, als sei die Gesellschafterin ein Geist. Bwaroo fragte sich, ob das der Gräfin nicht manchmal unheimlich war. Aber die schien nichts zu bemerken und kümmerte sich auch gar nicht weiter um ihre Angestellte.

„Das also ist alles, was Stella mir hinterlassen hat“, erklärte sie und klappte das Kästchen auf.

Bwaroo beugte sich nach vorn und betrachtete die Kette, die vor ihm lag. Die einzelnen Perlen bildeten perfekte Kugeln gleicher Größe, die dezent cremefarben schimmerten. Jede einzelne Perle hatte eine glatte, seidige Oberfläche, die keinerlei Flecken oder Grübchen aufwies, zumindest nicht für das bloße Auge. Es musste lange gedauert haben, bis genügend solcher Perlen beisammen waren.

„*Superbe*“, stelle Bwaroo fest, „wunderschön.“

„Ja, nicht wahr? Dieser Lüster …“ Die Gräfin lächelte, wurde aber gleich wieder ernst. „Natürlich werde ich sie nie in der Öffentlichkeit anlegen. Damit würde ich die Erinnerung an Stella verunglimpfen.“

„Aber wäre es nicht sogar besonders angemessen, die Perlen zum Andenken an Ihre Freundin zu tragen?“

„Nein, in meinen Augen wäre das ein Affront!“ Die Gräfin verzog ärgerlich den Mund und klappte das Etui wieder zu.

„*Je comprends* – ich verstehe“, versicherte Bwaroo mit einem feinen Lächeln und erinnerte sich an das, was ihm Frau Leisner, die Sekretärin des Anwalts, über die finanziellen Verhältnisse der Gräfin erzählt hatte. Wenn man die Perlen nie an der Gräfin sah, würde es natürlich viel weniger auffallen, wenn die Kette irgendwann zu Geld gemacht würde.

„Sie müssen wirklich sehr gute Freundinnen gewesen sein, wenn Ihnen Mademoiselle Hauser ein so exquisites Schmuckstück hinterlässt“, bemerkte er.

„Wir waren die besten Freundinnen“, versicherte die Gräfin mit Nachdruck. „Stella hatte nicht viele Freunde. Sie war mehr so ein stiller, in sich gekehrter Mensch. Aber zu mir hatte sie Vertrauen.“

„Vertraute sie denn sonst niemandem?“

„Nun, da Sie es sagen … ja, sie schien mir immer übertrieben vorsichtig, ja, misstrauisch zu sein. Nicht der Typ, der das Leben genießt, auf Bälle geht oder ins Theater. Sie lebte sehr zurückgezogen. ‚Bücher‘, sagte sie mal zu mir, ‚sind mir die liebste Gesellschaft.‘ Eigentlich schade bei einem Mädchen, das so jung und hübsch war.“

„Aber sie war auch mit Monsieur Berner gut befreundet, *n'est-ce pas?*"

„Christoph Berner? Dieser Schaumschläger? Ja, für den hatte sie ein gewisses Faible. Ich habe die Bekanntschaft ja nie gut geheißen. Der selbsternannte Poet hat sie nach Strich und Faden ausgenommen. Bei mir hat er es ja auch ein paar Mal versucht, ich habe ihn jedoch jedes Mal hinausgeworfen. Stella war indes wider besseres Wissen freundlich zu ihm. Sie war einfach zu weich, zu gutmütig, und das hat er ausgenutzt. Aber er hat ja jetzt seine Quittung bekommen. Einen Füllfederhalter hat sie ihm vererbt, sonst nichts."

„Fanden Sie es nicht bemerkenswert, dass Stella Hauser so jung schon ein Testament aufgesetzt hat?"

„Nicht wirklich. Wie ich schon sagte, sie war sehr vorsichtig. Alles musste seine Ordnung bei ihr haben."

„Sie selbst hatten ja erwartet, dass Sie die Testamentsvollstreckerin sein würden, *n'est-ce pas?* Etwas in der Art äußerten Sie zumindest bei der Verlesung ..."

„Ja, und ich weiß sicher, dass sie das auch so wollte. Wir trafen uns nämlich am Tag vor ihrem Tod. Das war das letzte Mal, dass ich sie gesehen habe. Ach, so eine Tragödie, ich komme immer noch nicht darüber hinweg." Gräfin von Hohenstein schlug theatralisch die Hände zusammen. „Dabei war es so ein heiterer Abend! Es war das allererste Mal, dass sie mich hier zu Hause besuchte. Wir haben hier zusammen soupiert und darüber gesprochen, dass Stella ein Krankenhaus für die Armen und Bedürftigen eröffnen wollte. Ich weiß noch, dass Stella ganz erfüllt war von dem neuen Plan. Sie sprudelte nur so über vor Ideen! Nur gut, dass Barbara sich Notizen davon gemacht hat, denn mir wäre noch nicht einmal die Hälfte von dem eingefallen, was Stella alles umsetzen wollte. Und dann wurde sie plötzlich ganz ernst und sagte mir, dass sie sich darauf verlassen würde, dass ich ihre Sache weiterführe, wenn ihr mal was passiert. Ich habe da noch gelacht und gemeint, dass sie mich doch ganz sicher überleben würde! Heute frage ich mich, ob sie vielleicht eine Vorahnung oder so etwas Ähnliches hatte. Schließlich konnte ich sie wieder aufheitern, und wir gingen dann noch ein wenig zu Fuß bis zu ihr nach Hause. Leider hatte ich die Kühle des Abends unterschätzt und Stella lieh mir ihren Schal für den Rückweg."

„Am Tag ihres Todes haben Sie sie also nicht gesehen?"

„Nein. Tags darauf habe ich Barbara losgeschickt, um den Schal zurückzubringen. Selber hatte ich keine Zeit dazu. Ich habe ein neues Mädchen, wissen Sie? Die dumme Gans hat wirklich von nichts eine Ahnung. Also hab ich mich mit ihr zusammengesetzt, um ihr ein paar Sachen klar zu machen. Furchtbar umständlich und zeitraubend. Aber ich bevorzuge es, mein Personal selbst anzulernen. Nur so weiß man, was man hat." Die Gräfin seufzte gekünstelt. „Ich habe mich oft gefragt, was geschehen wäre, wenn ich den Schal selbst zurückgebracht hätte. Vielleicht hätte ich die schreckliche Tat verhindern können."

„*Ne vous affligez pas*", tröstete Bwaroo pflichtschuldigst, wenn auch ohne große Überzeugung „grämen Sie sich nicht. Was geschehen ist, ist geschehen."

„Ja, das Schicksal war gegen Stella. Sie war zu gut für diese Welt." Gräfin von Hohenstein legte theatralisch die Hand an die Stirn.

Bwaroo hielt nichts davon, dass man irgendetwas auf das Schicksal schob. Aber er ging nicht weiter darauf ein.

„*Mais c'est très interéssant*", sagte er stattdessen. Denn dann …", er wandte sich zu der Gesellschafterin um, die wieder auf ihrem Platz saß und stickte, „könnten Sie mir ja vielleicht weiterhelfen, Madame … oder Mademoiselle?"

„Mademoiselle." Sie blickte auf, die Nadel in der Hand. „Barbara Holzapfel."

„Mademoiselle Holzapfel", nickte Bwaroo. „Sie waren also am Abend ihres Todes bei Mademoiselle Hauser?"

„Ja. Ich habe den Schal an der Tür der Zofe von Fräulein Hauser übergeben, bin aber nicht selbst hineingegangen und habe Fräulein Hauser auch nicht gesprochen."

„*Bon.* Aber haben Sie vielleicht etwas anderes gesehen? Oder etwas Ungewöhnliches bemerkt? Jemanden, der vor dem Haus herumlungerte, zum Beispiel?"

„An der Ecke stand tatsächlich ein Kerl und rauchte." Barbara neigte nachdenklich den Kopf zur Seite. „Leider kann ich nicht sagen, wie er aussah. Er trug einen Hut mit einer breiten Krempe und hielt sich fern vom Licht der Straßenlaterne, die da steht."

„*Alors*, war er groß, klein, dick, dünn?"

„Ein wenig größer als ich, würde ich sagen. Und schlank. Ja, definitiv schlank."

„Und er war Ihnen nicht bekannt?"

„Nicht, dass ich wüsste."

„Sie kennen Monsieur Berner?"

„Der Dichter? Ja, er hat ab und an bei der Frau Gräfin vorgesprochen."

„Er war hier, um mich anzubetteln“, warf die Gräfin ein. „Ein impertinenter Mensch.“

Der Elfendetektiv ignorierte den Einwand.

„Monsieur Berner war es also nicht?“, bohrte er stattdessen weiter nach.

„Ich glaube nicht.“ Barbara Holzapfel schüttelte den Kopf.

Ein Klirren außerhalb des Zimmers ließ alle drei auffahren.

„Himmel, dieses neue Mädchen!“, schimpfte die Gräfin und sprang auf. „Bleib, Barbara. Ich werde selbst nach dem Rechten sehen und dem dummen Ding gehörig die Meinung sagen!“

Damit erhob sie sich, griff nach ihrem Gehstock und rauschte aus dem Zimmer, immer dem Geräusch ihres Stockes nach.

Barbara beugte sich erneut über ihren Stickrahmen. Doch Bwaroo fühlte sich verpflichtet, noch ein wenig Konversation mit ihr zu machen.

„Wie lange arbeiten Sie schon für Gräfin von Hohenstein?“, erkundigte er sich.

„Seit vier Jahren.“

„Und was haben Sie davor gemacht? Waren Sie schon immer hochherrschaftliche Gesellschafterin?“

„Nein. Zuvor war ich Lehrerin an einer Privatschule.“

„Hier in Byonn?“

„Nein, in Riganne.“

„Ah, die Hauptstadt des Königreichs des Nordens. Eine schöne Stadt. Seltsam, dass Sie diesen Posten aufgaben.“

„Die Schule wurde geschlossen.“

„Vor vier Jahren.“

„Nein, es waren eher acht Jahre."

Erkül Bwaroo hob die Augenbrauen. Er fand es nicht nur mühsam, von Barbara Antworten zu bekommen, sondern wunderte sich auch über die zeitliche Lücke.

„Warum haben Sie eine so schöne Stadt wie Riganne verlassen?", forschte er weiter.

„Ich nutzte die Gelegenheit, um ein wenig zu reisen."

„Einfach so?"

„Ich hatte ein wenig gespart."

„Ah, und hier in Byonn ging Ihnen dann das Geld aus?"

Barbara bedachte Bwaroo mit einem verächtlichen Blick.

„Wenn Sie es so nennen wollen", gab sie dann zu. „Nicht jeder ist mit Reichtümern gesegnet. Zum Glück las ich eine Anzeige, in der die Gräfin eine Gesellschafterin suchte."

„Ah, *c'est ça*! Und wie ist es so, der Gräfin Gesellschaft zu leisten?"

„Angemessen."

„Das klingt nicht sehr glücklich."

„Glück?" Barbara, die während des Gesprächs gestickt hatte, ließ die Nadel sinken und schaute Bwaroo erstaunt an.

„Nun, ist nicht jeder Mensch bestrebt, glücklich zu sein?" Bwaroo lächelte sie an.

Doch sie blieb ernst.

„Wahres Glück kann man erst finden, wenn man erleuchtet wurde und sein innerstes Selbst auflösen kann", erklärte sie.

„Ein großes Ziel", bemerkte Bwaroo. „Eines, das nicht leicht zu erreichen ist."

„Man kann es nur erstreben, aber es zu erreichen ist beinahe unmöglich. Mir wird es wohl nie gelingen." Mit diesen Worten senkte Barbara wieder den Kopf über ihre Stickarbeit.

Bwaroo entschied, dass er sie nicht weiter belästigen sollte, und schaute sich stattdessen im Salon um. Einige Gemälde bekannter Meister hingen an den Wänden, und er stand auf, um sie näher unter die Lupe zu nehmen. Die meisten, stellte er schnell fest, waren mittelmäßige Kopien. Lediglich eins schien echt zu sein. Darauf war ein rothaariges Mädchen in einem blauen Kleid zu sehen. Es stand mitten in einem Sturm an einer felsigen Küste, und schaute auf die schäumende See und ein havariertes Schiff.

Das muss ein ‚Wasserhaus' sein, sagte sich Bwaroo.

Er wurde in seinen Überlegungen unterbrochen, als die Gräfin zurückkehrte.

„Diese dumme Kuh hat meine Mang-Vase zerbrochen!", schimpfte sie aufgebracht. „Wenn ich es mir leisten könnte, würde ich sie sofort hinauswerfen …" Sie bemerkte, dass Bwaroo seinen Blick forschend auf sie gerichtet hatte und wurde verlegen.

„Nicht, dass ich es mir nicht leisten könnte …", murmelte sie. „Aber wo soll ich so schnell Ersatz herbekommen? Nein, ich denke, ich werde sie behalten. So oder so, sie ist ja wirklich noch recht jung und unerfahren. Nicht wahr, Barbara?"

„Ja."

„*Certainement*", versicherte Bwaroo schnell, „sicherlich. Sie sind sehr gütig, Madame, dass Sie das alles auf sich nehmen."

„Irgendjemand muss es ja tun“, erklärte die Gräfin. „Und ich habe mein Leben der Aufgabe verschrieben, den Bedürftigen zu helfen.“

Gezinkte Karten

„Hast du schon entschieden, was du mit dem Haus machen wirst?“

„Wenn ich das wüsste! Soll ich hier jetzt als die große Herrin auftreten? Ich, die ehemalige Zofe? Da lachen mich doch alle aus. Aber es zu verkaufen, bringe ich nicht übers Herz. Stella hat sich doch bestimmt etwas dabei gedacht, als sie es mir vererbt hat. Könnten nicht du und Papa mit hier einziehen?“

„Kind, es ist lieb, dass du daran denkst. Aber schau, wir sind zwei alte Leute, und du bist jung. Eines Tages wirst du einen jungen Mann kennenlernen, der zu dir passt, und dann wirst du heiraten und selber Kinder bekommen, und dann gibt es nur Ärger, wenn wir dauernd aufeinander sitzen. Nein, Papa und ich bleiben, wo wir sind, und dort werden wir dann unsere Enkel, wenn sie zu Besuch kommen, nach Strich und Faden verwöhnen und dich damit zur Verzweiflung bringen.“

„Ach Mama, was du für Ideen hast!“

„Es ist mein Ernst. Aber sag mal, ist denn da gar kein junger Mann, der dir gefällt?“

„Nein!“

„Lüg mich nicht an, Mädchen. Ich merke das. Also?“

„Ähm … na ja … also … ich habe einen Freund … aber …“

„Es ist nichts Ernstes?“

„Doch schon. Er hat gesagt, er will mich heiraten.“

„Na also! Wann soll die Hochzeit denn sein?“

„Das steht noch nicht fest. Er will sich erst eine eigene Existenz aufbauen.“

„Das ist löblich. Woran denkt er denn da?“

„Ja, also ...“

„Du weißt es nicht?“

„Nicht so genau. Er hat gemeint ...“

„Was hat er gemeint? Raus damit. Erzähl mir die ganze Geschichte.“

***

Nach einer Verbeugung zum Abschied schloss Bwaroo die Tür des Salons und fand sich in der Eingangshalle wieder. Das Mädchen, das ihn eingelassen hatte, stand dort in einer Ecke – in Tränen aufgelöst.

„Oh, Verzeihung … es tut mir leid …“, stotterte sie und versuchte, sich mit dem Handrücken die Tränen wegzuwischen.

„*Ce n'est pas bien grave*“, versicherte Bwaroo. „Das ist überhaupt nicht schlimm. Kommen Sie, setzen Sie sich doch ein wenig.“ Er führte die junge Frau zu einem der Stühle, die an der Wand standen. „Und nun erzählen Sie Papa Bwaroo einfach alles, ja?“ Aufmunternd tätschelte er ihre Hand.

„Es ist … also, beim Abstauben habe ich eine Vase umgestoßen. Eine ganz kleine Vase. Und es tut mir auch furchtbar leid deswegen. Aber die gnädige Frau sagt, die Vase wäre uralt und ungeheuer wertvoll. Und sie will mir das vom Lohn abziehen. Und dabei komme ich ohnehin kaum mit dem Geld über die Runden! Ich muss ja auch noch meine kleine Schwester unterstützen. Wir sind Waisen, wissen Sie. Aber ich bin ja noch nicht lange in Diensten. Da kann man mir einfach noch nicht so viel zahlen, sagt die gnädige Frau. Und ich stelle mich ja auch wirklich dumm an. Erst neulich habe ich der gnädigen Frau den falschen Wein ans Bett gebracht! Sie will immer ein Glas Krötenblut, weil sie sonst nicht schlafen kann, sagt sie. Und ich habe einen anderen Rotwein hingestellt … ich war ein wenig in Eile und da habe ich den Wein verwechselt. Na ja, die Gnädige hat es gleich gemerkt und war sehr aufgebracht, und seitdem bring ihr Barbara immer den Wein, weil ich nicht mal das hinkriege. Ach, ich bin einfach zu nichts nütze!"

Bwaroo hatte schweigend zugehört. Sein Schnurrbart sträubte sich. Wer ihn kannte, wusste, dass das ein klares Zeichen dafür war, dass er empört war.

„Sagen Sie Ihrer Herrin, dass Erkül Bwaroo die Vase ersetzen wird", erklärte er schließlich. „Nein …", hob er abwehrend die Hand, als das Mädchen protestieren wollte, „das ist gar kein Problem. Und mir wäre es eine Freude. *Oui, c'est vrai.*" Er reichte dem Mädchen ein seidenes Taschentuch. „Wirklich, ganz im Ernst. Machen Sie sich keine Gedanken mehr. Ja, so ist es besser …" Er strahlte das Mädchen an, als es ein kleines Lächeln zustande brachte. „Ihre Herrin ist wohl sehr streng, Mademoiselle …?"

„Anna. Na ja, ich denke, alle hochgestellten Damen sind wohl so. Aber ich muss ja auch noch sehr viel lernen."

„*Je comprends.* Sagen Sie mir, Mademoiselle Anna, ist es die Gewohnheit Ihrer Herrin, Sie abends zu sich zu bitten, um Sie anzulernen?“

„Nun ja

, das ist mal so und mal so.“

„Hm, erinnern Sie sich noch an den Abend vor ein paar Tagen, als Barbara losgeschickt wurde, um einen Schal seiner Besitzerin zurückzubringen?“

„Das war doch der Tag, als dieser grauslige Mord geschah, von dem alle reden, oder?“

„Ja, genau. Hat Ihnen Ihre Herrin da etwas aufgetragen?“

„Sie hat mir eine Bluse gegeben.“

„Eine Bluse?“

„Da war ein Fleck drauf, und sie sagte, sie wollte die Bluse am nächsten Tag anziehen. Ich sollte sie also sofort auswaschen. Also hab ich sie ausgewaschen und dann trocken gebügelt. Der Fleck war ziemlich hartnäckig, und es war fast Mitternacht, bis ich fertig war.“

Anna stiegen wieder die Tränen in die Augen. „Und am nächsten Morgen … ich war so stolz, dass ich es so gut hinbekommen habe … und ich war müde, weil viel Schlaf hab ich nicht gekriegt … am nächsten Morgen sagte die gnädige Frau dann, dass sie bei dem warmen Wetter bestimmt keine so dicke Bluse anziehen würde, und sie wollte ihre seidene …“

Bwaroo tätschelte ihr besänftigend den Arm, bis sie sich beruhigt hatte.

„Wo haben Sie die Bluse denn ausgewaschen?“, wollte er dann wissen.

„Na, im Waschbecken in der Küche.“

„Und Ihre Herrin hat Sie dabei angeleitet?“

„Aber nein. Die blieb natürlich im Salon.“

Interessant, dachte Bwaroo, die Gräfin hat also gelogen. Damit hat sie für diesen Abend kein Alibi. Wirklich interessant.

Er plauderte noch ein wenig mit Anna, bis die wieder aufgeräumter in die Welt sah. Dann machte er sich auf den Weg zurück ins Hotel. Die Scherben der zerbrochene Vase hatte Anna bereits zusammengefegt. Bwaroo nahm sie mit. Von wegen Mang-Vase. Das war billiges Steingut, das hatte er schon auf den ersten Blick erkannt. Mang-Vasen kamen ausschließlich von den Östlichen Inseln, einem Fürstentum, das aus sieben Inseln bestand und wo man recht abgeschieden und ganz nach eigenen Regeln lebte. Die Inseln waren berühmt für ihr feines Porzellan und wäre die zerbrochene Vase von dort gekommen, wäre das tatsächlich ein großer Verlust. Also hatte man die Gräfin entweder kräftig übers Ohr gehauen, oder aber sie sagte auch hier nicht die Wahrheit. Aber so oder so, das Ganze hatte Bwaroo auf eine Idee gebracht.

In seiner Suite griff er als Erstes zu dem Seidenpapier, das das Hotel zur Verfügung stellte und schrieb eine kurze Nachricht. Dann verfasste er auf normalem Papier einen langen Brief an Boonis, in dem er ihm berichtete, was er bisher unternommen und erfahren hatte. Am Ende fügte er noch einen Absatz über Anna hinzu, und brachte den Brief zur Rezeption.

„Können Sie bitte dafür sorgen, dass Herzog Boonis diesen Brief möglichst schnell erhält?“, bat er Helmut, der gerade Dienst tat.

„Selbstverständlich. Ich schicke gleich Bob mit dem Wagen los“, versicherte der.

„*Bon.* Und ich nehme an, man kann von hier aus eine Winddepesche versenden?“

„Wir haben stets einige frische verzauberte Windstöße zur Verfügung, die Ihre Nachricht zuverlässig an jeden beliebigen Ort tragen können. Einige sind sogar darauf trainiert, auf Antwort zu warten.“

„*Très bien.*“ Der Elf schmunzelte. „Diese Nachricht geht an Prinzessin Turandot. Sie müsste sich gerade in Riganne aufhalten, der Hauptstadt des Königreichs im Norden. In der dortigen Residenz. Und würden Sie mir bitte Bescheid geben, wenn Wachtmeister Paul Liebig eintrifft? Ich bin mit ihm verabredet. Bis dahin schicken Sie mir doch eine Kanne Kräutertee und einen kleinen Imbiss aufs Zimmer. Vielleicht lässt sich ja das eine oder andere Pollentörtchen finden.“

„Sicherlich.“

***

„Ich muss sagen, das sieht genau nach der Spelunke aus, die ich erwartet habe“, bemerkte Bwaroo, als er und Liebig in Sichtweite eines Hauses stehenblieben, das eindeutig schon bessere Tage gesehen hatte. Selbst in der Abenddämmerung wirkte es schäbig, was nicht nur an der überall abblätternden Wandfarbe lag. Das Dach war auf der rechten Seite gefährlich eingesunken und machte den Eindruck, jeden Moment einzustürzen. Bwaroo hoffte sehr, dass es sich damit noch einen Abend Zeit ließ. Aber die Tür neben einigen erleuchteten

Fenstern lag ohnehin auf der linken Seite. Dort sollte es sicher sein. Über dieser Tür hing ein Schild, auf dem wohl einmal etwas wie ‚Bei Otto' gestanden hatte. Jetzt war es aber so verwittert, dass kaum noch etwas zu entziffern war.

„Spelunke ist das richtige Wort", gab Liebig zu. „Da drin treffen sich regelmäßig ein paar sehr zwielichtige Gesellen. Aber wir schließen es nicht, weil wir dann wenigstens wissen, wo wir sie finden können."

„Das leuchtet ein", nickte Bwaroo und machte Anstalten, das Haus zu betreten.

„Glauben Sie wirklich, dass es eine gute Idee ist, wenn Sie da alleine reingehen? Ich meine …" Liebig schaute ein wenig hilflos drein, „dass Sie hier fremd sind, ist nicht schwer zu erkennen … Soll ich nicht doch gleich mit hineinkommen? Man kennt mich hier als Polizisten. Es wäre sicherer."

„*Mon ami*, dieses Risiko muss ich wohl eingehen."

„Na ja, wenn Sie wirklich meinen ..."

„*Bien sûr.*"

Bwaroo unterbrach sich, als eine empörte Stimmen aus der Kneipe drang, gefolgt von Gelächter. Zufrieden zwirbelte Bwaroo seinen Schnurrbart.

„Ich denke, unser Plan wird gut funktionieren", stellte er fest. „Machen Sie es einfach so, wie wir es besprochen haben."

Damit nickte der kleine Elf dem Wachtmeister zu und steuerte zielstrebig auf die Tür zu, hinter der nun wieder nur fröhlicher Lärm zu hören war.

Kaum war Bwaroo eingetreten, erstarb jede Unterhaltung, und alle starten ihn an. Er stach in seiner eleganten Kleidung aber auch sofort heraus. Er hätte nicht mehr auffallen können, wenn er sich ein Schild mit ‚reicher Urlaubsgast' um den Hals gehängt hätte.

Ein rascher Blick zeigte dem Elfen, dass etwa ein Dutzend Männer anwesend waren. Zwei spielten in einer Ecke Dart – oder hatten es zumindest getan, bis Bwaroo eingetreten war. Jetzt standen sie nur da, der eine noch die Hand zum Wurf erhoben, und musterten den Neuankömmling von oben bis unten. Ein bärtiger Mann am hinteren Ende des Raumes stieß seinen Begleiter an und flüsterte ihm etwas zu, ohne die Augen von Bwaroo zu lassen.

Bwaroo tat, als würde er von all dem nichts bemerken. Hinter dem Tresen stand ein stämmiger Mann, ein Tuch in seiner fleischigen Hand, mit dem er wohl schon einige Tischplatten abgewischt hatte.

„Ich hätte gerne einen Apfelsaft", wandte Bwaroo sich leutselig an ihn.

„Mit Schuss?"

„*Mais non*, ich würde es vorziehen, unverletzt zu bleiben."

Der Mann schaute seinen neuen Gast verdutzt an. Dann brach er in ein keckerndes Lachen aus.

„Der war gut!", versicherte er. „Ich mag Gäste mit Humor. Ich bin Otto. Mir gehört der Laden hier, und ich muss sagen, hier bestellt kaum mal einer was ohne Alkohol. Soll's nich doch lieber 'n Bierchen sein?"

„Na gut, ein kleines Bier“, nickte Bwaroo und beugte sich vor. „Ich habe gehört, hier kann man Männer von sehr zweifelhaftem Ruf treffen“, flüsterte er so laut, dass es jeder mitbekam.

„Suchen Sie nen Auftragsmörder?“ Ein schmieriger Typ schälte sich aus einer dunklen Ecke und lehnte sich neben Bwaroo an den Tresen. Betont lässig brachte er ein großes Messer zum Vorschein und begann, sich damit die Fingernägel zu reinigen.

„*Certainement pas!* Natürlich nicht. Aber ich mache hier Urlaub und möchte ein bisschen was erleben.“

„Hören Sie nicht auf den Angeber! Hier werden Sie keine Halunken finden, tut mir leid“, mischte Otto sich schnell ein und warf dem anderen Mann einen warnenden Blick zu. „Gesindel gibt's bei mir nicht.“

„Hey, das war ein Zehner!“, beschwerte sich da gerade einer der Dartspieler. „Wie kannst du da eine Acht aufschreiben. Hast du sie nicht mehr alle?“

„Es war knapp am Zehner vorbei. Ich hab's genau gesehen“, verteidigte sich sein Mitspieler.

„Einen Scheiß hast du!“

„Willst du behaupten, dass ich lüge?“

„Ich geb' dir gleich ein knapp vorbei! Wenn meine Faust knapp vorbei in deinem Gesicht landet …“

„Leute!“, brüllte Otto zu den beiden Streithähnen hinüber. „Wie wär's, wenn ihr den Wurf einfach wiederholt. Und vorher trinkt ihr einen Schnaps – geht auf's Haus.“

Er füllte zwei kleine Gläser, und die beiden Männer kamen mitsamt Grummeln und bösen Blicken an den Tresen.

„Hier sind alles einfache, aber ehrliche Männer“, wandte sich Otto wieder Bwaroo zu, als wäre nichts geschehen. „Was anderes würde ich hier auch gar nicht dulden.“

„Schade.“ Bwaroo machte ein enttäuschtes Gesicht. „Und ich hatte gehofft, hier etwas Aufregendes zu erleben.“

„Das Aufregendste hier ist unser Kartenspiel.“ Der Schmierige steckte sein Messer wieder weg. „Wir spielen Whist, mit ganz kleinen Einsätzen, um den Spaß zu erhöhen.“ Er nickte mit dem Kopf hin zu einem runden Tisch, an dem noch drei andere Männer saßen und rauchten, während sie neugierige Blicke auf Bwaroo warfen. „Da können Sie natürlich gerne mal mitspielen.“

„Ich habe noch nie Whist gespielt“, log Bwaroo mit einem treuherzigen Blick.

„Kein Problem. Wir bringen Ihnen alles bei!“ Sein neuer Freund legte Bwaroo den Arm um die Schulter und schob ihn zu dem Tisch. „Ich bin übrigens Hugo“, stellte er sich vor. „Das hier ist Martin …“, er deutete auf einen im Vergleich zum Rest ziemlich gut gekleideten Mann, „und das sind Benny und Jojo.“

Bwaroo strahlte alle drei an. „*Heureux de faire votre connaissance*. Ich bin Remy“, stellte er sich vor.

„Ich setze dann mal aus.“ Der als Martin bezeichnete erhob sich. Seiner Miene nach zu urteilen, war er nicht sehr glücklich über Bwaroos Ankunft. Doch er nickte dem Elf nur zu und ging dann an den Tresen.

Hugo bugsierte Bwaroo auf den freigewordenen Platz.

„Whist spielt man am besten zu viert", erklärte er und setzte sich selbst auf den letzten freien Stuhl. „Gut, dass Martin da mal aussetzt."

„Und Sie haben noch nie gespielt?", erkundigte sich Jojo.

„Nein, noch nie." Bwaroo lächelte ihn breit an, während er ihn im Stillen genau taxierte. Dunkles Haar, das ihm in Locken in die Stirn fiel, olivbraune Haut, fast schwarze Augen, Breite Schultern, muskulöse Arme. Eine Narbe an der linken Schläfe gab ihm etwas Verwegenes. Der Elfendetektiv konnte sich gut vorstellen, wie diese Draufgängermasche auf Frauen wirkte.

„Na, im Grunde ist es ganz einfach", winkte Hugo lässig ab. „Whist ist ein Stichspiel ohne Reizen für vier Spieler in festen Partnerschaften. Ihr Partner, Remy, ist Benny, der Ihnen gegenübersitzt. Gespielt wird mit zweiundfünfzig Karten. Das Ass ist die höchste Karte, die Zwei die niedrigste. Die Karten werden vom Spieler links neben dem Geber gemischt und vom Spieler rechts neben dem Geber abgehoben. Ich mische also, und Benny hebt ab. Jojo als Geber teilt alle Karten aus, so dass jeder dreizehn Karten bekommt. Jojos letzte Karte wird aufgedeckt und bestimmt, welche Farbe Trumpf ist. Dann fange ich an, und es geht im Uhrzeigersinn herum. Die Spieler müssen möglichst eine Karte derselben Farbe wie die ausgespielte Karte in den Stich geben. Ein Spieler, der keine Karte der ausgespielten Farbe hat, kann eine beliebige andere Karte spielen. Der Stich wird vom höchsten ausgespielten Trumpf gewonnen. Wenn kein Trumpf im Stich ist, gewinnt die höchste Karte der ausgespielten Farbe. Der Gewinner des Stichs spielt zum nächsten Stich aus."

„Oje, das klingt schrecklich kompliziert!“, rief Bwaroo erschrocken. „Das ist dann vielleicht doch nichts für mich.“ Er machte Anstalten aufzustehen.

„Aber nein! Es ist viel einfacher, als es klingt“, erklärte Jojo lachend. „Versuchen wir es einmal. Ohne Einsätze. Sie werden sehen, den Dreh haben Sie im Nu raus.“

„Aber wir sollten frische Karten nehmen“, bestimmte Benny. „Unser neuer Freund soll ja nicht denken, dass wir betrügen. Hey Otto, bring uns mal ein frisches Spiel!“

Sofort kam Otto mit einer Schachtel angeschlurft, die Hugo mit großer Geste öffnete, um die Karten herauszuholen. Dann begann das erste Spiel, das Bwaroo auch prompt gewann.

„Verdammmich, Sie haben das schnell kapiert“, bemerkte Jojo anerkennend. „Wie wäre es dann mit einem Einsatz? Sagen wir, ein Heller.“

„In Ordnung“, nickte Bwaroo vergnügt und überhörte geflissentlich das Gekicher, das vom Nachbartisch kam, wo zwei Männer über Biergläsern ihre Zigaretten rauchten.

Hugo warf den beiden einen bösen Blick zu, worauf sie mit den Achseln zuckten und verstummten. Auch das schien der Elf nicht zu bemerken, der ganz begeistert von seinem Spielglück war. Mehr noch, als die nächsten Runden ebenfalls an ihn gingen.

„Also, mein Partner ist ja ein echter Glückspilz“, stellte Benny fest. „Vielleicht sollten wir den Einsatz erhöhen. Ein Vierteltaler?“

„Jawohl“, stimmte Bwaroo eifrig zu.

„Na, dann …“ Hugo grinste und schob die Karten wieder zu einem ordentlichen Stapel zusammen. „Sie sind also auf Urlaub hier, Remy?“

„*Bien sûr.* Ich habe gehört, hier ist vor kurzem ein Mord geschehen, und da dachte ich, das wäre die richtige Gegend für mich.“

„Na ja, ‘s ist nicht so, als gäb’s hier dauernd Morde“, wehrte Hugo ab. „Aber das war schon aufregend. Eine reiche Dame wurde erstochen.“

„Ich kenn ihre Zofe“, verkündete Jojo, „hab das Ganze also hautnah mitbekommen.“

„Hautnah!“ Benny lachte schallend. „Lass das mal nicht die Susi hören! Die zieht dir sonst die Ohren lang.“

„Susi?“ Bwaroo machte große Augen. „Wie viele Freundinnen haben Sie denn?“

„Susi ist meine Alte … meine Frau.“ Jojo zuckte mit den Schultern. „Aber, na ja, auf einem Bein kann man nicht steh’n, oder? Und die kleine Zofe hat mich regelrecht angebettelt, also hab ich’s ihr besorgt.“

„Na, jetzt übertreib mal nicht“, winkte Hugo ab. „Tust ja gerade so, als würde sie dich regelmäßig auf ihr Zimmer schmuggeln.“

„ Alles, was recht ist. Ich war tatsächlich schon mal dort im hochherrschaftlichen Haus!“

„Dann waren Sie vor Ort, als alles geschah?“, staunte Bwaroo. „Wie aufregend!“

„Ach wo. Wie's der Teufel will, war ich an dem Abend auch hier und hab mit den beiden und Martin gespielt. Der war übrigens der Butler von der Dame. Wenn wir gewusst hätten, dass da was im Busch ist … aber das konnte ja keiner ahnen."

„Wie klein doch die Welt ist", stellte Bwaroo versonnen fest. „Und weder Sie noch der Butler haben eine Ahnung, warum und wieso die Dame ermordet wurde?"

„Nee, ist 'n echtes Rätsel. Genau wie die Dame selber. Taucht da vor ein paar Jahren mit einem Sack voller Geld auf und keiner weiß, woher."

„*C'est étonnant.* Erstaunlich. Aber das gibt es doch gar nicht. Irgendetwas kommt früher oder später immer heraus."

„Angeblich hat ne Fee ihr das ganze Zeug geschenkt."

„*Incroyable.* Unglaublich!"

„Stimmt. Aber weil es nirgends 'n Einbruch oder sowas gegeben hat, stimmt's ja vielleicht doch."

Während des Gesprächs hatte sich das Blatt gewendet, und Bwaroo verlor ein Spiel nach dem anderen. Benny schüttelte unglücklich den Kopf, aber Bwaroo erklärte ihm, dass sie die Verluste bestimmt bald wieder wett machen würden.

Tatsächlich gewannen sie die nächste Runde.

„Darauf trinken wir!", rief Hugo und hob sein Glas.

Bwaroo, der sein Bier bisher nicht angerührt hatte, hob sein Glas vorsichtig an die Lippen und verschluckte sich prompt, was seine drei Freunde mit Gelächter quittierten, während er hustete.

„Wir sollten den Einsatz noch einmal erhöhen, damit Sie das verlorene Geld bald wieder drin haben", schlug Jojo fröhlich vor.

„Gerne, aber nur, wenn wir dafür wieder das Kartenspiel verwenden, das sie vor meiner Ankunft benutzt haben“, sagte Bwaroo da.

„Wieso? Was soll'n das heißen?“ Jojos Frohsinn war plötzlich wie weggeblasen und Feindseligkeit gewichen. Die Gespräche um sie herum verstummten schlagartig. Doch dieses Mal lag nicht Neugier in der Luft, wie bei Bwaroos erstem Auftauchen, sondern etwas sehr viel Bedrohlicheres.

„Wollen Sie andeuten, wir betrügen?“ Hugos Augen verengten sich zu Schlitzen.

Bwaroo lachte auf. Es war ein lautes, schrilles Lachen, ganz unüblich für ihn.

„*C'est ça!*“, rief er, nein, er brüllte es geradezu.

Liebig stürzte ins Lokal.

„Routinekontrolle“, sagte er in die Stille hinein. „Wachtmeister Liebig – die meisten kennen mich ja schon ...“ Liebigs Stimme klang etwas wackelig, doch er warf sich in die Brust und holte tief Luft. „Schon gut, Otto, ich will mich nur mal ein wenig umschauen …“, fuhr er mit fester Stimme fort. Streng blickte er sich um und heftete den Blick schließlich auf Bwaroo.

„Nanu, ein neues Gesicht“, sagte er und trat an den Spieltisch. „Sie hab ich hier noch nie gesehen.“

„Ich bin ja auch zum ersten Mal hier“, bestätigte Bwaroo. „Meine Freunde hier haben mir gerade vorgeführt, wie man mit gezinkten Karten spielt.“

„Gezinkt, ja?“ Liebig griff sich mit einer, wie er hoffte, lässigen Geste das Kartenspiel.

„Auf der Rückseite kann man die Markierungen sehen, wenn man weiß, wo man hinsehen muss.“ Bwaroo erhob sich und deutete auf die Ecken der Karten.

„Aha! Falschspiel also.“

„Aber nicht doch, Herr Wachtmeister! Das war doch nur zur Demonstration! Wir haben ihm gezeigt, wie das geht, damit er sich in Zukunft in Acht nehmen kann“, protestierte Jojo.

„Und es ist ja auch gar kein Schaden entstanden!“ Hugo beeilte sich, Bwaroo das Geld, das der verloren hatte, wieder zuzuschieben. „Das war nur, weil's unseren Freund so interessiert hat!“

„Etwas anderes hätte ich hier auch nie geduldet!“ Otto, das Putztuch in der Hand, an dem er sich jetzt die Hände abwischte, eilte an den Tisch. „Ich bin sehr dahinter, dass es hier so was nicht gibt.“

„Sie wollten also wissen, wie das geht?“ Liebig legte das Spiel zurück.

„*Bien sûr,* das wollte ich.“ Bwaroo steckte seinen Anteil wieder ein.

„Na, dann wissen Sie ja jetzt Bescheid.“ Liebig musterte Hugo, Benny und Jojo, die ganz unschuldig dreinschauten. „Sie kommen aber besser mal mit mir nach draußen, Freundchen“, herrschte er Bwaroo an. „Sie kommen mir verdächtig vor.“

„Mit dem größten Vergnügen“, lächelte Bwaroo, zwinkerte den dreien am Tisch zu und folgte Liebig hinaus.

„Das haben Sie sehr gut gemacht“, lobte er, als sie sicher außer Sicht- und Hörweite waren.

„Danke. Ich war ganz schön nervös." Liebig grinste erleichtert. „Und haben Sie erfahren, was Sie wissen wollten?"

„Jojo behauptet, zur fraglichen Zeit tatsächlich hier gewesen zu sein und Karten gespielt zu haben. Übrigens zusammen mit dem Butler Martin."

„Das war hier? Meine Güte! Das hat der Chef gar nicht erwähnt. Er meinte nur, er hätte das Alibi des Butlers überprüft."

„Nun, wenn man bedenkt, dass der Wirt bei der Betrügerei mit den Karten mitgemacht hat, ist das Alibi nicht mehr so solide."

„Und Martin hat einen Schlüssel zum Personaleingang!" Liebig strahlte. „Er könnte ihn Jojo gegeben haben. Wir haben den Fall gelöst!"

„Nicht so voreilig, *mon ami*." Bwaroo hob warnend die Hand. „Es kann so gewesen sein, *c'est vrai*. Aber mehr ist es im Moment nicht. Wir haben keinen Beweis. Zumal mir Martin eher abgeneigt scheint, bei Verbrechen mitzumachen. Er hat es zwar nicht verhindert, dass ich ausgenommen werden sollte, hatte es aber sehr eilig, nicht dabei mitzumachen." Der Elf seufzte. „*Non*, es ist nicht so einfach. Aber immerhin, es ist eine Möglichkeit."

Herr Bwaroo ist ein Gönner

„Wo bist du gewesen?“

„Wo werde ich schon gewesen sein, wenn's so zugeht? In der Küche natürlich.“

„Nein, da warst du eben nicht.“

„Woher willst du das denn wissen?“

„Woher wohl?“

„Du warst in Straßenkleidung in meiner Küche? Du weißt genau, dass man da nur in Arbeitskleidung rein darf. Die vom Kontrolldienst verstehen da …“

„Ich war nicht drin, sondern davor und … Das ist jetzt gar nicht der Punkt! Ich wollte dich sprechen, aber du warst nicht zu finden.“

„Meine Güte! Ich war halt mal eben draußen, eine rauchen.“

„Du brauchst eine halbe Stunde für eine Zigarette?“

„Ach, soll ich jetzt nach der Stoppuhr rauchen? Dann waren es eben zwei Zigaretten. Wir hatten viel Stress heute.“

„Und da lässt du deine Leute so lange allein? Du behauptest doch immer, dass sie nichts taugen und dass alles an dir hängen bleibt.“

„Na und? Das ist ja wohl meine Sache. Überhaupt, warum hast du mich eigentlich gesucht?“

„Wir haben übermorgen eine Hochzeitsgesellschaft. Zweihundert Gedecke."

„Was? Spinnst du? Wie soll ich in zwei Tagen ein Buffet aus dem Boden stampfen?"

„Von wegen Buffet, ein gesetztes Menü: Suppe, Salat, zwei Fleischgerichte zur Auswahl und eins ohne Fleisch, Fisch, Obst und Käse auf Servierwagen und zwei Desserts zur Wahl."

„Das ist nicht zu schaffen."

„Es muss. Ich habe ihnen den Saal im ersten Stock versprochen. Die Tochter des Bürgermeisters heiratet. Da kommt ein Nein gar nicht in Frage."

„Und die Dame weiß erst seit heute, dass sie in zwei Tagen ganz groß heiraten wird?"

„Nein. Das andere Lokal wurde geschlossen, weil ein Mäusenest im Keller gefunden wurde."

„Oh Mann. Das der Wirt so schlampig ist, hätte ich nicht gedacht."

„Du weißt doch gar nicht, von wem ich rede."

„Natürlich weiß ich das. Das einzige Lokal außer uns, das so viele Leute unterbringen kann, ist das ‚Lamm'. Wieso sind wir eigentlich nur zweite Wahl gewesen? Die Küche im ‚Lamm' ist gelinde gesagt nur ‚gut bürgerlich'."

„Ist doch egal. Jetzt kommen sie jedenfalls zu uns."

„Schon gut. Lassen wir die Details. Ich werde mich sofort um das Menü kümmern. Was die Leute sich nur immer einbilden! Und das zusätzlich zu einem voll besetzten Lokal. Was für ein Stress!"

„Immerhin hast du zum Junggesellinnenabschied Ruhe. Da kommt ein Dutzend Damen – und die wollen nur was zu trinken.“

„Und ein paar Häppchen …“

„Nur die üblichen Knabbereien. Damit hast du keine Arbeit.“

***

Als sich Bwaroo am nächsten Morgen zum Frühstück setzte, erwartete ihn bereits eine Winddepesche.

„Lieber Erkül Bwaroo, ich freue mich sehr, Ihnen helfen zu können“, schrieb Prinzessin Turandot. „Tatsächlich besitze ich eine ausnehmend hässliche Vase, die ich der Gräfin nur zu gerne zukommen lasse.“

Bwaroo schmunzelte zufrieden. Er hatte Prinzessin Turandot in Laundom bei einem Bal kennengelernt, der davon überschattet war, dass ein Mörder dort sein Unwesen trieb. Neben der Mörderjagd war Bwaroo nicht ganz unbeteiligt daran, dass Turandot sich mit Kronprinz Berthold vom Königreich des Nordens verlobte. Turandot selbst stammte von den Östlichen Inseln.

Als Bwaroo Turandot darum bat, ihm mit einer möglichst scheußlichen Vase auszuhelfen, war er sich also sicher, dass die Prinzessin mit Freuden seinen Wunsch erfüllen werde. Er hatte sich nicht geirrt.

Aufgeräumt tupfte er sich die Lippen mit der Serviette. Doch die gute Laune verflog, als er daran dachte, was er als Nächstes vorhatte: Er würde Inspektor Essinger behelligen müssen.

***

„Tut mir leid, der Inspektor ist nicht da." Der Polizist am Empfang hatte pflichtschuldigst nachgeschaut, ob Essinger in seinem Büro war.

„*Eh bien.* Gut, dann werde ich warten", erklärte Bwaroo und nahm auf einem der Besucherstühle Platz, die an der Wand aufgereiht standen. Seine Haltung und Miene machten klar, dass der Elfendetektiv vorhatte, notfalls Stunden dort auszuharren, auch wenn die Stühle alles andere als bequem waren.

Der noch recht junge Polizist schaute ihn unsicher an, beugte sich dann über irgendein Papier, schaute wieder auf, las weiter und stahl sich dann möglichst lautlos davon, als Bwaroo gerade die Fahndungsblätter an der Wand studierte.

„Das wird Sie freuen: Inspektor Essinger ist gerade zurück gekommen und bereit, Sie zu empfangen", verkündete der Polizist, als er wieder da war.

„*Quelle coïncidence*, was für ein schöner Zufall." Bwaroo lächelte den jungen Polizisten liebenswürdig an und ging in Essingers Büro.

„Sie schon wieder", begrüßte ihn der Inspektor barsch. „Womit wollen Sie mir denn dieses Mal die Zeit stehlen?"

„Wachtmeister Liebig hat Ihnen von gestern Abend berichtet, *n'est-ce pas?*"

„Das hat er." Essingers ohnehin schon griesgrämige Miene verdüsterte sich noch ein wenig mehr. „Ich sag's Ihnen gleich: Otto ist ein zuverlässiger Informant. Ich sehe keinen Grund, ihm nicht zu glauben. Natürlich weiß ich, dass die Männer dort schon mal Leute von außerhalb um ein paar krumme Heller erleichtern. Das tut keinem weh ..."

„*Pas d'importance*", tat Bwaroo das nur ab, „nicht wichtig. Ich bin wegen etwas anderem hier."

„Und was soll das sein? Wurde einer Ihrer Elfenfreunde schief angesehen? Oder findet der Herzog, ich bin zu langsam?"

„*Non.* Ich möchte mehr darüber wissen, wie Mademoiselle Hauser vor fünf Jahren in Byonn auftauchte. Sie haben mir eine Abschrift der Akte versprochen."

„Dazu sind wir noch nicht gekommen. Meine Leute müssen zwischendurch auch mal was Richtiges arbeiten."

„Es würde Ihnen allerdings die Mühe ersparen, mich öfter zu empfangen."

„Was?"

„*Alors*, wenn ich die Akte nicht lesen kann, muss ich wohl oder übel öfter vorbeischauen und nachfragen, *n'est-ce pas?*"

„Ähm …" Das hatte Essinger offensichtlich nicht bedacht.

„Na gut, ich glaube, ich kann einen Mann dafür abstellen. Viel ist es ja nicht. Das Mädel tauchte aus dem Nichts mit einem Sack voll Gold auf. Es ließ sich nicht feststellen, woher das Gold kam, also mussten wir die Geschichte glauben."

„Es gab also keine Anzeige wegen Einbruch, Raub, Erpressung, Überfall in der Zeit?“

„Nein.“

„Auch nicht in der näheren Umgebung?“

„Nein.“

„Konnten Sie die Fee finden, die das Geld herabregnen ließ?“

„Nein.“

„Haben Sie feststellen können, woher Mademoiselle Hauser ursprünglich stammte?“

„Nein. Natürlich haben wir uns umgehört, aber niemand kannte oder wusste etwas über sie. Und bevor sie uns unterstellen, dass wir schlampig waren: Wir haben sogar so eine Gruppe fahrendes Volk untersucht, die sich damals in der Gegend aufhielt. Alle arm wie Kirchenmäuse. Na ja, trauen kann man denen ja nie, das ist bekannt. Da fehlt schon mal ein Huhn oder ein Hemd von der Wäscheleine. Aber mehr wagen die nicht. Von dem Mädel wollte jedenfalls keiner was gewusst haben.“ Essinger unterbrach sich. Er hatte gar nicht vorgehabt, Bwaroo so detailliert Auskunft zu geben. Als ihn der Elf jedoch weiterhin erwartungsvoll anschaute, bequemte er sich fortzufahren. „Und dann war da noch ein Zirkus. Der hatte zur fraglichen Zeit vor den Toren Byonns sein Zelt aufgeschlagen. Da haben wir uns die Mühe gemacht, denen hinterherzufahren. Die waren nämlich schon weitergezogen, aber wir haben ihn schließlich eingeholt. Wir dachten, die Hauser wäre vielleicht von dort weggelaufen, und wer weiß schon, was so ein Zirkus alles einsammelt an Geld und Wertsachen. Aber Fehlanzeige!“

„*Très intéressant.* Mein Kompliment, Sie waren wirklich sehr gründlich.“

„Natürlich! Ich lasse Otto vielleicht ein wenig an der langen Leine, aber ich nehme meinen Beruf sehr ernst! Und bei Otto habe ich gute Gründe! Er ist ein ausgezeichneter Informant.“

„*Calmez-vous.* Selbstverständlich.“ Bwaroo hob beschwichtigend die Hände. „Ich versuche nur, ein Motiv für die Tat zu finden …“

„Geld natürlich! Aber ich sage Ihnen, Sie irren sich, wenn Sie denken, dass das Motiv fünf Jahre zurückreicht. Fräulein Hauser war geradezu davon besessen, Gutes zu tun. Dementsprechend war sie eine bekannte Persönlichkeit. Warum hätte ein alter Feind da fünf Jahre warten sollen?“

„*C'est vrai.* Ein sehr guter Einwand“, nickte Bwaroo.

„Ich sage Ihnen, es war die Zofe“, ereiferte sich Essinger. „Mit der Hilfe von Jojo und dem Schlüssel von Martin …“

„Mademoiselle Jana hatte doch selbst einen Schlüssel. Außerdem war sie zum fraglichen Zeitpunkt bereits im Haus.“

„Dann war sie es vermutlich selbst. Herrin und Zofe haben an diesem Abend gestritten. Wahrscheinlich sah die Zofe rot und hat dann im Affekt …“

„Und woher hatte sie so plötzlich ein Messer?“

„Aus der Küche.“

„Aber in Ihrer Akte steht doch ausdrücklich, dass das Messer nicht zu den übrigen Küchenmessern passt.“

„Sie hat es eben vorher gekauft.“

„Da hätte sie aber wissen müssen, dass sie am Abend mit ihrer Herrin streiten wird.“

Essinger stutzte. Dann funkelte er Bwaroo verärgert an.

„Vielleicht war das Ganze länger geplant, und die Zofe hat den Streit provoziert.“

„Wozu? Sie hätte ja auch einfach zustechen können. Es war ja sonst keiner da. Und warum einen Streit gestehen, der einen nur verdächtig erscheinen lässt? Haben Sie vielleicht blutige Kleidung bei der Zofe gefunden?“

„Nein.“ Essinger kaute an seiner Unterlippe. „Na gut, wahrscheinlich waren nur Jojo und Martin am Werk.“

„Obwohl Otto etwas anderes behauptet?“

Essinger öffnete den Mund und klappte ihn dann wieder zu.

„Ich bin für alles offen“, erklärte er schließlich lahm.

„*C'est bon*. Man sollte immer für alles offen sein. Könnte ich vielleicht doch die Akte von vor fünf Jahren einsehen, über die Ankunft von Mademoiselle Hauser?“

„Ich hab Ihnen doch schon gesagt, ich stelle einen Mann ab, der sie aus dem Keller holt und abschreibt.“

„Sie haben sie bisher noch gar nicht angeschaut?“

„Wozu? Ich sage Ihnen, das ist ein Hirngespinst von Ihnen!“

„Ah, wissen Sie, Hirngespinsten nachzujagen, das ist so eine kleine Eigenheit von Erkül Bwaroo.“ Der Elf schmunzelte. „Sehen Sie mir das nach und schicken Sie mir die Akte, sobald es Ihnen möglich ist.“

„Aber klar doch! Wenn ein Elf pfeift, soll unsereins tanzen.“ Essinger wurde vor Ärger sehr rot im Gesicht.

Doch Erkül Bwaroo schien das gar nicht zu bemerken. Er untersuchte seine Fingernägel, als wären sie total faszinierend.

„Sie kriegen die Akte", brummte der Inspektor schließlich unfreundlich.

„*Merci!*" Bwaroo nickte dem Inspektor heiter zu und verabschiedete sich dann mit einer leichten Verbeugung.

Als Nächstes ging er in Liebigs Büro. Den Weg kannte er ja bereits.

„*Bonjour, mon ami*", begrüßte er ihn fröhlich. „Einen schönen guten Morgen."

„Na ja, schön …" Liebig zuckte mit den Schultern. „Ich könnte mir was Besseres vorstellen."

Er sah unglücklich drein. Außerdem war er unrasiert und hatte dunkle Ringe unter den Augen.

„*Qu'est-ce que est arrivé?*", staunte Bwaroo. „Was ist passiert? Sie sehen so besorgt aus. Hat der Inspektor Ihnen die Leviten gelesen wegen gestern?"

„Nein, das ist es nicht", Liebig fuhr sich fahrig durchs Haar. „Meiner Mutter geht es schlecht. Heute Nacht fand ich sie in der Küche. Sie saß nur da und hat nach Luft geschnappt. Ich wollte einen Arzt holen, aber sie wimmelte ab: ‚War nur ein Alptraum, mein Junge, es geht gleich wieder.' Aber heute Morgen war es kaum besser. Ich wollte mir frei nehmen und doch noch einen Arzt holen. Aber sie meinte, es wäre nicht so schlimm. Nur ein wenig Herzrasen …"

„Und nun machen Sie sich Sorgen, weil sie allein zu Hause ist?"

„Genau. Ich kenne sie. Sie kann nicht still sitzen bleiben oder gar im Bett liegen. Immer fällt ihr etwas ein, was unbedingt gemacht werden muss …"

„*Mon ami*, das dürfen Sie auf keinen Fall zulassen!“ Bwaroo schnitt Liebig mit einer Geste das Wort ab, als der den Mund öffnete. „Ich sage Ihnen, was wir machen: Wir gehen jetzt zusammen fort, um den Dichter Christoph Berner zu befragen. Und dann trennen wir uns, und Sie sehen nach Ihrer Mutter. Holen Sie einen Arzt, auch wenn Ihre Mutter das nicht will. Mütter neigen dazu, sich zu überschätzen. Das dürfen Sie nicht zulassen. Ich werde allein zu Monsieur Berner gehen und Sie danach über alles informieren.“

***

Den Fenstern nach zu urteilen, bestand der Wohnblock , in dem Christoph Berner lebte, aus lauter kleinen bis winzigen Wohnungen. Berners fand sich ganz oben, im dritten Stock.

Als Bwaroo die Stufen bis dahin erklommen hatte, fragte er sich kurz, ob sein Freund Dr. Heystings nicht vielleicht doch recht hatte, wenn er dem Elfen zu mehr Bewegung und weniger Pollentörtchen riet. Doch kaum war Bwaroo wieder zu Atem gekommen, schob er diesen lästigen Zweifel beiseite.

Auf sein Klopfen hin öffnete der junge Mann, den er schon von der Testamentsverlesung her kannte. Wie schon damals war das Auffälligste an ihm eine gewaltige Schleife, dieses Mal aus schwarzer Seide, die er um den Hals trug. Damit und mit seinen verwuschelten Haaren samt großen braunen Augen erinnerte er Bwaroo an einen Hundewelpen. Die Damenwelt fand das sicher ganz niedlich und entzückend. Den Elfendetektiv beeindruckte es weniger.

Er stellte sich vor und wurde von Berner hereingebeten.

„Ich kann es immer noch nicht glauben!“, rief Berner, kaum dass er die Tür geschlossen hatte. „Meine Stella, meine Muse und Inspiration … für immer dahin. Ich kann keinen klaren Gedanken fassen, seit ich das weiß.“

„Seit wann kannten Sie eigentlich Mademoiselle Hauser?“ Bwaroo ging nicht groß auf den theatralischen Gefühlsausbruch ein. Stattdessen schaute er sich in dem Zimmer um.

Die Möbel waren alle schon älter und abgenutzt und aus zweiter Hand. Nichts passte zusammen. Ein zerwühltes Bett stand unter dem einzigen Fenster. Ein Bücherregal, das bemerkenswert wenige Bücher beherbergte, nahm eine Wand ein. Ansonsten gab es noch einen Tisch, zwei Stühle und eine Kochnische. In der Luft hing der schale Geruch von abgestandenem Rauch. Auf dem Tisch stand eine leere Flasche billigen Weins und ein benutztes Glas neben einem vollen Aschenbecher. Auch ein Teller fand sich dort, auf dem der Rest von etwas lag, über dem etwas Wein verschüttet worden war. Dazu passte noch, dass die Einrichtung schon längere Zeit keinen Staubwedel gesehen hatte. Was für ein Schweinestall! Das war alles degoutant, aber zumindest an einem konnte er etwas ändern: Bwaroo öffnete das Fenster, um frische Luft herein zu lassen. Als er sich umwandte, bemerkte er eine Fliege, die auf dem klebrigen Teller festhing und sich vergeblich abmühte, wieder frei zu kommen. Der Elf sammelte sie behutsam ein, barg sie in den hohlen Händen und trat mit ihr ans Fenster, um sie in die Freiheit zu entlassen. Danach wischte er sich die Hände so sorgfältig wie ausgiebig mit seinem Taschentuch ab.

Berner hatte es gar nicht bemerkt. Er war an das Bücherregal getreten.

„*Alors*, seit wann kannten Sie Stella Hauser?“, wiederholte Bwaroo seine Frage.

„Seit zwei Jahren“, kam endlich Berners Antwort. „Ich habe sie auf einem Wohltätigkeitsball kennengelernt und war sofort hingerissen. Diesen Gedichtband habe ich ihr gewidmet.“ Berner nahm eins der Bücher aus dem Regal und reichte es Bwaroo. „Es ist mein bestes Buch! Aber, wo habe ich meine Manieren? Darf ich Ihnen einen Tee anbieten?“

„*Non, non, merci beaucoup*. Machen Sie sich wegen mir keine Umstände“, lehnte Bwaroo gerne ab.

„Stört es Sie, wenn ich mir einen mache? Ich fürchte, ich habe ein wenig Kopfweh.“

„*Mais non*.“

„Der Tod von Stella geht mir so nahe, dass ich nachts nicht mehr schlafen kann“, erklärte der Dichter gequält und griff sich ans Herz. Als Bwaroo aber nicht darauf reagierte, beließ er es dabei und murmelte: „Na gut, dann mach ich mir mal eine Tasse Tee.“

Während Berner sich mit dem Teekessel beschäftigte, betrachtete der Elf das Buch genauer. ‚Mondlicht‘ lautete der Titel. Kein Verlagsname stand auf dem Umschlag. Anscheinend hatte Berner es auf eigene Kosten drucken lassen.

„Für Stella, meine Liebe“, prangte auf dem Schmutzblatt.

Bwaroo blätterte weiter.

Mondlicht im Wasser des Teichs.
Sterne funkeln wie Diamanten.
Tautropfen auf den Seerosen,
so weiß wie deine Haut ...

Bwaroo schüttelte leicht den Kopf und blätterte zum nächsten Gedicht.

Dein Gesicht leuchtet im Vollmond
so unirdisch wie der Tau auf den Seerosen …

Du meine Güte, dachte Bwaroo und ging zum nächsten Gedicht über:

Die Seerosen stehen in vollen Blüte,
Verklärt im Licht des Vollmonds.
Tautropfen schimmern wie dein Haar ...

Das nächste Gedicht gab Bwaroo ein wenig Hoffnung, denn es begann:

Dein Gesicht im Sonnenlicht,
so schön, so unglaublich schön …

Doch dann ging es weiter:

Doch dein Gesicht im Mondlicht -
so klar, so strahlend wie der Tau auf den Seerosenblüten.
Dein Gesicht, dein Gesicht, dein Gesicht …

Energisch klappte Bwaroo das Buch zu.

„Wie finden Sie es?“, fragte Berner eifrig. „Ich kann es Ihnen signieren, wenn Sie es erwerben wollen …“

„*Mon ami*, Sie wissen schon, dass Tau erst in der Morgendämmerung auftritt? Dann, wenn der Mond kaum noch zu sehen ist? Und dass Seerosen, wie die meisten Blumen, ihre Blüten in der Nacht schließen?"

„Pah, wen interessiert schon die Realität", wehrte Berner ein wenig verstimmt ab. „Es geht nur darum, die Stimmung einzufangen. Ich schreibe meine Gedichte aus dem Bauch heraus, wann immer mich die Inspiration überkommt. Und ich ändere daran auch nichts mehr – der Schrei der Spontaneität. Pure Emotion aus dem Moment heraus."

„Die Emotion ist offenbar immer die gleiche."

„Ich sehe schon, Sie verstehen nichts von Gedichten."

Bwaroo verkniff sich den Hinweis, dass es wohl eher andersherum war.

„Gehen Sie einer Arbeit nach?"

„Wie meinen Sie das? Die Poesie IST harte Arbeit! Konzentration, Herzblut und Hingabe. Man muss sich den Gefühlen öffnen und sie zulassen – auch wenn es so schmerzhaft ist, dass man in Tränen ausbrechen möchte. Allzeit bereit sein für die eine Inspiration – die eine große Idee …"

„Ich meinte eher, wovon leben Sie? Ich nehme mal an, Luft, Liebe und Lyrik füllen auf Dauer nicht den Magen."

„Sie sprechen vom schnöden Mammon?"

„*C'est ça.* Genau davon. Ich nehme an, Mademoiselle Hauser hat Sie unterstützt?"

„Aber nein." Berner stieg das Blut in die Wangen. „Sie hat mich hin und wieder in Sachen Geld unterstützt … hat mir bisweilen unter die Arme gegriffen mit ein paar wenigen Zuwendungen … Geld, Sie verstehen … wie übrigens auch andere Freunde meiner Kunst …"

Vermutlich alle weiblich, dachte Bwaroo. Doch Berner war noch nicht fertig:

„In einer Welt der Banausen hat ein Dichter meines Feingefühls einen schweren Stand", ereiferte er sich geradezu. „Da hat sie mir manchmal ausgeholfen. Auch ein Dichter muss essen und Miete zahlen … Der geistlose Mammon herrscht ja leider über unsere Welt. Da hat die Kunst es schwer."

„*Je comprends.* Wann haben Sie Mademoiselle Hauser denn zuletzt gesehen?"

„Zwei Tage vor Ihrem Tod. Ich war bei ihr wegen eines neuen Gedichtbands. Und sie hat mir versprochen, mir bei der Veröffentlichung behilflich zu sein. Leider …"

Berner wurde unterbrochen, als es an der Tür klopfte. Er entschuldigte sich und ging zur Tür. Kaum hatte er diese geöffnet, stürmte auch schon ein Zwerg ins Zimmer.

„Berner", rief er aufgebracht, „wir hatten klar ausgemacht, dass Sie die ausstehende Miete bis gestern Mittag zahlen. Aber was ist passiert? Nichts ist passiert. Entweder Sie zahlen hier und jetzt oder Sie fliegen hochkant raus! Und glauben Sie ja nicht, 's wär mir nicht ernst damit." Er hob drohend den Finger. „Ich schick Ihnen die Polizei auf den Hals, wenn's sein muss. Da kenn' ich gar nichts."

„Das ist Herr Säckl, mein Vermieter“, stellte Berner schnell vor. „Und das ist Herr Erkül Bwaroo, der berühmte Privatdetektiv.“

Bwaroo lächelte den Zwerg, der ihn neugierig musterte, freundlich an.

„Hab von Ihnen gelesen“, stellte der Zwerg fest. „Sind Sie hier, weil mein Nochmieter was angestellt hat?“

„Ich ermittle im Mordfall von Stella Hauser.“

„Ah, verstehe. Scheußliche Sache. Kenne Fräulein Hauser nicht persönlich. Aber was man so hört, muss sie eine wahre Wohltäterin gewesen sein.“

„Das war sie“, warf Berner gefühlvoll ein, „ein Engel der Bedürftigen. Und eine strahlende Mäzenin der Dichtkunst.“

„Und Sie verdächtigen meinen Mieter?“, bohrte Säckl unbeirrt weiter, ohne groß auf Berner zu achten.

„Aber nicht doch!“, rief Berner empört. „Er ist hier, weil ich Stella sehr gut kannte.“

„Na, auch egal.“ Der Zwerg wischte alles mit einer Handbewegung beiseite. „Die Miete, Herr Berner, die Miete! Darum geht es jetzt.“

„Aber natürlich. Ich komme gleich nachher zu Ihnen deswegen. Ich sprach gerade mit Herrn Bwaroo darüber.“

„Mit Herrn Bwaroo?“

„Herr Bwaroo ist nicht nur Privatdetektiv. Er ist auch ein Kenner der Kunst. Und ein Gönner.“

Letzteres war Bwaroo zwar neu. Jedoch sagte er sich, dass es vielleicht gar nicht so schlecht war, wenn Berner Grund hatte, ihm dankbar zu sein.

„Wie viel schuldet Ihnen Monsieur Berner?“

„Drei Taler.“

Erstaunt hob Bwaroo die Augenbrauen: „So viel für so ein kleines Zimmer?“

„Inklusive Wasser, Heizung und Treppenreinigung. Außerdem hat er seit drei Monaten …“

„Ah, *bon. Voilà*, Ihre drei Taler.“

Bwaroo reichte dem Zwerg die Münzen, die dieser misstrauisch inspizierte, ehe er sie einsteckte.

„Ich weiß nicht, was ich sagen soll“, bedankte sich Berner überschwänglich, als der Zwerg wieder gegangen war.

„*Pas de problème*“, winkte Bwaroo ab.

„Ich werde Ihnen mein nächstes Buch widmen! Übrigens, da Sie so großzügig sind ...“

„Eine Widmung wird nicht notwendig sein. Beantworten Sie mir einfach meine Fragen. Hatte Mademoiselle Hauser Feinde? War sie in der letzten Zeit über etwas besorgt? Hatte sie Angst?“

„Nein, sie war eigentlich stets recht heiter. Ein neues Vorhaben erfüllte sie ganz und gar – ein Krankenhaus für Bedürftige. Und dann war sie natürlich voller Vorfreude auf mein neues Buch.“

„Sie hat zu Ihnen nicht darüber gesprochen, dass sie vielleicht verfolgt wird? Oder bedroht?“

„Nichts dergleichen, nein. Wissen Sie, sie lebte sehr zurückgezogen.“

„Haben Sie sie in der letzten Zeit zuhause besucht?“

„Ja, das habe ich. Sie hatte mich zum Tee eingeladen und hörte sich alles zu meinen neuen Gedichten an. Herr Bwaroo … wegen dieser Gedichte …“

„Und am Abend ihres Todes, waren Sie da auch bei ihr?"

„Nun, in der Tat hatte ich es vor. Aber dann habe ich erfahren, dass ein bekannter Verleger für Lyrik im ‚Adler' abgestiegen war, und ich bin hin, um mit ihm zu sprechen."

„Und waren Sie erfolgreich?"

„Nun … äh … nein. Der Kerl an der Rezeption wollte mich partout nicht zu ihm vorlassen. Ich hab dann im Foyer gewartet, ob er vielleicht herunterkommt. Aber ich hatte kein Glück. Schließlich habe ich einen Gedichtband an der Rezeption für ihn hinterlegt, mit einem Hinweis, wo er mich finden kann."

„Und hat er sich gemeldet?"

„Ja, er … er hat mir das Buch kommentarlos zurückgeschickt." Berner kratzte sich verlegen am Kopf. „Er war vermutlich zu beschäftigt, als dass er Zeit dafür hatte."

Bwaroo schmunzelte, äußerte sich aber nicht weiter dazu.

„Wenn Sie so vertraut mit Mademoiselle waren, können Sie mir doch sicher mehr zu ihrer Vergangenheit sagen", wechselte er stattdessen das Thema.

„Darüber hat sie nie gesprochen."

„Was hat sie Ihnen denn erzählt, wie sie zu ihrem Reichtum kam?"

„Eigentlich nicht viel. Sie kennen wahrscheinlich die Geschichte, wie sie aus dem Haus geworfen wurde und herumwanderte und nach und nach alles was sie besaß, an Leute verschenkte, die noch weniger hatten als sie. Und dann hatte eine Fee Mitleid mit ihr und ließ Goldmünzen vom Himmel regnen."

„Kamen Ihnen denn nie Zweifel an dieser Geschichte?"

„Natürlich nicht! Ein so klares, reines Wesen wie Stella … wenn jemand eine Fee rühren konnte, dann sie. Ihre Seele leuchtete wie der Tau im …“

„Jaja, das habe ich schon verstanden“, unterbrach Bwaroo schnell. „*Une âme pure*. Eine reine Seele.“

„Genau das war sie. Und so schön, als sei sie nicht von dieser Welt.“

„Waren Sie denn gar nicht neugierig, woher sie stammte und wie ihr Leben verlaufen war, bevor sie nach Byonn kam? Nicht mal ein bisschen?“

„Nein. Warum? Ich … äh …“

„Sie interessierten sich nicht dafür?“

„Unsinn! Ich habe nur nie danach gefragt, weil ich das Gefühl hatte, dass sie nicht darüber reden wollte. Ein Künstler spürt so etwas. Wir haben meistens von meinen Gedichten gesprochen.“

„Sie meinen, Sie haben gesprochen, und Mademoiselle Hauser hat zugehört.“

„Sie hat durchaus etwas dazu gesagt. Zu dem Band, den ich ihr gewidmet habe, meinte sie ‚Ich finde es erstaunlich, in wie vielen Variationen du immer dasselbe ausdrücken kannst.‘“

„Das hätte ich nicht besser formulieren können“, schmunzelte Bwaroo.

„Ich empfand es als großes Kompliment“, nickte Berner eifrig, was Bwaroo ein wenig irritierte. „Aber wegen der Gedichte … dem neuen Band … Vielleicht könnten Sie ja ein wenig …“

„*Merci beaucoup*, Monsieur Berner. Sie haben mir sehr geholfen. Bemühen Sie sich nicht. Ich finde allein hinaus.“

„*Pauvre petite*“, sagte sich Bwaroo, als er wieder auf der Straße stand, „jeder wollte dein Geld, aber keiner hat sich wirklich für dich interessiert.“

Stella Hauser musste sehr einsam gewesen sein. Abgesehen von Herzog Boonis und Jana Waldhaus vielleicht, die ihr ja mehr Freundin als nur Zofe gewesen war. Bei ihr wollte der Elf noch einmal vorbeischauen. Aber erst machte er sich auf den Weg in sein Hotel. Es war Zeit für einen kleinen Imbiss und seinen Bericht an Wachtmeister Liebig.

„Herr Bwaroo, da ist ein Herr, der Sie zu sprechen wünscht“, begrüßte Helmut den Detektiv. Da sprang auch schon ein Mann auf, der in einem der Sessel im Foyer des Hotels gewartet hatte. Der Größe nach hätte er ein Zwerg sein können. Doch er trug nur einen kurzen, schmalen Bartstreifen, der sein Gesicht umrahmte, und sein feuerrotes Haar war kurz gestutzt. Er war ganz in Grün gewandet, vom Zylinder bis zu den Kniebundhosen. Lediglich die Strümpfe waren weiß und die groben Schuhe braun. Ein Leprechaun, stellte Bwaroo fest. Aber keiner der einheimischen. Der kleine Hammer, die Ahle und das Locheisen an seinem Gürtel wiesen ihn als Schuster aus. Dies musste einer der Kobolde sein, die vor langer Zeit nach Irland ausgewandert waren und als Schuster der irischen Feen fungierten.

„*How do you do*“, begrüßte er Bwaroo und bestätigte damit Bwaroos Annahme. „Sind Sie der Detektiv, der den Fall von dem Mädchen mit den Goldmünzen untersucht?“

„*Mais oui, c'est moi*", nickte der Elf. Als er die verständnislose Miene seines Gegenübers bemerkte, fügte er hinzu: „Ja, das bin ich."

„*Marvellous!* Das ist nämlich mein Gold, und ich will es wieder haben."

„Vielleicht besprechen wir das lieber auf meinem Zimmer", schlug Bwaroo diplomatisch vor, als er bemerkte, dass sich ein anderer Gast, der gerade an die Rezeption getreten war, neugierig umschaute.

„Da gibt es nicht viel zu besprechen! *It's mine and I want it back!*"

„Auf meinem Zimmer", erklärte Bwaroo und schritt energisch in Richtung Aufzug. Dem Leprechaun blieb nichts anderes übrig, als ihm zu folgen.

Ich habe Jahre gebraucht

„Barbara, bring die Perlenkette zum Juwelier. Ich glaube, der Verschluss hat sich verhakt."

„Sehr wohl."

„Und bei der Gelegenheit frag ihn auch gleich noch, was die Kette wert ist. Nicht, dass ich sie wirklich verkaufen will … es würde mich nur interessieren."

„Natürlich."

„Aber vorher möchte ich die Winddepesche von Prinzessin Turandot noch einmal sehen."

„Hier ist sie."

„Ich kann es immer noch nicht glauben, dass dieser gewöhnliche kleine Elf mit der Prinzessin der Östlichen Inseln befreundet ist. Wer hätte gedacht, dass er sie nur zu fragen braucht, und sie schickt mir per Express die wertvolle Vase aus der Mang-Dynastie, als Ersatz für die, die dieses ungeschickte Gör von Anna zerbrochen hat."

„Die kleine Vase aus dem Trödelladen?"

„Unsinn, da bringst du etwas durcheinander. Apropos: Wo ist Anna überhaupt?"

„Sie ist in ihrem Zimmer und weint."

„Was? Schon wieder?"

„Sie haben sie heute Morgen heftig gescholten, weil der Toast angeblich zu kalt war."

„Angeblich? Er war steinkalt! Statt zu heulen, sollte sie sich in Zukunft lieber mehr Mühe geben. Geh sie holen, ich bezahle sie nicht fürs Herumsitzen und Faulenzen."

„Sie haben sie diesen Monat doch noch gar nicht bezahlt. Mich und die Köchin übrigens auch noch nicht. Die Köchin hat schon mit der Kündigung gedroht."

„Diese undankbare Person! Dabei habe ich sie aus dem Armenhaus geholt."

„In dem sie nur war, weil ihr Mann tödlich verunglückte und sie mittellos dastand."

„Na und? Ich habe ihr eine Chance gegeben. Da wird sie ja wohl ein paar Tage auf ihr Geld warten können. Immer diese leidige Jagd nach dem Geld. Und wie ist es mit dir, Barbara? Willst du auch kündigen?"

„Ich? Nein."

***

„*I'm Kevin, the cobbler*", stellte sich der Leprechaun vor. „Nennen Sie mich Kevin. Ich bin aus Glendalough, einem Tal in Irland. Waren Sie schon mal in Irland?"

„Nicht so weit östlich. Aber ich habe bei meiner Reise in die Parallelwelt ein paar Tage in Irland verbracht."

„*Very good,* dann wissen Sie ja, dass ein Leprechaun, der auf sich hält, mindestens einen Topf voll Gold sein Eigen nennt. Ich hatte deren drei."

„Und einer davon kam Ihnen abhanden?"

„Ganz genau. Und den will ich nun wiederhaben."

„Vielleicht erzählen Sie mir erst einmal genauer, wie es dazu kam, dass Sie Ihres Schatzes verlustig gingen."

„*Well*, es ist schon eine ganze Weile her. Da zogen ein paar Leute mit Planwagen durch meine Gegend, und eines Tages hat mich einer von denen erwischt."

„Erwischt?"

„Eines Nachts lauf ich da so heimwärts, da springt plötzlich einer von denen aus dem Gebüsch und packt mich. Und der will, dass ich ihm mein Versteck für den Goldtopf verrate, *what else?*" Kevin gestikulierte wild. „Das ist immer dasselbe mit den Menschen. Alle gierig. Ich hatte leider ein wenig zu viel Guinness intus an dem Abend. Und da war ich nicht so schnell wie sonst. Und der Typ lässt mich auch wirklich keinen Moment aus den Augen und hält mich eisern fest. Normalerweise, da muss er nur einmal kurz wegschauen, dann kann ich mich verdünnisieren, *you know?* Aber der Typ, der starrt mich ständig an. Nichts konnte ihn ablenken. Normalerweise reicht ein ‚Hey Ron, was machst du denn da hinten?', damit sich einer umschaut. Meistens braucht es noch nicht mal das: eine Eule schuhut, oder ein Ast knackt … Menschen können sich eigentlich nie lange konzentrieren und lassen sich leicht ablenken. Aber der – nichts dergleichen. Da hab ich ihn schließlich zu meinem Versteck geführt. Mir blieb nichts anderes übrig. So sind halt die Regeln bei uns. Man kann nur verschwinden, wenn grad keiner hinsieht. Aber ich hab mir gedacht, *what the heck?* Das Gold krieg ich schon wieder, wenn ich erstmal wieder nüchtern bin. Eigentlich kein Problem. Aber am nächsten Tag geh ich zu den Wagen und schau mich um, und der Kerl mit meinem Gold ist nicht mehr da. Und das Gold auch nicht. Nix. Keine Spur. Hab nur den leeren Topf im Gebüsch gefunden."

„Und wieso sind Sie dann hier?"

„Ich kann mein Gold riechen, *you know?* Also hab ich die Spur aufgenommen. Bis hierher."

„Wann war das denn mit dem Golddiebstahl?"

„Das ist so sieben oder acht Jahre her. Hat ewig gedauert, bis ich es in dieser Welt hier gefunden habe. Hier riecht alles anders. Aber schließlich hab ich's doch gefunden."

„Sie haben sich also durch unsere Welt geschnüffelt?" Bwaroo schmunzelte. „*Mon compliment.*"

„Hä?" Kevin schaute einen Moment lang irritiert drein. Doch dann winkte er ab. „Na, jedenfalls, ich hab's letztendlich gefunden. Das tote Mädel hatte es. Da bin ich mir ganz sicher. Es kann gar nicht anders sein."

„Das ‚Mädel', wie Sie es nennen, wurde ermordet."

„*I don't care.* Ich will nur mein Gold wiederhaben."

„Haben Sie Mademoiselle Hauser ermordet?"

„*What?*"

„Haben Sie sie ermordet, um Ihr Gold zurückzubekommen?"

„*I'm no murderer.*"

„Wo waren Sie denn vor gut einer Woche?"

„In Laundom. Da hab ich das letzte halbe Jahr verbracht. Davor war ich im Norden und im Osten. Die Leprechaune hier finden Gold nicht so wichtig. *Very odd people.* Es hat gedauert, bis sich einer daran erinnerte, dass es hier in Byonn einen sonderlichen Vorfall mit Goldmünzen gab."

„*Alors*, ich fürchte, mit den Münzen kann ich Ihnen nicht weiterhelfen. Ich bin nur an dem Mord an Stella Hauser interessiert." Der Elfendetektiv hob besänftigend die Hand, als der Kobold protestieren wollte. „Aber ich kann Sie zum Anwalt von Frau Hauser bringen. Der kümmert sich um deren Nachlass."

Rechtsanwalt Schütte war wenig beeindruckt, als Bwaroo bei ihm hereinplatzte und ihm den Leprechaun Kevin vorstellte.

„Ich hätte es vorgezogen, wenn Sie einen Termin vereinbart hätten", erklärte er eisig.

„*Oh, pas de problème.*" Bwaroo lächelte. „Ich bin sicher, Monsieur Kevin wird das tun. Ich selbst verabschiede mich gleich wieder. Die Angelegenheit geht mich ja eigentlich auch gar nichts an."

„Ich brauche keinen Termin", protestierte Kevin da. „Geben Sie mir einfach mein Gold."

„Können Sie denn beweisen, dass es Ihr Gold ist?" Schütte musterte ihn abschätzig.

„*This is ridiculous.* Natürlich ist es meins."

„Wieviel war es denn?"

„Der Topf war voll."

„Können Sie mir wenigstens den Topf zeigen?"

„*Of course not.* Den hab ich in Irland gelassen."

Bwaroo fand, er habe genug gehört, und stahl sich aus dem Büro.

Draußen blieb er kurz stehen, um Frau Leisner ein Kompliment zu ihrer blütenweißen Bluse zu machen und ihre Hand zu küssen. Dann trat er wieder nach draußen. Es wurde höchste Zeit für sein Treffen mit Wachtmeister Liebig. Vielleicht konnte er den jungen Mann zu einer kleinen Pause mit Tee und dem einen oder anderen Törtchen überreden. Eigentlich hatte er ja vorgehabt, im Hotel eine Kleinigkeit zu sich zu nehmen. Aber dann war ihm dieser Kevin dazwischen gekommen. Nun, Liebig hatte bestimmt nichts gegen eine kleine Stärkung.

***

„*Mon dieu,* Sie sehen ja furchtbar aus!“, rief Bwaroo erschrocken, als er seinen jungen Freund sah. „Schlechte Nachrichten über Ihre Mutter?“

„Nein, ihr Herz hat sich anscheinend wieder beruhigt. Der Arzt hat aber gemeint, in ihrem Alter steckt eine Frau das nicht so gut weg und er würde sie gerne eine Weile beobachten. Also hat er sie ins Krankenhaus eingewiesen. Aber es ist nicht lebensgefährlich, sagt er. In spätestens ein paar Tagen ist sie wieder auf dem Damm.“

„Das ist schön. Aber warum dann diese Leichenbittermiene?“

„Ich habe auf der Straße gewartet, als der Arzt meine Mutter untersuchte. Und da lief mir Cyntia über den Weg.“

„Die junge Dame aus dem ‚Sterntaler‘, mit der wir beide ein wenig geplaudert haben?“

„Mit der Sie geplaudert haben. Und bei der Sie mich als Ihre rechte Hand vorgestellt haben.“

„Nun, was ist falsch daran? Genau das sind Sie doch."

Trotz dieses Kompliments sah der junge Polizist weiter unglücklich drein. Bwaroo schwante Übles. Deshalb nahm er Liebig am Ellenbogen und bugsierte ihn in eine kleine Teestube, wo er Tee für zwei und eine Auswahl an Gebäck bestellte. „Was ist passiert? Hat sie Sie nicht erkannt?"

„Oh, im Gegenteil. Sie kam geradezu angelaufen! ‚So ein Zufall!', hat sie gerufen, ‚was machst du denn hier?' Ich hab ihr also gesagt, dass ich auf meine kranke Mutter warte, die gerade beim Arzt ist."

„Und?"

„Es hat sie gar nicht interessiert! Ganz im Gegenteil."

„Was hat sie denn gesagt?"

„Irgendwas von ‚sehr witzig' und ‚wer wartet denn schon auf seine Mutter?' Und dann fing sie an, mich über Sie auszufragen."

„Und Sie haben ihr von unserem Fall erzählt?"

„Natürlich nicht! Ich erzähle doch keinem Außenstehenden von laufenden Ermittlungen."

„Ah, *bien sûr que non*", schmunzelte Bwaroo. „Wie ging es dann weiter?"

„Na ja, weil ich nicht viel dazu sagen konnte, hab ich sie gefragt, was sie denn in der Gegend macht. Sie hat mir dann erzählt, dass sie endlich ihr neues Kleid abgeholt hat. Die Schneiderin hat es über und über mit Lilien bestickt. Sogar den Karton hat Cyntia aufgemacht, um mir die Stickereien zu zeigen. Weiße Lilien auf hellgrüner Seide. Wunderschön. Das hab ich auch gesagt."

„*Très bien.* Und Mademoiselle Cyntia war erfreut?"

„Nein, kein bisschen! ‚Stell dir vor‘, hat sie geschimpft, ‚das hat zehn Tage gedauert. Die Schneiderin ist so faul. Aber ich hab ihr ordentlich die Meinung gegeigt. Das nächste Mal ist sie zügiger und fleißiger.‘“

„*Mauvaises manières*“, meinte Bwaroo, nun sehr ernst. „Ganz schlechte Manieren. Und keine Ahnung von Näharbeiten.“

„Genau! Ich weiß von meiner Mutter, was es für eine Wahnsinnsarbeit ist, Seide zu besticken. Weil der Stoff immer wegrutscht. Aber Cyntia hörte gar nicht hin, als ich ihr das erklärte. Stattdessen hat sie mir erzählt, dass sie immerhin nur den halben Preis gezahlt hat. Sie war richtig stolz auf sich, dass sie die Schneiderin so niedermachen und runterhandeln konnte. Dabei hat sie das gar nicht nötig! Sie stammt aus einer reichen Familie.“

„Das erklärt einiges.“

„Jedenfalls wurde ich sauer und hab sie angeraunzt und ihr gesagt …“

„Dass sie eine verzogene Göre ist.“

„Ja.“ Liebig verzog den Mund. „Sowas in der Art. Da wurde sie böse, hat mich ein Muttersöhnchen genannt und ließ mich stehen.“

„Dabei hatten Sie ganz recht.“ Bwaroo lachte laut auf und strich sich vergnügt den Schnurrbart.

„Habe ich Ihnen erzählt, dass mein Vater Schneider war? *Non?* Nun, er war es jedenfalls, und auch wenn ich mich nie fürs Nähen begeistern konnte, weiß ich, wie viel Arbeit darin steckt.“

„Ja, schon …“ Unglücklich zuckte Liebig mit den Schultern. „Aber weit ist es nicht her mit meiner Menschenkenntnis. Und das bei einem Polizisten! Ich hätte gleich sehen müssen, was für eine furchtbare Person diese Cyntia ist. Aber nein, ich fand sie entzückend, angenehm, aufmerksam. Und ich war so stolz, dass eine solche Frau einen Kerl wie mich nicht nur bemerkt, sondern sich auch noch dazu herablässt, mit ihm zu plaudern! Ja, wirklich, ich war richtig stolz darauf. Dabei ist sie oberflächlich, egoistisch, selbstverliebt und und und …“

„Ich verstehe, was Sie meinen“, kam Bwaroo Liebig zur Hilfe, als der hoffnungslos nach Worten suchte.

„Ich fand sie wirklich reizend“, gestand Liebig.

„Und den Eindruck machte sie ja auch. Machen Sie sich keine Gedanken, *mon ami*. Nur durch Erfahrung wird man klug.“

„Sagen Sie bloß, Sie kennen das auch.“

„Nun, in jungen Jahren … und außerdem: Nicht jeder kann so brillant sein wie Erkül Bwaroo.“

„Ja, das ist wohl richtig.“ Liebig lachte nun auch. „Aber das soll mir eine Lehre sein. Lassen Sie uns lieber über den Fall sprechen: Was haben Sie bei dem großen Dichter herausgefunden?“

Bwaroo erzählte dem jungen Polizisten also von seinem Besuch bei Christoph Berner. Auch über Kevin, den Leprechaun aus Irland, berichtete er.

„Dann hat die Fee also die Taler aus Irland?“, staunte Liebig.

„*Non*, ich glaube nicht, dass da wirklich jemals eine Fee ihre Finger im Spiel hatte.“

„Dann war Stella Hauser in Irland?"

„Nicht unbedingt. Kevin sprach davon, dass ein Mann ihn beraubt hat. Mademoiselle Hauser muss nicht unbedingt dabei gewesen sein."

„Also, es war ja schon vorher kompliziert. Und nun kommt auch noch das dazu? Dann suchen wir jetzt also einen Mann, der Fräulein Hauser das Geld gegeben hat … oder von dem sie es gestohlen hat … und der hat sie umgebracht?"

„Auf jeden Fall ist Bwaroo immer mehr davon überzeugt, dass Stella Hausers Vergangenheit von großer Wichtigkeit für diesen Fall ist."

Liebig schüttelte den Kopf.

„Aber das ist schon so lange her", überlegte er laut. Dann kam ihm ein neuer Gedanke: „Oder dieser Leprechaun hat sie tatsächlich so lange gesucht und jetzt, da er sie gefunden hat, umgebracht. Er dachte vielleicht, dass sie das Gold irgendwo bei sich im Haus hatte … Ja, so kann es doch gewesen sein! Ich habe gelesen, dass diese irischen Leprechauns unheimlich schnell sind und sich unsichtbar machen können. Sie können auch ihre Größe ändern. Damit wäre geklärt, wie er ins Haus kommen konnte!"

„Sie interessieren sich für die Parallelwelt?"

„Ja, ich wollte schon immer mal hin. Natürlich kam das nie wirklich in Frage. Meine Eltern waren einfache Leute, und als dann mein Vater starb … na ja, ich hab dann eben das Beste draus gemacht und alles gelesen, was mir dazu in die Finger kam. Ich hatte sogar eine Karte der Parallelwelt in meinem

Zimmer an der Wand und hab immer eine rote Nadel an den Ort gesteckt, über den ich gelesen habe." Liebigs Augen leuchteten auf. „Es war so toll, sich vorzustellen, wie's da wäre."

„Soso, statt zu arbeiten, sitzen Sie also hier rum und halten Maulaffen feil!" Inspektor Essinger stand plötzlich am Tisch und funkelte Liebig zornig an. Bwaroo ignorierte er geflissentlich.

„Nur ... nur eine kleine Pause ...", stotterte der junge Wachtmeister und wurde puterrot.

„Darf ich Sie fragen, was Sie hier machen?", ging Bwaroo dazwischen. „Ist der Betreiber dieses kleinen Lokals irgendeines Verbrechens verdächtig? Oder vielleicht die Kellnerin?"

Essinger stand einen Moment unschlüssig da. Aber ihm blieb nichts anderes übrig, als Bwaroos Anwesenheit nun doch zur Kenntnis zu nehmen.

„Ich kam nur gerade vorbei und habe Sie gesehen", brummte er schließlich. „Eigentlich wollte ich in Ihr Hotel und die Akte abgeben, um die Sie gebeten haben."

Er warf eine Mappe vor Bwaroo auf den Tisch.

„*Ah, merci beaucoup!* Wie nett von Ihnen. Übrigens, ich beglückwünsche Sie zu Ihren überaus scharfen Augen: wir sitzen in der hintersten Ecke des Lokals und Sie erspähen uns im Vorbeigehen. *Ètonnant*, wirklich ganz erstaunlich."

„Ich ..." Essinger zögerte einen Moment. „Und was haben Sie sonst noch so gemacht, außer Tee zu trinken?", wandte er sich wieder ausschließlich an Liebig.

„Wir haben erfahren, dass es da einen Leprechaun aus Irland gibt, dem sein Topf mit Gold gestohlen wurde", begann der ein wenig mutiger.

„Aus der Parallelwelt? Na und? Was hat das mit unserem Fall zu tun?“

„Er behauptet, das Gold von Fräulein Hauser sei eigentlich seines. Ich … ich glaube, wir sollten ihn befragen. Immerhin ist das ein klassisches Mordmotiv.“

„Könnte sein.“ Es fiel Essinger sichtlich schwer, das zuzugeben. „Hm, gut. Machen Sie weiter.“ Eine Weile stand er unschlüssig da. „Ich war nochmal bei Otto“, erklärte er schließlich, „also in der Kneipe ‚Bei Otto‘ …

„Zum Durchfall“, murmelte Bwaroo in sich hinein.

Essinger warf ihm einen scharfen Blick zu. Doch als der Elf nur unschuldig zurückschaute, fuhr er fort: „Otto schwört Stein und Bein, dass Martin an dem betreffenden Abend die ganze Zeit bei ihm im Lokal war. Aber Jojo ging zwischendurch mal weg. Der ist also noch längst nicht aus dem Schneider. Kümmern Sie sich also auch nochmal um den, Liebig … und dieses Mal auf dem offiziellen Weg. Keine Spielchen diesmal.“

Ohne Bwaroo noch eines weiteren Blickes zu würdigen, stiefelte er wieder aus dem kleinen Lokal.

„Puh.“ Liebig atmete tief durch. „Wie gut, dass Sie mir von dem Leprechaun erzählt haben, Herr Bwaroo. Aber wie finde ich den denn jetzt?“

„Ich habe ihn zur Kanzlei ‚Schütte und Leisner‘ gebracht. Immerhin kümmert man sich dort um den Nachlass von Mademoiselle Hauser. Dort wird man wissen, wo er logiert.“ Bwaroo strich sich lächelnd den Bart. „Aber alles zu seiner

Zeit. Sie gehen jetzt erstmal und sehen nach, ob mit Ihrer Mutter alles in Ordnung ist. Bwaroo wird in sein Hotel gehen und diese Akte studieren."

Dass er in erster Linie ins Hotel zurückkehren wollte, um ein Fußbad zu nehmen, ließ Bwaroo unerwähnt. Er trug stets Lackschuhe, die für ihn, der so viel Wert auf seine Erscheinung legte, unerlässlich schienen. Nach einer gewissen Zeit aber begannen die Schuhe zu drücken, denn eigentlich waren sie ein wenig zu eng. Wenn dieser Punkt erreicht war, und Bwaroo wusste aus Erfahrung, dass das nun bald der Fall sein würde, dann half nur noch ein langes Fußbad.

„Danach werde ich mich zurücklehnen und mir alles durch den Kopf gehen lassen, was wir bis jetzt zusammengetragen haben …", fuhr er fort. „Bwaroo ist überzeugt, dass sich jedes Rätsel lösen lässt, wenn man den kleinen grauen Zellen nur genug Zeit gibt, sich mit allen Seiten zu beschäftigen."

„Nun, sehr viel ist es ja nicht, was wir bis jetzt haben." Liebig zuckte frustriert mit den Schultern.

„Unterschätzen Sie die Kleinigkeiten nicht, *mon ami*. Richtig betrachtet haben wir mehr, als Sie denken. Ich schlage vor, wir treffen uns morgen Vormittag vor der Kanzlei ‚Schütte und Leisner'. Dann sehen wir weiter."

Zurück im Hotel zog Bwaroo ein kleines Büchlein aus der Tasche und trat damit zu Helmut an der Rezeption.

„Ich hätte gerne eine große Schüssel heißes Wasser", erklärte er, „und folgende Kräuter …"

Helmut schrieb sorgfältig auf, was Bwaroo aufzählte und versicherte, dass er umgehend alles auf Bwaroos Zimmer schicken lasse.

Er hielt Wort. Doch ein paar Minuten dauerte es natürlich, und Bwaroo saß so lange ungeduldig in einem Sessel und versuchte, nicht an seine Füße zu denken.

Schließlich war alles da und bereit, und Bwaroo konnte endlich seine Schuhe ausziehen. Undenkbar, das zu tun, bevor der Hotelpage wieder gegangen war! Bwaroo stellte die Schüssel vorsichtig vor seinen Sessel auf den Boden, streute die Kräuter hinein und tauchte mit einem erleichterten Aufseufzen seine Füße ins Wasser.

Was für eine Wohltat! Wäre Orges jetzt hier, hätte das Fußbad bereits in genau der richtigen Temperatur auf Bwaroo gewartet. Und sein Anzug für das Abendessen hätte bereits fertig ausgebürstet an der Schranktür gehangen, zusammen mit einem frischen Hemd. Auch das passende Halstuch würde bereitliegen. Ganz zu schweigen von einem Becher Würzmilch, wie nur Orges sie zubereiten konnte.

Bwaroo seufzte erneut, diesmal jedoch frustriert. Orges hatte die Fähigkeit, schon im Voraus genau zu wissen, was sein Herr als nächstes benötigte. Bwaroo hatte nie herausfinden können, wie er das machte. Eigentlich war er ohne Orges ganz hilflos.

Orges hätte ein flauschiges Handtuch bereit gehalten, mit dem sich Bwaroo die Füße abtrocknen konnte. So ein Handtuch, wie es im Badezimmer hing. Nur im Badezimmer. Außerhalb von Bwaroos Reichweite. Da der Elf über keinerlei magische Fähigkeiten verfügte, blieb es auch dort. Da half selbst der brillanteste Verstand nicht weiter – Bwaroo musste also mit nassen Füßen ins Bad tapsen und sich das Tuch selbst holen.

Mit dem Handtuch in der Hand tauchte Bwaroo noch einmal seine Füße ins Wasser und tat sich selber leid. Denn trotz aller Vorsicht gab es jetzt nasse Spuren auf dem Boden, die er entweder selbst aufwischen oder das Hotelpersonal darum bitten musste. Das eine würde mühsam, das andere wäre peinlich.

Es war aber auch zu dumm, dass das alles so kurz vor Heystings Hochzeit geschehen musste. Aber der war nun einmal sein bester Freund, da musste man eben auch Opfer bringen.

Ich habe mich nicht getraut

„Mir ist nicht wohl bei der ganzen Sache, Jojo. Ich hätte dich niemals mit Jana zusammenbringen dürfen."

„Aber es läuft doch großartig! Und jetzt, wo sie zu Geld gekommen ist … Kannst ja nix dafür, dass die Kleine gar so prüde ist. Da hab ich extra ein Zimmer organisiert – und dann weigert sie sich, auch nur den Mantel auszuziehen, und erschrickt bei jedem Geräusch. Sagt mir doch glatt, sie möchte nicht, dass man sie für eine hält, die jeder haben kann."

„Sie ist ein wirklich anständiges Mädchen."

„Anständig, blablabla. Hör mir auf damit. Hab sie ja eigentlich schon als Zeitverschwendung abgehakt. Aber jetzt ist sie ja reich. Da isses mir ganz egal, wenn sie zimperlich ist. Soll sie als alte Jungfer sterben, wenn sie will. Jetzt interessiert mich nur noch ihre Kohle."

„Das ist nicht recht, Jojo. Da mach ich nicht mit."

„Komisch, wenn wir irgendwelche Fremde beim Karteln über'n Tisch ziehen, biste nicht so."

„Das ist ganz was anderes. Hin und wieder so einen reichen Idioten um ein paar Heller erleichtern, das ist in Ordnung. So lange ich nicht mitmachen muss. Aber das hier … das ist … das ist nicht richtig."

„Jetzt mach dir mal nicht gleich in die Hosen. Ich will sie nur mal ganz alleine sprechen. Ohne ihre Mama. Da ist doch nichts dabei. Der Rest braucht dich gar nix anzugehen."

„Ich … ich … Nein, da spiele ich nicht mit!"

„Hast du vergessen, dass ich da ein paar Kleinigkeiten über dich ausplaudern könnte? Bei den richtigen Leuten ..."

„Willst du mich etwa erpressen?"

„Sag du's mir. Aber krieg dich wieder ein. Ist doch nur ein kleines, harmloses Stelldichein … das kriegste doch wohl hin!"

„Ich muss mir das überlegen."

***

„Madame Leisner, und täglich grüßt Erkül Bwaroo und schon wieder, um Sie zu belästigen."

„Ach, Herr Bwaroo! Belästigen! Sie doch nicht!" Die Sekretärin der Anwaltskanzlei lachte vergnügt. „Was darf ich denn für Sie tun? Sind Sie wegen dieses komischen Kobolds hier?"

„*Exactement!* Wie scharfsinnig Sie doch sind, Madame. Wenn Sie sich jemals dazu entschließen, Privatdetektivin zu werden, wird Bwaroo sehr schnell arbeitslos sein."

„Sie Schmeichler!" Frau Leisner drohte Bwaroo mit dem Finger, strahlte aber übers ganze Gesicht.

„Darf ich Ihnen übrigens Wachtmeister Liebig vorstellen? Er ist sozusagen meine rechte Hand bei den Ermittlungen im Fall Mademoiselle Hauser."

„Sehr erfreut." Frau Leisner streckte Liebig die Hand hin.

Der ergriff sie und versicherte mit einer perfekten Verbeugung: „Es ist mir eine große Freude!"

„Ach, er ist fast so charmant wie Sie, Herr Bwaroo“, hauchte Frau Leisner entzückt. „Also, was kann ich für die Herren tun? Wollen Sie zum Chef? Der hat leider gerade Besuch von einem Mandanten, und das kann dauern.“

„Ah, *non*. Ich bin sicher, Sie können uns mindestens genauso gut weiterhelfen. Dieser Leprechaun, Kevin mit Namen, er hat doch sicher eine Adresse hinterlassen, unter der man ihn erreichen kann?“

„Natürlich“, nickte Frau Leisner. „Wir müssen uns ja bei ihm melden können, wenn sich etwas ergibt. Auch wenn ich nicht glaube, dass er sehr viele Chancen hat. Ich meine, er stellt sich da einfach hin und sagt ‚Das Gold ist meines‘ und denkt anscheinend, das genügt. Die Münzen gibt es ja auch schon gar nicht mehr. Reines Gold ist ja viel zu weich, hat der Chef erklärt, und in Münzform ganz schön unpraktisch. Und so wurde es zu Goldbarren eingeschmolzen. Ich kenne mich da ja nicht so aus, aber wie dieser Kobold beweisen will, dass das mal seins war, kann ich mir nicht vorstellen.“

„Da war er bestimmt sehr geknickt, als er wieder ging.“

„Von wegen! Fuchsteufelswild war er. Hat geflucht … zumindest nehme ich das an, denn verstanden habe ich kein Wort.“ Die Sekretärin lächelte kokett. „Ist vermutlich auch besser so. Aber Sie wollten ja die Adresse …“ Sie griff sich einen Karteikasten, suchte eine Karte heraus und schrieb etwas auf ein Blatt Papier.

„Hier wohnt er“, verkündete sie dann und reichte Bwaroo das Blatt. „Hat sich im ‚Gasthaus zur Schleiereule‘ einquartiert.“

„*Merci beaucoup*, Madame. Was täte ich nur ohne Sie? Ich hoffe, Rechtsanwalt Schütte weiß, was er an Ihnen hat.“

„Na ja, ich denke schon.“ Frau Leisner kicherte wie ein Backfisch.

„Als Nächstes also zu diesem Kevin?“, fragte Liebig, als sie wieder auf der Straße waren.

„*Non, mon ami*, alles zu seiner Zeit. Bwaroo fühlt sich jetzt erst einmal verpflichtet, Mademoiselle Jana seine Aufwartung zu machen.“

„Sie verdächtigen sie also auch?“ Paul Liebig seufzte.

„Im Moment verdächtige ich alle und niemanden“, wies ihn Bwaroo lächelnd zurecht. „Es ist noch viel zu früh für Verdächtigungen. Ein Mordfall ist wie ein Puzzle. Erst wenn man es zusammengesetzt hat, ergibt sich das ganze Bild. Doch im Moment kann es nicht zusammengesetzt werden. Es fehlen noch zu viele Teile. *Non*, Bwaroo fühlt sich verpflichtet, Mademoiselle Jana mitzuteilen, dass ihr Verehrer Jojo anscheinend schon einer anderen das Ja-Wort gegeben hat. Außerdem möchte ich mir ein Bild von diesem Butler namens Martin machen.“

Und tatsächlich war es dann Martin, der ihnen die Tür öffnete. Seine Augen weiteten sich vor Schreck, als er Bwaroo erkannte.

„*Bonjour*, Monsieur Martin“, begrüßte Bwaroo ihn vergnügt. „Es freut mich, Sie wiederzusehen.“

„Ich … äh … ich kann nichts dafür … wenn Sie mich anzeigen wollen …“ Martin schaute von Bwaroo unsicher zu Liebig, den er ebenfalls sofort wiedererkannt hatte. „Wollen Sie mich verhaften?“

„Wir sind nicht wegen des Kartenspiels hier“, versicherte der junge Wachtmeister schnell.

„Tatsächlich muss ich Ihnen ein Geständnis machen“, warf Bwaroo ein und verwirrte den Butler damit noch mehr. „Ich bin in Wirklichkeit Erkül Bwaroo und Privatdetektiv. Gestern habe ich mir nur einen kleinen Scherz mit Ihnen erlaubt.“

„Einen Scherz?“

„Ja, und ich erbitte Ihre Verzeihung für die Charade. Eigentlich bin ich hier, um den Mord an Mademoiselle Hauser aufzuklären.“

„Verdächtigen Sie mich?“ Martin geriet jetzt endgültig in Panik. „Ich war am Tag des Mordes gar nicht hier. Ich hab nichts gemacht!“

„*Mais oui.* Das habe ich auch gar nicht behauptet.“

Martin öffnete den Mund, um weiter zu protestieren, doch in diesem Moment schlurfte eine ältere Frau an ihnen vorbei in die Halle, gekleidet in eine Schürze mit großen Blumen darauf. Ihr graues Haar hatte sie größtenteils unter einem schwarzen Kopftuch verborgen. Sie hielt in der einen Hand einen Eimer, aus dem ein Lappen schaute, und in der anderen einen Besen. An der Wand neben der Eingangstür stellte sie den Eimer ab, wrang den Lappen aus und begann, auf Knien den Boden zu wischen.

„Frau Claussen, unsere Putzfrau“, murmelte Martin.

„Reinigungsfachkraft, wenn's recht ist", berichtigte Frau Claussen, ohne groß aufzusehen. Anscheinend hatte sie ein ausgezeichnetes Gehör. „Verdammmich, was is 'n das?"

„Das ist ein Weinkorken, *je crois*", erklärte Bwaroo und hob den Gegenstand auf, der Frau Claussens Unwillen erregt hatte.

„Und was macht der unter'm Schränkchen?"

„Der ist bestimmt noch von der Geburtstagsfeier von Fräulein Hauser", meinte Martin.

„Die war vor sechs Wochen! Und ich hab am Tag drauf gründlich sauber g'macht. Der wär mir nicht aus'kommen. Ich putze hier einmal die Woche und die Halle hier einmal im Monat. Eine schöne Putzfrau, äh, Reinigungsfachkraft wär' ich, wenn ich den Korken so lang übersehen hätt'."

„Aber das kann doch schon mal passieren", wiegelte Martin ab.

„Nee, kann's nicht. Nich bei mir. Und das wusste die Hauser. Die ist auch eine ganz Ordentliche … war eine Ordentliche, muss ich jetzt ja wohl sag'n. Und nur sie allein und keine Kinder. Da hab ich ganz andere Häuser zum Putzen. Die Mellers die Straße runter zum Beispiel. Also, was ich da beim Putzen schon g'funden hab! Dauernd Feste, Feiern und Tralala … da hab ich schon mal Unterwäsche am Kronleuchter … also, mir tun ja die Kinder leid. Wie die aufwachsen müssen!"

Frau Claussen schnaubte abfällig.

„War Mademoiselle Hauser eine einfache Kundin?", forschte Bwaroo.

„Aber sowas von. Solche hätt' ich gerne mehr. Nix mit Festen und Einladungen oder mit schlampig alles rumliegen lassen. Die meiste Arbeit hab ich mit den Büchern. Die stauben so schnell ein.“ Frau Claussen fuhr sich mit dem Handrücken über die Stirn, als müsste sie sich den Schweiß abwischen. „Diese Geburtstagsfeier war eine Ausnahme. Da gab's wahrscheinlich nur Champagner. Den Korken davon hab ich schon vor Wochen gefunden. War wohl nicht gerade ein rauschendes Fest.“

„Alles in kleinem Rahmen“, warf Martin ein.

„Na, sag ich doch.“ Grummelnd machte sich Frau Claussen weiter mit ihrem Lappen zu schaffen.

„Vielleicht gehen wir lieber in mein Zimmer“, flüsterte Martin und strebte der Treppe zu. Bwaroo trat zu der Putzfrau, um sich zu verabschieden, und folgte dann mit Liebig dem Butler in seine Kammer.

Martins Zimmer war nicht nur geräumig und hell, sondern für das Quartier eines Bediensteten sehr gut eingerichtet. In vielen Häusern war man ja der Ansicht, dass für das Personal die schlechtesten Räume im Haus gut genug waren. Stella Hauser hatte das offenbar anders gesehen.

„Darf ich Ihnen etwas anbieten? Ich könnte Tee machen …“ Martin wies auf eine gut ausgestattete Kochnische.

„*Non, merci*“, wehrte Bwaroo ab. „Wir bleiben nicht lange. Eigentlich habe ich nur eine Frage: Warum haben Sie Jana Waldhaus nicht gesagt, dass Jojo verheiratet ist?“

„Ja, das war dumm von mir.“ Martin wand sich vor Verlegenheit. „Es ist nur, Jojo hat gedroht, ihr und Fräulein Hauser zu sagen, dass ich … dass ich mal mit dem Gesetz in Konflikt kam.“

„Einbruch?“ Liebig klang beinahe hoffnungsvoll.

„Nein. Ich hab ‚Fliegender Wechsel' gespielt."

„Ah." Bwaroo nickte wissend. „Sie haben wohlhabende Leute angesprochen, ob sie vielleicht ein bestimmtes Schmuckstück gesehen haben, für das es einen Finderlohn gibt."

„Genau. In meinem Fall war es eine teuer aussehende Uhr …"

„Und bei der Übergabe des Finderlohns stellen Sie fest, dass der Finder sein eigenes Geld sehr leichtsinnig aufbewahrt und geben ihm den Tipp, das Geld in der Innentasche aufzubewahren. Oder in der Hose?"

„Je nachdem. Ich hab dann das Geld des Finders mit in den Umschlag mit dem Finderlohn gesteckt und demonstriert, wie man das Geld am besten unterbringt."

„Und dann haben Sie einen genau gleich aussehenden Umschlag zurückgegeben, in dem aber kein Geld war."

„Genau. Aber das mache ich nicht mehr. Ich bin ehrlich geworden." Martin schaute immer noch recht unbehaglich drein. „Das letzte Mal, als ich das gemacht habe, schaute der Mann in den zweiten Umschlag, bevor er ihn wegsteckte. Ich wurde verhaftet, bekam aber Bewährung. Aber die Untersuchungshaft hat mir gereicht. Ich habe mir geschworen, nie wieder mit dem Gesetz in Konflikt zu kommen. Und dann hörte ich, dass Stella Hauser einen Butler sucht, und hab mich beworben."

„Aber Sie haben ihr nicht gesagt, womit Sie davor Ihren Lebensunterhalt bestritten haben?"

„Nein."

„Hat Mademoiselle Hauser denn keine Referenzen verlangt?"

„Ich hab ihr gesagt, dass ich noch nie Butler war, es aber gern versuchen würde. Sie hat mich dann einen Abend lang zur Probe bedienen lassen und war zufrieden."

„*Une femme exceptionnelle.* Ich könnte mir vorstellen, dass sie Ihnen Ihre Vergangenheit vergeben hätte."

„Ja! Bestimmt hätte sie das. Sie werden ja sicher schon gehört haben, dass Fräulein Hauser an zweite Chancen glaubte. Als ich merkte, dass das bei ihr kein leeres Gerede war, nahm ich mir vor, ihr alles zu beichten. Tagelang hab ich es mit mir rumgetragen und auf eine günstige Gelegenheit gewartet. Aber dann kam ihr Tod dazwischen."

„Sie hat also nie die Wahrheit erfahren?"

„Nein. Leider."

„Und Jana weiß es also auch nicht?", schaltete sich Liebig ein. „Wie hat sie diesen Jojo eigentlich kennengelernt?"

„Ich war unterwegs, um eine Besorgung zu machen, und hab sie unterwegs getroffen, als sie gerade von ihren Eltern kam. Wir haben ein wenig geplaudert. Jojo lief uns über den Weg und blieb stehen. Da blieb mir nichts anderes übrig, als die beiden einander vorzustellen."

„Aber dass Jojo verheiratet ist, haben Sie nicht erwähnt."

„Ich konnte doch nicht ahnen, wie sich das entwickelt! Und als mir Jana davon erzählte, hab ich mich nicht mehr getraut." Martin sah, dass Liebig missbilligend den Mund verzog, und hob entschuldigend die Hände. „Und ich wollte nicht, dass Jojo ihr aus Rache steckt, was ich früher getrieben habe!"

„Na ja, so ganz abgeschlossen mit dieser Vergangenheit haben Sie ja ohnehin nicht, oder?“ warf der junge Wachtmeister ihm vor. „Jetzt werden halt Touristen beim Kartenspiel abgezockt.“

„Damit hab ich nichts zu tun!“, protestierte Martin vehement. „Wenn sich wirklich mal einer zu Otto verirrt und dann auch noch so dumm ist, sich aufs Kartenspielen einzulassen, dann geh ich immer.“

„Aber Sie wissen, was passiert.“

„Ja und? Die Polizei weiß das doch auch und schaut zu! Ihr Kollege, der Essinger, weiß ganz genau, was da läuft.“

„*Ce n'est pas important*“, schaltete Bwaroo sich ein. „Sie haben uns Ihren Standpunkt geschildert, das ist alles, was Bwaroo wollte. Nur noch eine Frage: Kann es sein, dass Jojo oder ein anderer Ihrer Freunde sich Ihren Schlüssel, sagen wir mal, ausgeliehen hat?“

„Den Schlüssel zum Haus hier? Niemals! Auf den habe ich immer gut geachtet. Ich kenne meine Pappenheimer gut genug.“

„Warum treffen Sie sich eigentlich noch mit diesen Typen?“, wollte Liebig wissen.

„Es ist nicht so einfach. Sie sind meine einzigen Freunde. Was soll ich machen? Neue Freunde fallen nicht vom Himmel.“

„Gehen Sie doch mal zum monatlichen Butlertreffen“, schlug Bwaroo vor.

„Sowas gibt es?“

„*Mais oui.* In jeder größeren Stadt gibt es das. Mein Diener Orges besucht die Treffen in Laundom und ist voll des Lobes. Ach, Orges, wenn Sie wüssten, wie ich ihn vermisse.“ Bwaroo lächelte sentimental.

„In Byonn gibt es so etwas auch“, rief Liebig eifrig. „Ich weiß das so genau, weil vor Jahren, als ich gerade ganz frisch bei der Polizei war, eine Kellnerin zu mir aufs Revier kam, um einen Butler wegen Belästigung anzuzeigen. Ich dachte ja erst, er hätte sie angegrapscht. Aber es stellte sich heraus, dass einer vom Butlertreffen dort im Lokal ihr bloß gezeigt hatte, wie sie das Tablett besser hält. Er hatte recht, und das nahm sie ihm übel. Ich hab nie verstanden, warum. War doch eigentlich nur nett gemeint. Das hat sie selber zugegeben.“ Liebig kratzte sich hinter dem Ohr. „Jedenfalls, die Treffen gibt es nach wie vor. Wann und wo lässt sich rausfinden.“

„Aber als erstes sollten Sie Ihrer neuen Herrin die Wahrheit sagen“, mahnte Bwaroo.

„Ja, das sollte ich wirklich.“ Martin seufzte, schaute aber schon viel zuversichtlicher drein.

„Aber erst nachdem wir bei Mademoiselle Waldhaus waren. Melden Sie uns an, *s'il vous plaît.*“

Jana empfing Liebig und Bwaroo in der Bibliothek. Der Elfendetektiv schaute sich beeindruckt um. Deckenhohe Vitrinen an allen vier Wänden waren gut gefüllt mit Büchern. Er schaute sich die nächstbeste Reihe an: Astronomie. Nicht unbedingt ein Thema, das er in dem Haus einer alleinstehenden jungen Frau erwartet hätte. Stella Hauser hatte anscheinend vielseitige Interessen. Leider schien sie kein Gespür für die Anordnung der Bücher zu haben. Sie bezogen sich in dieser Reihe zwar alle auf dasselbe Thema, aber sie waren weder alphabetisch noch nach Größe sortiert. Auch bei einer anderen Reihe, die sich mit Gartengestaltung befasste, war es nicht besser. Bwaroos Ordnungssinn rebellierte. Aber er hielt sich im Zaum und wandte seine Aufmerksamkeit Jana zu. Die trug jetzt keine Uniform mehr. Ihr schlichtes Kleid ließ sie aber trotzdem irgendwie fehl am Platz wirken.

Sie erhob sich eilig, als Bwaroo und Liebig eintraten. Dabei fiel ein Buch, das sie im Schoß gehalten hatte, zu Boden. Liebig sprang ihr bei und hob das Buch für sie auf.

„‚Reisen in die Parallelwelt'", las er, „das Buch kenne ich. Es ist großartig. Genau richtig für den Einstieg. Planen Sie eine Reise dorthin, Fräulein Waldhaus?"

„Ach, ich würde gerne." Jana errötete. „Na ja, ich glaube, das wird ein Traum bleiben. Aber ich konnte nicht widerstehen, als ich das Buch fand. Eigentlich habe ich ja ‚So benimmt sich eine Dame' gesucht. Ich weiß genau, dass es hier irgendwo sein muss. Stella hat immer mal wieder darin gelesen, und wir hatten viel Spaß, wenn sie mir vorlas, wie eine feine Dame sich Männern gegenüber zu verhalten hat. Wussten Sie, dass eine Dame als Geschenk Blumen, Schokolade und Taschentücher akzeptieren darf, aber auf keinen Fall etwas so Intimes wie Handschuhe?"

„Handschuhe sind intim?"

„*Mais oui*", schaltete sich Bwaroo schmunzelnd in das Gespräch ein. „Die Dame trägt sie auf der bloßen Haut."

„Wenn man es so sieht …“ Jana lächelte. „Aber wo habe ich nur meine Manieren?“, rief sie dann erschrocken. „Darf ich Ihnen etwas anbieten? Tee vielleicht? Oder ein Glas Wein? War haben allerdings nur ‚Pfaffentränen‘. Stella mochte keinen anderen.“

„Für Wein ist es noch ein wenig zu früh, Mademoiselle.“

„Ja, richtig. Ich trinke eigentlich nie Alkohol und kenne mich da nicht so aus. Das sollte ich vielleicht auch noch ändern. Eine feine Dame sollte so etwas wissen.“

„*Mais pourquoi?* Warum wollen Sie denn unbedingt lernen, wie eine Dame sich in Gesellschaft zu benehmen hat.“

„Gräfin von Hohenstein sprach vor und erklärte mir, dass es an der Zeit ist, dass ich einen Empfang gebe, um meinen Platz in der Gesellschaft zu beanspruchen.“ Jana zuckte mit den Schultern. „Mama sagt, es kann mir egal sein, was die alte ‚Schabracke‘ will, aber …“

„Ihre Mutter ist eine kluge Frau“, nickte Bwaroo. „Und sie hat vollkommen recht. Wenn Sie feiern, dann nur, wo und wann Sie Lust dazu haben und mit wem Sie wollen.“

„Ach ja, ich möchte schon gerne meine Freundinnen einladen. Aber erst, wenn es hier ruhiger ist. Sie glauben ja gar nicht, wer hier so alles hereinschneit! Reporter und Bittsteller, Leute mit Geschäftsideen …“

„Wie Jojo Ganter?“

„Das ist etwas ganz anderes!“ Eine ärgerliche Röte flog über Janas Gesicht. „Er will mich schließlich heiraten.“

„Mademoiselle, ich fürchte, das ist unmöglich“, Bwaroo nötigte Jana wieder in ihren Stuhl und setzte sich neben sie. „*Ma petite*, Bwaroo hat eine Entdeckung gemacht, die Ihnen nicht gefallen wird. Aber sie müssen davon erfahren.“ Er nahm Janas Hand. „Monsieur Ganter ist bereits verheiratet.“

„Oh nein, Sie irren sich. Da hat Ihnen jemand Lügen über ihn erzählt“, behauptete Jana und entzog Bwaroo ihre Hand. „Jojo meint es ehrlich mit mir.“

„Nein, es stimmt“, versicherte Liebig sanft. „Seine Frau heißt Susi.“

„Aber … das kann doch nicht sein!“ Jana schlug die Hände zusammen. „Ich habe sogar schon Mama dazu überredet, ihn kennenzulernen. Wir wollten ihn zum Abendessen einladen.“

„Wo ist Ihre Mutter eigentlich?“

„Sie schaut bei Papa nach dem Rechten. Heute Abend wollen beide vorbeikommen. Was sag ich ihr denn jetzt? Sie wird denken, dass ich eine ganz dumme Gans bin!“

„*Non, ma petite, non.* Dieser Jojo hat Sie nach Strich und Faden belogen und betrogen. Er hat alles getan, um Sie hinters Licht zu führen. Selbst die klügsten Köpfe sind davor nicht gefeit.“

„Ist Ihnen so etwas auch schon mal passiert, Herr Bwaroo?“

Der Elf zögerte nur ganz kurz.

„Bwaroo würde so etwas niemals ausschließen“, erklärte er dann diplomatisch. „Aber er führt auch kein so behütetes Leben wie Sie, Mademoiselle Waldhaus. In der Welt Bwaroos gibt es viele Schurken. Und jeder versucht, Bwaroo hinters Licht zu führen. Da lernt man, auf der Hut zu sein.“

„Das stelle ich mir sehr anstrengend vor.“

„*Ce n’est pas bien grave.* Ich komme zurecht.“ Bwaroo tätschelte mit einem Lächeln Janas Hand.

Es ist mein Gold

„*That's incredible!* Sie unterstellen mir, dass ich lüge?"

„Ich mache nichts dergleichen. Natürlich glaube ich Ihnen jedes Wort. Aber das ist nicht der Punkt. Um Ihnen das Gold, oder besser, den Gegenwert der Goldtaler in Geld …"

„Was heißt hier den Gegenwert? Mit Ihrem Geld kann ich daheim in Irland nichts anfangen. Ich will MEINE Goldtaler wieder!"

„Nun, das ist unmöglich. Das Gold wurde eingeschmolzen."

„*What a disgrace!*"

„Tja, es tut mir leid, das ist nicht mehr zu ändern. Aber wenn Sie einen Anspruch nachweisen können, wird Ihnen selbstverständlich eine Summe ausgezahlt werden, die dem ursprünglichen Wert entspricht. Leider bedeutet das, dass die Stiftung, die Fräulein Hauser gründen wollte, kaum noch Mittel zur Verfügung hat. Aber wenn es sich, wie Sie sagen, um gestohlenes Gut handelt, hat Fräulein Hauser rechtlich gesehen nie das Eigentum darüber erlangt, selbst wenn sie in gutem Glauben gehandelt haben sollte."

„*What? What? I don't understand a single word!* Was für eine Stiftung?"

„Fräulein Hauser hat ausdrücklich verfügt, dass das Geld für mildtätige Zwecke verwendet wird. Menschen und Feien in Not soll damit geholfen werden. Ihr Herzensprojekt war ein Krankenhaus für Bedürftige. Mangels fehlender Mittel dürfte dieses Vorhaben nicht mehr zu realisieren sein."

„*I see.*"

„Sie verstehen also, dass ein Nachweis Ihrer rechtmäßigen und ursprünglichen Eigentümerschaft unumgänglich ist."

„Aber ich habe Ihnen doch schon gesagt, dass ich meine Münzen wieder haben will. *I've got no use for your money.*"

„Natürlich können Sie dafür dann Gold kaufen, es läutern und dann wieder Goldtaler in Ihrer Prägung fertigen lassen."

„Sind denn gar keine von meinen Münzen mehr übrig?"

„Ich fürchte, nein."

***

„Nun, *mon ami,* wer fehlt uns noch aus unserer Liste der zu Befragenden?", wollte Bwaroo gutgelaunt von Liebig wissen, als sie wieder auf der Straße standen.

„Meinen Sie, Fräulein Waldhaus wird damit klarkommen, dass dieser Jojo sie so übel behandelt hat?" Liebig schaute auf das Haus, als hoffe er, durch die Mauern sehen zu können, wenn er es nur lange genug versuchte.

„Ich würde mir eher um Jojo Sorgen machen", schmunzelte Bwaroo. „Ihm werden Hören und Sehen vergehen, wenn Mademoiselle Jana ihn das nächste Mal sieht. Und wenn Madame

Waldhaus ihn erst in die Finger bekommt, *oh, là, là … une femme fomidable,* die Mutter von Mademoiselle Jana. Ich denke, wir können den Schuft getrost ihr überlassen."

„Hm …" Der junge Wachtmeister sah nicht überzeugt aus. Doch als Bwaroo seine Frage wiederholte, meinte er: „Die beiden, die das ‚Sterntaler' jetzt führen. Die haben wir noch nicht befragt. Als wir dort essen waren, meinten Sie ja, es wäre zu viel los. Und dann ist da ja auch noch dieser Leprechaun!"

„*Très bon.* Und wen wollen Sie zuerst in die Mangel nehmen?"

„Ich? In die Mangel? Oh, Herr Bwaroo, ich fürchte, das ist nicht so meins. Ich bin ganz zufrieden, dass ich Sie begleite und von Ihnen lerne."

„Ah, *vous me flattez,* Sie schmeicheln mir", wehrte Bwaroo ab, sichtlich angetan von dem Kompliment. „Aber seien Sie nicht so bescheiden. Kommen Sie, es wird Zeit, dass Sie unseren Besucher aus Irland kennenlernen. Und heute Abend werden wir dem Koch und der Geschäftsführerin einen Besuch abstatten. Dann haben Sie in der Zwischenzeit auch noch Gelegenheit, nach Ihrer Mutter zu sehen."

Das ‚Gasthaus zur Schleiereule' erwies sich als sauberer, aber doch eher bescheidener Gasthof. Kevin legte anscheinend wenig Wert auf Luxus. Am Tresen im Gastraum, der auch als Rezeption diente, beantwortete eine blasse Dame mittleren Alters Bwaroos Frage nach Kevin mit einer Kopfbewegung zur Treppe hin.

„Ist gerade erst raufgegangen“, bequemte sie sich zu ergänzen, als sie Bwaroos verständnislose Miene sah. „Er hat Zimmer 5, dort die Treppe rauf.“

Dann machte sie sich daran, ein Bier zu zapfen.

Also stiegen Bwaroo und Liebig die Treppe empor und klopften an der entsprechenden Tür.

Auf ein energisches „*Come in!*“ hin, traten sie ein.

„Ah, der Privatdetektiv“, begrüßte sie Kevin. Er stand mit nackten Oberkörper im kleinen Bad des Zimmers. Bei offener Tür beugte sich der Leprechaun über das Waschbecken, mit den Armen bis zu den Ellenbogen in Seifenlauge. An einer Schnur, die er über die Badewanne gespannt hatte, hing bereits ein nasses Hemd. „Ich muss meine beiden Hemden waschen“, erklärte er. „Sehr unpraktisch. Aber leider hab ich jetzt auch auf dem Ersatzhemd einen Fleck. Wer hätte auch gedacht, dass ich Jahre in dieser Welt bleiben muss.“ Er seufzte.

„Warum kaufen Sie sich nicht noch ein paar?“, schlug Bwaroo vor. „Es gibt auch in dieser Welt ausgezeichnete Schneider.“

„Ja, schon. Aber irgendwie kommt mir das vor, als ob ich klein beigebe.“ Kevin griste schief. „Aber egal. Wen haben Sie denn da mitgebracht?“ Neugierig musterte er Liebig.

„Das ist Wachtmeister Liebig“, stellte Bwaroo seinen Begleiter vor.

„Polizei? *That's fine.* Ich möchte eine Anzeige erstatten: Dieser Winkeladvokat will mir mein Gold nicht zurückgeben.“

„Äh … können Sie denn beweisen, dass es Ihr Geld ist?“, stotterte Liebig.

„Jetzt fängt der auch noch damit an." Ärgerlich hob Kevin sein Hemd aus dem Wasser und begann, es auszuwringen. „*I tell you, it's mine.* Das Gold gehört mir, sage ich."

„Ja, schon …"

„Wir sind eigentlich gekommen, um Licht in diese verwinkelte Angelegenheit zu bringen", schaltete sich Bwaroo ein. „Ich möchte von Ihnen ganz genau wissen, was damals geschehen ist."

„Ganz genau? *Well*, das könnte länger dauern …" Kevin ließ das Wasser aus dem Waschbecken und hängte das nasse Hemd zum anderen. Dann ging er zu seinem Bett, nahm seine Jacke und zog sie an. „Am besten gehen wir in den Gastraum", meinte er und knöpfte die Jacke über der bloßen Brust zu. „Da kann man wenigstens sitzen. Sie können mir ein Bier spendieren. Ist zwar kein Guinness, aber genießbar."

Im Gastraum war noch nicht viel los. Lediglich zwei Männer saßen dort, jeder für sich und jeder mit einem Bier vor sich. Dass es noch nicht einmal Mittag war, schien die beiden nicht zu stören.

Kevin und seine beiden Besucher fanden einen Ecktisch, an dem sie unbehelligt sitzen konnten. Der Leprechaun bestellte ein Bier, Liebig ein Glas Wasser, und Bwaroo entschied sich für Apfelsaft.

„*Well*", begann Kevin, „wie schon gesagt, vor ungefähr sieben oder acht Jahren wurde mir ein Topf mit Gold gestohlen."

„Vielleicht erzählen Sie Wachtmeister Liebig ganz genau und ganz von Anfang an, wie es dazu kam", schlug Bwaroo vor.

„Haben Sie's ihm denn nicht erzählt?"

„Ich gab ihm eine Zusammenfassung. Aber jetzt geht es um die Details."

„*This is ridiculous.* Aber gut." Kevin zuckte ergeben die Schultern. „Also, in meiner Gegend kommen immer mal wieder ein paar Leute mit Planwagen durch. Meistens sind es *Lucht siúil*, fahrende Leute. Sie nennen sich selbst ‚Pavee' und sind so eine Art Wanderhandwerker. Es ist recht einsam bei mir zuhause, und die ‚Pavee' fahren nur durch – ist zu wenig los, kaum Geld zu verdienen. Aber manchmal kommen auch ganz andere komische Leute vorbei, um die grünen Hügel und die Pflanzen zu bewundern. Sie scheinen es sehr romantisch zu finden, in so unpraktischen Wagen durch die Gegend zu ziehen. Jedenfalls bleiben sie höchstens ein paar Tage und sind dann auch wieder weg."

„Und diese Leute damals auch?"

„*No,* die blieben länger. Und recht komisch benommen haben sie sich auch. Ich hab mich hin und wieder rangeschlichen und sie belauscht. Das war recht unterhaltsam. Schien eine Sekte oder sowas zu sein – das kommt öfter mal vor. Die beten dann die Sonne an oder den Mond oder irgendeinen Dolmen oder Steinkreis. Dieses Mal war's so eine Gruppe aus einem Dutzend Leute: Männer und Frauen. Die beteten aber keine Steine an oder so, sondern ihren Anführer. Der war so ein ältlicher Kerl, mit langem weißen Bart und Haaren, und immer in so einer weißen Robe. Schien mir eigentlich recht unpraktisch zu sein. Aber jeder, wie er will. Die anderen nannten ihn ‚Meister'. Jedenfalls stellten die ihre Planwagen ab, bauten eine Feuerstelle und sangen komische Lieder. Und der Meister versammelte sie jeden Abend um sich und hielt Vorträge über das Leben und die Selbsterkenntnis und die magische Kraft des Mondes. Selbstfindung, innere Ruhe und so ein Zeugs. ‚*Wahres Glück kann man erst finden, wenn man erleuchtet wurde und sein innerstes Selbst auflösen kann*', war sein Lieblingsspruch. Der kam mindestens dreimal pro Rede. Beim nächsten Vollmond tanzten sie dann nackt um das Feuer herum, und der ‚Meister' reichte einer der Frauen ein weißes Hemd, sie zog es an und folgte ihm dann in seinen Planwagen."

„Und einer dieser Leute hat Ihr Gold gestohlen?" Liebig war ein wenig ungeduldig geworden.

„*Exactly*. Einer der Männer. Ich lauf da eines Nachts nach Hause … ich war im Pub versumpft und hatte ein wenig zu viel Guinness intus an dem Abend. Da springt einer aus einem Gebüsch und packt mich. Leider war ich durch das Guinness nicht so schnell wie sonst. Dieser Schurke will natürlich, dass ich ihm mein Versteck für den Goldtopf verrate. Das wollen sie alle. Aber der Typ weiß genau, was er tut. Er lässt mich wirklich nie aus den Augen und hält mich eisern fest, egal was ich mache. Da hab ich ihn schließlich zu meinem Versteck unter dem Regenbogen geführt. Hab mir gedacht, das Gold krieg ich schon wieder, wenn ich erstmal wieder nüchtern bin. Eigentlich kein Problem. Aber am nächsten Tag geh ich zu den Wagen und schau mich um, und der Kerl mit meinem Gold ist nicht mehr da. Und das Gold auch nicht. Ich hab mich lange danach umgeschaut – aber nix. Nur den leeren Topf hab ich gefunden. Also hab ich die anderen belauscht, um rauszukriegen, wo der Kerl abgeblieben sein könnte. Aber die wussten es auch nicht und haben sogar eine Weile nach ihm gesucht. Irgendwann sind sie dann weitergezogen und ich hab mich auf die Socken gemacht, um mein Gold wiederzufinden."

„Können Sie diesen Mann beschreiben?"

„Na ja, er war auf jeden Fall selber nicht mehr der jüngste. Eigentlich kann er nicht viel jünger als dieser sogenannte Meister gewesen sein. Sein Haar war schon grau, und er hatte Falten im Gesicht. Und seine Hände! An den Händen sieht man Alter ja sofort."

„Seine Hände?" Wachtmeister Liebig war irritiert.

„*Of course*! Er hat mich doch festgehalten … ach so, das wissen Sie ja nicht. In meiner Heimat bin ich kleiner. Ein bisschen größer als eine Maus. Hier geht das aber irgendwie nicht. Na, jedenfalls hat mich der Kerl gepackt und mit beiden Händen festgehalten. *I tell you, he was really strong*. Der hatte Hände wie ein Schraubstock. Ich konnte mich beim besten Willen nicht rauswinden."

„Würden Sie den Mann denn wiedererkennen?"

„Auf jeden Fall."

„Wie kamen Sie denn darauf, dass das Gold hier sein könnte?"

„Ich kann mein Gold riechen, you know. Also hab ich die Witterung aufgenommen. Hat ewig gedauert, bis ich es in dieser Welt hier gefunden habe. Hier riecht alles anders. Und dann war auch noch der Duft meines Goldes plötzlich so gut wie weg! Ich musste mich auf's Rumfragen verlegen. Das war gar nicht so einfach. Die Leprechauns in dieser Welt sind ganz anders als in unserer. Nicht nur, dass sie keine Töpfe mit Gold haben – sie interessieren sich auch nur mäßig dafür. Schließlich konnte ich in Laundom einen finden, der einem Menschen begegnet ist, der mit magischem Gold unterwegs war. Richtung Norden. Also bin ich auch in diese Richtung. Und hab weiter rumgefragt. War ganz schön mühsam. Aber schließlich hab ich meinen Schatz gefunden. Das tote Mädel hatte ihn zuletzt. Da bin ich ganz sicher. Es kann gar nicht anders sein." Kevin nahm einen großen Schluck Bier. „Tja, und nun sitz ich hier, und dann erklärt mir dieser Rechtsverdreher, dass ich beweisen muss, dass das Gold mir gehört. So was hätt's in unserer Welt nie gegeben! Da ist immer klar, welcher Goldtopf welchem Leprechaun gehört."

„Dann muss es aber ziemlich viele Goldtöpfe geben", merkte Liebig an.

„*Of course*, ich hab ja selber auch noch zwei."

„Kommt es denn dann nicht öfter vor, dass ein Mensch so einen Goldtopf findet?"

„*Never.* Die Töpfe sind magisch. Sie lassen sich nur finden, wenn der richtige Leprechaun den Weg weist. Und das passiert normalerweise nie – *we're too quick, you know*. Ich kann immer noch nicht so recht verstehen, warum ich an dem Abend so langsam war."

„Und was machen Sie mit all dem Gold? Ich meine, Sie horten es doch bestimmt nicht nur in Töpfen."

„Doch, selbstverständlich. Was denn sonst? Hin und wieder verschenken wir auch mal eine Münze an Leute, die es nötig haben und es wert sind. *But what else?* Was sollte ich auch sonst damit machen? Kobolde und Feen brauchen kein Geld zum

Leben. Wir nehmen uns, was wir wollen und brauchen, oder wir kriegen's geschenkt, weil die Menschen sich unser Wohlwollen sichern wollen. *It's that simple.*“

Liebig schaute verständnislos drein. Bwaroo hielt es für besser, das Thema zu wechseln.

„Haben Sie auch herausgefunden, wie das Gold letztlich zu Mademoiselle Hauser kam?“ forschte er. „Sie sagen ja selbst, dass es Ihnen von einem Mann gestohlen wurde.“

„Nein. Das konnte ich nicht rausfinden. Entweder, er hat's ihr gegeben oder sie hat's von ihm gestohlen. *Nevertheless,* es gehört immer noch mir!“

„Diese Geschichte klingt ziemlich verworren und versponnen“, stellte Liebig fest, als sie Kevin wieder verlassen hatten. „Glauben Sie ihm?“

„*Alors,* es spricht einiges dafür.“

„Wirklich? Was meinen Sie?“

„Es ist noch zu früh, sich darüber auszulassen.“ Bwaroo spreizte abwehrend die Finger. „Tatsächlich möchte ich erst einmal, dass Sie versuchen, mehr über Kevin herauszufinden. Seine Einreise in unsere Welt muss erfasst worden sein. Und wo er danach überall gewesen ist, sollte sich auch herausfinden lassen. Könnten Sie das bitte netterweise für mich übernehmen?“

„Selbstverständlich.“

„*Merci beaucoup.* Dann schlage ich vor, Sie fangen gleich damit an. Die Kosten übernehme ich natürlich. Und dann wollen Sie doch bestimmt nach Ihrer Mutter sehen.“

„Ach ja, ich würde sie gerne besuchen.“

„*Très bien.* Erkül Bwaroo muss ohnehin ein paar Winddepeschen verschicken. Unter anderem an Prinzessin Turandot.“

Liebig riss vor Staunen die Augen auf.

„Prinzessin Turandot? Donnerwetter! Ich hab von ihr gelesen! Eine exotische Schönheit von den Östlichen Inseln, die Prinz Bertram vom Königreich des Nordens heiraten wird. Sie sind mit der Prinzessin befreundet?“

„Bwaroo hatte die Ehre, sie in einem anderen Fall kennenzulernen. Tatsächlich war ich dabei, als die Verlobung beschlossen wurde.“

„Aber die Prinzessin hat doch sicher nichts mit unserem Fall zu tun?“

„Nein, da geht es mehr um einen kleinen Streich, den ich Gräfin Adele von Hohenstein spiele.“

„Einen Streich? Sie?“

„Schauen Sie nicht so! Auch Erkül Bwaroo hat Sinn für Humor.“ Bwaroo grinste. „Jedenfalls wird es Zeit, dass ich mich bei der Prinzessin für ihre Hilfe bedanke. Ich schlage vor, wir treffen uns heute Abend vor dem ‚Sterntaler‘, um die neuen Besitzer zu befragen.“

Jungesellinnenabschied

„Gräfin von Hohenstein, was kann ich dieses Mal für Sie tun?"

„Diese Vase hier würde ich gern verkaufen."

„Ein außergewöhnliches Stück, Gräfin."

„Ja, nicht wahr? Ich trenne mich auch nur sehr ungern von ihr. Aber die Vase passt nicht zu meiner Einrichtung. Diese Fratze hier vorne jagt mir einen Schauer über den Rücken, wann immer ich sie anschaue."

„Ich bin mit den Sagen und Legenden der Östlichen Inseln nicht so vertraut, aber ich denke, das ist Li Ming Tien. Ein Held der östlichen Mythologie. Er war abgrundtief hässlich …"

„Das kann man wohl sagen."

„Aber keiner kam ihm an Kraft und Weisheit gleich. Er wurde zudem für seinen ausgeprägten Sinn für Ehre und Gerechtigkeit weithin gerühmt und gilt als Vorbild für jeden Mann."

„Sehr lobenswert, in der Tat. Das ändert aber nichts daran, dass die Vase so gar nicht in mein Haus passt. Also habe ich schweren Herzens beschlossen, mich von ihr zu trennen."

„Darf ich fragen, wie Sie in den Besitz dieses Stückes gekommen sind?"

„Ich habe es heute Morgen per Express von Prinzessin Turandot persönlich erhalten.“

„Prinzessin Turandot von den Östlichen Inseln?“

„Genau die.“

„Mir war nicht bewusst, dass Sie die Prinzessin kennen.“

„Es ist eher eine flüchtige Bekanntschaft … in meinen Kreisen lernt man so viele Leute kennen.“

„Selbstverständlich, selbstverständlich. Nun, natürlich müssten wir die Echtheit des Stückes prüfen und entsprechende Erkundigungen zur Herkunft einziehen. Die Prinzessin wird Ihre Angaben ja doch sicher bestätigen.“

„Äh … hm … ja sicher. Ich denke, das würde sie. Aber … hm … es wäre mir doch recht unlieb, wenn die Prinzessin erfährt, dass ich mich von ihrem Geschenk trennen will.“

„Ja, das ist verständlich. Es wäre ein wenig peinlich, nicht wahr? Nun, die Echtheit vorausgesetzt …“

„Selbstverständlich ist sie echt!“

„Zweifellos. Ja, natürlich. Nun, wie ich gerade sagen wollte: Es würde nichts nützen.“

„Was?!?! Weil sie so hässlich ist?“

„Nein, weil sie so wertvoll ist.“

„Aber Sie sind der größte Antiquitätenhändler vor Ort!“

„Und darauf sind mein Kompagnon und ich auch sehr stolz. Aber der Wert dieser Vase übersteigt unsere Mittel bei Weitem. Zumal keinerlei Aussicht besteht, dass sich ein zahlungskräftiger Käufer für sie findet. So etwas kann sich höchstens eines der Königshäuser leisten. Oder das Fürstentum der Östlichen Inseln. Wir könnten sie lediglich in Kommission nehmen und dort anbieten.“

„Das kommt nicht in Frage. Ich sagte doch schon, dass die Prinzessin nichts davon erfahren soll."

„Ja, das sagten Sie. Nun, dann kann ich leider nichts für Sie tun."

„Soll das etwa heißen, ich habe hier eine unschätzbar wertvolle Vase, aber ich kann sie nicht verkaufen?"

„Darauf läuft es hinaus."

„Und wenn ich sie Ihnen billiger gebe?"

„Gräfin, ich bitte Sie!"

„Schon gut."

***

Erkül Bwaroo nahm schmunzelnd zur Kenntnis, dass sich Paul Liebig die Mühe gemacht hatte, für die Befragung im ‚Sterntaler' wieder seinen schlecht sitzenden Anzug anzuziehen. Offenbar besaß er nur diesen einen. Und wie schon beim letzten Mal schien er sich darin alles andere als wohl zu fühlen.

„Wie geht es Ihrer Mutter, *mon ami?*"

„Oh, schon viel besser. Sie beschwert sich über das Essen und will mich mit der Nachtschwester verkuppeln." Liebig lächelte zärtlich. „Das ist ein gutes Zeichen."

„Das freut mich", nickte Bwaroo. „Eine Sorge weniger. Nun, dann wollen wir mal sehen, was die beiden Besitzer des Lokals uns zu sagen haben."

Das Lokal hatte gerade erst für den Abend geöffnet, und es war noch ziemlich leer. Die Reservierungsschilder an den Tischen aber zeigten, dass sich das bald ändern würde. Von der

Geschäftsführerin Astarte Leem war nichts zu sehen. Aus der Küche drang dagegen geschäftiger Lärm. Zielstrebig steuerte Bwaroo auf die Tür zu, die dorthin führte, und stieß sie auf.

Chefkoch Patrick Hehlbein putzte gerade eine junge Frau zusammen. Drei weitere Personen standen mit eingezogenen Köpfen auch noch in der Küche herum, alle mit ihren Aufgaben beschäftigt.

„Ich hab dir gesagt, du sollst die Zwiebeln vierteln", brüllte Hehlbein die Frau an. „Du hast sie geachtelt. Was soll ich mit diesem Mist anfangen? Kannst du nicht zuhören, wenn man mit dir redet?"

„Aber die Zwiebeln werden doch nach dem Kochen eh durchpassiert …" wagte die junge Frau anzumerken.

„Werd jetzt bloß nicht frech! Wenn ich sage ‚vierteln', dann hat das seine Gründe! Oh Mann, bin ich hier nur von Idioten umgeben? Stell das Zeug zur Seite, vielleicht können wir es noch für etwas anderes gebrauchen. Und dann fang nochmal an und … wer sind Sie denn? Gäste haben in der Küche nichts verloren! Und schon gar nicht in Straßenkleidung." Hehlbein hatte Bwaroo bemerkt. „Raus hier, sofort! Hier guckt mir keiner in die Töpfe und trägt Dreck herein."

„Darf ich mich vorstellen: Ich bin Erkül Bwaroo."Der Elfendetektiv rührte sich nicht von der Stelle.

Wider Erwarten sagte das dem Koch nichts, was Bwaroo kurz enttäuschte. Hehlbein starrte ihn lediglich eine Weile verständnislos an.

„Na und?“, fragte er schließlich, ließ die unglückliche junge Dame stehen und stürmte auf Bwaroo zu. „Das gibt Ihnen noch lange nicht das Recht, hier herumzuschnüffeln. Raus! Raus! Sofort!“

„Bwaroo schnüffelt nicht“, erklärte Bwaroo herablassend. Er rührte sich immer noch nicht von der Stelle, obwohl der Koch inzwischen direkt vor ihm stand und wütend auf ihn hinunter funkelte – er war immerhin einen Kopf größer als der Elf. „Ich bin Privatdetektiv und ermittle im Mord an Stella Hauser.“

Hehlbein schien es einen Moment die Sprache zu verschlagen.

„Stella. Eine Tragödie“, murmelte er dann. „Aber in der Küche haben Sie trotzdem nichts verloren. Hier wurde sie nicht erstochen.“

„*Non, c'est vrai*“, nickte Bwaroo, „aber ich möchte Ihnen ein paar Fragen stellen – und einen Blick auf Ihre Messer werfen.“

„Meine Messer? Das ist ja wohl die Höhe!“

„*Mais pourquoi*? Mademoiselle Hauser wurde erstochen.“

„Aber nicht von mir! Ich war den ganzen Abend hier!“

„Ich habe Ihre Aussage gelesen.“

„Dann haben Sie bestimmt auch gelesen, dass die Polizei unsere Messer bereits angeschaut hat. Aber gut – hier schauen Sie …“ Hehlbein griff sich das nächstbeste Messer von einer der Arbeitsflächen, „schwarzes Holz, geschützter Griff …“

„Hat jeder hier seinen eigenen Messersatz?“

„Nein, die werden vom Restaurant gestellt. Ich habe natürlich schon meine eigenen. Hier, handgeschmiedet und speziell an meine Hand angepasst.“ Hehlbein lief durch die Küche und kam mit einem anderen Messer zurück. „Wenn Sie mir unterstellen wollen …“

„Ich unterstelle gar nichts“, erklärte Bwaroo mit einem zuckersüßen Lächeln. „Ich überprüfe nur die Fakten. Wichtige Dinge macht man am besten selbst, *n'est-ce pas*? Sie wissen doch sicher am besten, was ich meine.“

„Das tu ich allerdings.“ Der Chefkoch warf der jungen Frau mit den Zwiebeln einen verächtlichen Blick zu. „Wenn etwas richtig gemacht werden soll, macht man es am besten selbst.“ Er starrte auf das Messer, das er in der Hand hielt. „Oder man macht Abstriche. Aber wie Sie sehen, ich kann Ihnen nicht weiterhelfen. Reden Sie lieber mal mit Astarte. Die hatte viel eher ein Motiv als ich. Hab sie kurz vor dem Mord noch mit Stella streiten sehen … da flogen vielleicht die Fetzen, kann ich Ihnen sagen.“

„*Très bien.* Dann werde ich das tun. Wo finde ich Mademoiselle Leem?“

„Die ist im Blauen Saal im ersten Stock. Legt letzte Hand an für einen Junggesellinnenabschied. Lauter junge Hühner kommen und betrinken sich. Zum Glück hab ich damit eigentlich nichts zu tun. Hab bloß ein paar Platten mit Häppchen raufgestellt – ich hab schließlich einen Ruf zu wahren.“

Bwaroo sah aus den Augenwinkeln, wie die Frau mit den geachtelten Zwiebeln Liebig ein Zeichen gab, was dieser mit einem Nicken quittierte.

„*Merci beaucoup*“, verabschiedete sich der Elf also schnell und verließ mit Liebig die Küche.

Die beiden gingen in die gedeutete Richtung. Über einen schmalen Gang gelangten sie so in einen Hof mit Mülltonnen.

Sie waren kaum dort, als auch schon die junge Frau aus einer Tür trat, die offenbar direkt zur Küche führte.

„Hallo, ich bin Claudia“, stellte sie sich vor.

„*Bonsoir,* Mademoiselle.“ Bwaroo verneigte sich leicht vor ihr. „Sie haben einen anstrengenden Chef, scheint mir.“

„Unberechenbar ist der bessere Ausdruck. Obwohl, nein, das stimmt auch nicht. In ziemlich genau einer Stunde wird er für eine halbe Stunde aus der Küche stürmen und dann viel fröhlicher zurückkommen.“

„Tatsächlich?“ Bwaroo hob fragend die Augenbrauen.

„Klar. Alle paar Tage macht er das. Ich meine, er brüllt uns dann immer noch an. Und er ist immer noch ein gemeiner, arroganter Kerl, der denkt, wir müssten vor ihm auf die Knie sinken. Bloß weil er uns an seinem Genie teilhaben lässt. Dabei sind das alles Rezepte von Stella, die er einfach nachkocht. Aber egal! Wenn er dann immer zurückkommt, ist er wenigstens nicht mehr so jähzornig. Und heute ist wieder so ein Tag, da könnt' ich drauf wetten. Na ja, mein Fehler, dass ich die Zwiebeln jetzt schon geschnitten hab. Aber ich sehe wirklich nicht ein, warum das Rezept nur mit geviertelten Zwiebeln funktionieren sollte. Der Geschmack ist derselbe. Und wenn man die Zwiebeln nach dem Dünsten durch ein Sieb streicht, ist es viel einfacher, wenn sie kleiner sind.“

„Sie haben uns also hergebeten, um uns mitzuteilen, dass man Zwiebeln auch kleiner schneiden kann?“ Liebig war ein wenig irritiert.

„Nein“, wehrte Claudia ab. „Ich wollte Ihnen sagen, dass es nicht stimmt, dass Patrick den ganzen Abend in der Küche war. An dem Abend von dem Mord, meine ich.“

„Ach, war er nicht?“

„Nein, das war zufälligerweise auch so ein Abend, an dem er immer eine gute halbe Stunde plötzlich weg ist.“

„Und sie haben gesehen, wohin er ging?“

„Leider nicht. Wissen Sie, er verschwindet immer, wenn der Trubel am größten ist und wir alle keine Zeit haben, uns groß um etwas anderes als das Kochen zu kümmern. Aber ich weiß, dass er immer durch diese Tür hier verschwindet und auch wieder zurückkommt.“ Claudia zeigte auf die Tür, durch die sie selbst gekommen war. „Und vom Hof hier führt eine Tür auf die Straße.“ Sie deutete auf eine unscheinbare Holztür auf der anderen Seite. „Ist wahrscheinlich ganz harmlos. Und, wie gesagt, er macht das öfter. Aber ich dachte, das sollten Sie wissen. Aber jetzt muss ich wieder zurück ...“ Sie schenkte Bwaroo, vor allem aber Liebig, ein Lächeln und schlüpfte dann schnell wieder durch die Tür hinein.

„Wenn die Tat geplant war, hätte eine halbe Stunde genügt“, meinte Liebig. „Das Haus von Stella Hauser ist gleich um die Ecke. Aber welches Motiv hätte Patrick Hehlbein?“

„Wer weiß?“ Bwaroo zwirbelte mit einem feinen Lächeln seinen Schnurrbart. „Ich denke, da kann uns Mademoiselle Leem vielleicht weiterhelfen.“

Er trat zurück ins Lokal und schaute sich um.

„Ah, über diese Treppe kommt man wohl in den Saal im ersten Stock“, stellte er fest und machte sich daran, die Stufen zu erklimmen. Liebig zuckte mit den Schultern und folgte ihm.

Astarte Leem stand in der Mitte eines Saales, umgeben von Stühlen an kleinen runden Tischen. An eine Wand gerückt war ein langer Tisch mit silbernen Platten voller kleiner Köstlichkeiten. Gegenüber gab es einen kleinen Tresen, an dem ein Mann stand und Zutaten für diverse Getränke in Reichweite stellte. Drei andere Personen waren damit beschäftigt, Gläser zu polieren, sowie Blumen zwischen kleinen Tellern zu arrangieren.

„Beeilt euch!“ Astarte klatschte in die Hände. „Die ersten Gäste können jeden Moment eintreffen.“

„Das ist aber auch wirklich alles sehr, sehr kurzfristig“, wagte ein Mädchen anzumerken, das Blumengestecke hinter den Häppchen aufreihte. „Und dann hat sich auch noch der Blumenhändler verspätet.“

„Ich weiß.“ Astarte seufzte. „Aber hättest du zur Tochter des Bürgermeisters Nein gesagt?“

„Wohl eher nicht.“ Das Mädchen errötete.

„Und morgen erwarte ich euch zwei Stunden früher, um den Saal für das Hochzeitsessen vorzubereiten“, erklärte Astarte.

„Kriegen wir das bezahlt?“ Der Mann am Tresen blickte auf. „Ich meine, jetzt wo Stella nicht mehr da ist …“

„Hat sich nichts geändert. Ihr habt von Stella eine Prämie bekommen, wenn Mehrarbeit anfiel. Das wird auch in Zukunft so bleiben." Astarte bemerkte Bwaroo und Liebig, die in der offenen Tür standen, nickte dem Personal noch einmal zu und trat dann zu den beiden.

„Was kann ich für Sie tun?", fragte sie geschäftsmäßig.

„Ich bin Erkül Bwaroo", stellte Bwaroo sich vor.

„Ich weiß, wer Sie sind", unterbrach ihn Astarte. „Ich habe Sie schon bei der Testamentsverlesung gesehen. Sie untersuchen den Mord an Stella, nicht wahr? Man sagt, Sie seien der beste Detektiv weit und breit."

„Ich bin der beste der Welt", berichtigte Bwaroo, lächelte aber sehr zufrieden. „Und das ist …"

„Wachtmeister Liebig, oder? Sie waren dabei, als dieser aufgeblasene Inspektor uns alle befragt hat." Astarte bemerkte Liebigs erstaunten Gesichtsausdruck. „Es gehört zu meinem Metier, mir Leute zu merken", erläuterte sie. „Ohne ein gutes Gedächtnis könnte ich dieses Restaurant kaum führen. Nicht auszudenken, was passiert, wenn ich eine ach so wichtige Persönlichkeit des Ortes nicht wiedererkennen und einordnen könnte – inklusive Lieblingsgetränk und wie durch das Steak sein soll! Manche dieser selbsternannten Berühmtheiten sind ausgesprochen nachtragend."

„Wozu bei Ihnen ganz offensichtlich kein Anlass besteht, Mademoiselle." Bwaroo deutete eine Verbeugung an. „Wenn Sie einige wenige Minuten erübrigen könnten, würde ich Ihnen gern ein paar Fragen stellen. Aber, wie ich sehe, kommen wir zur Unzeit, und Sie haben alle Hände voll zu tun."

„Ach nein, meine Leute kommen zurecht. Allerdings habe ich nicht viel Zeit, denn wenn die künftige Braut mit ihren Freundinnen eintrifft, möchte ich zur Stelle sein, um sie zu begrüßen.“ Mit einer Geste bat sie ihre beiden Besucher, vor ihr den Raum zu verlassen. „Am besten gehen wir in mein Büro.“

Das Büro erwies sich als kleiner Raum, der so unpersönlich wie zweckmäßig eingerichtet war. Ein Schreibtisch, zwei Stühle, ein Regal und ein Schrank. Keine Bilder, keine Blumen. Astarte blieb neben dem Schreibtisch stehen, und so taten es Bwaroo und Liebig ihr gleich.

„Am Abend des Mordes waren Sie die ganze Zeit hier?“, begann Bwaroo seine Befragung.

„Ja, bei einem vollbesetzten Haus ist das unerlässlich. Irgendetwas läuft immer schief. Mal passt jemandem der Tisch nicht, der für ihn reserviert wurde, oder er ist allergisch auf den Blumenschmuck, oder eine Reservierung wurde verbummelt … obwohl das noch nie bei uns vorgekommen ist.“

„Ihr Personal ist so gut?“

„Es ist das beste. Stella sagte immer: ‚Zahl die Leute gut, dann arbeiten Sie auch gut.‘ Und sie hatte recht damit.“ Einen Moment lang sah Astarte tieftraurig aus, aber sie setzte flugs wieder eine neutrale Miene auf. „Wenn es jemand nicht tut, wird er ganz schnell ersetzt. Unsere Stellen sind gefragt.“

„Kam das schon einmal vor?“

„Also … gut, bevor Sie es von unserem ‚großen‘ Koch Patrick Hehlbein erfahren …“ Astarte Leem verzog angewidert den Mund, „ich habe mal einen Kellner eingestellt, der in die Kasse gegriffen hat. Der Kerl hat mir leid getan, und ich bin auf seine rührselige Geschichte reingefallen. Als Kellner hat er sich ganz gut angestellt – konnte gut mit den Gästen und mit den Kollegen. Und so fiel es erst nach einer Weile auf, dass immer wieder Geld fehlte. Stella und ich haben uns dann auf die Lauer gelegt und ihn erwischt."

„Haben Sie darüber mit Mademoiselle Hauser gestritten?"

„Gestritten? Oh, ich verstehe – Sie haben schon mit Patrick gesprochen, nicht wahr? Nein, das war … etwas anderes …"

„Und was?"

„Das ist sehr persönlich."

„Wir ermitteln hier in einem Mordfall", erinnerte Liebig.

„Ja, das weiß ich. Aber …"

„Es war eher ein Streit unter Liebenden, *n'est-ce pas*?", bot Bwaroo sanft an.

Astarte bedachte ihn mit einem langen Blick.

„Ja", gab sie dann zu, „ich habe Stella geliebt. Nicht dass sie es erwiderte oder überhaupt bemerkte … und ich war damit zufrieden. Aber als wir uns damals auf die Lauer legten und den Dieb stellten … Da hat sie mich hinterher im Überschwang umarmt und geküsst … Sie hat sich nichts dabei gedacht, aber um mich war es geschehen. Ich habe immer wieder mit mir selbst gerungen, ob ich es ihr sagen soll oder nicht. Im Grunde war mir klar, dass sie für mich nichts weiter als vielleicht Freundschaft empfand. Aber an dem Abend vor ihrem Tod … ich weiß nicht, was mich geritten hat, aber ich habe ihr meine Liebe gestanden. Sie war erschrocken und verlegen und mir war es peinlich … Patrick hat uns da gesehen und natürlich die völlig falschen Schlüsse gezogen."

„*Je comprends*", nickte Bwaroo.

„Bitte, das muss unter uns bleiben!“ Die Elfe schaute ihn und Liebig flehend an.

„Bwaroo kann nichts versprechen. Aber wenn es irgend möglich ist, kann Ihr Geheimnis Ihr Geheimnis bleiben.“

„Ganz genau“, bekräftigte Liebig eifrig. Dann räusperte er sich. „Aber zurück zu dem Abend des Mordes. Sie waren die ganze Zeit im Lokal? Gibt es dafür Zeugen?“

„Ich denke schon. Nein, ich bin ganz sicher. Die Tische waren voll besetzt, und es war wie immer sehr hektisch. Und dann war das gelieferte Wildschwein nicht zu Patricks Zufriedenheit, und er weigerte sich, es zuzubereiten. Das Personal musste sich ständig bei den Gästen entschuldigen, die genau dieses Gericht von der Karte gewählt hatten.“

„*Très bon.*“ Der Elfendetektiv war mit dieser Erklärung zufrieden. „Und umgekehrt ist Ihnen auch nichts aufgefallen?“

„Patrick war eine Weile nicht aufzufinden.“ Astarte hob trotzig das Kinn. „Und er hatte wirklich Streit mit Stella. Das war aber zugegebenermaßen schon ein paar Tage her.“

„Wissen Sie, worum es bei dem Streit ging?“

„Einer von den Unterköchen hatte sich beschwert, weil ihm Patrick eine Ohrfeige verpasst hat … angeblich.“

„Und an dem Abend des Mordes: Wissen Sie genau, dass Monsieur Hehlbein nicht da war?“

„Ein Gast wollte ihm persönlich ein Kompliment aussprechen, also ging ich ihn holen, aber er war nicht da.“

„Verschwindet er öfter mal?“

„Das kann ich nicht sagen. Die Küche gehört nicht zu meinen Aufgaben, und Patrick wird immer fuchsteufelswild, wenn jemand in Straßenkleidung hineingeht – von wegen Sauberkeit und Ordnung, sagt er."

„Haben Sie ihn danach denn nicht gefragt, wo er gewesen ist?"

„Doch, natürlich. Er sagte, er wäre nur kurz draußen gewesen, um eine zu rauchen. Zugegebenermaßen macht er das auch wirklich hin und wieder. Aber mir kam es länger vor als nur ein paar Minuten für eine Zigarette." Die Elfe strich sich müde übers Haar. „Wenn das alles ist … die Gäste für den Mädelsabend müssen jeden Moment eintreffen …"

„*Mais oui*", nickte Bwaroo und öffnete ihr mit einer kleinen Verbeugung die Tür.

Als sie den Gang in Richtung Saal zurückgingen, war Gekicher auf der Treppe zu hören. Astarte entschuldigte sich hastig bei Bwaroo und Liebig und eilte den Damen entgegen. Die beiden Männer blieben stehen. Es gab sowieso keine Möglichkeit, jetzt die Treppe zu benutzen.

Allen voran schritt eine junge Dame mit einem Krönchen und einem kurzen Schleier auf dem Kopf – die Braut. Hinter ihr kamen etwa ein Dutzend weiterer Mädchen, lachend und scherzend. Eins davon war Cyntia.

„Nanu, das ist ja Herr Bwaroo!", rief sie, als sie den Elf erblickte. „Oh, ich muss sie meinen Freundinnen vorstellen! Die werden Augen machen." Ohne sich groß um eine Antwort zu kümmern, ergriff sie Bwaroos Hand und zog ihn hinter sich her in den Saal. Liebig blieb stehen und gab keinen Ton von sich, um ja nicht aufzufallen. Offensichtlich hatte Cyntia ihn überhaupt nicht bemerkt und er wollte sicherstellen, dass das auch so blieb.

„Seht mal, wen ich getroffen habe“, rief Cyntia vergnügt den anderen Mädchen zu und deutete auf den Elf wie auf eine Trophäe. „Erkül Bwaroo, den berühmten Privatdetektiv aus Laundom.“

Alle wandten sich um, umringten den Elf und redeten durcheinander.

„Es freut mich, Sie kennenzulernen“, wandte sich schließlich die Braut an ihn. „Ich bin Gerda Hufschmied, die Tochter des derzeit amtierenden Bürgermeisters.“

Sie streckte ihm die Hand entgegen, und er nahm sie, beugte sich galant darüber und deutete einen Handkuss an.

„*Enchanté*, Mademoiselle. Und meine Glückwünsche zur Hochzeit.“

„Vielen Dank.“

„Ich hab ihn kennengelernt, als ich vor kurzem hier im ‚Sterntaler‘ zum Essen war“, plapperte Cyntia weiter. „Es war ja so aufregend. Herr Bwaroo ermittelt im Mord an Stella Hauser. “

„Ein schwerer Verlust“, sagte Gerda ernst. „Ich habe sie hin und wieder getroffen, wenn ich Papa zu einer Veranstaltung für wohltätige Zwecke begleitete, und ich fand sie sehr sympathisch, wenn auch nicht ganz von dieser Welt. Leider konnte ich sie nicht so gut kennenlernen, wie ich es gern hätte. Sie lebte sehr zurückgezogen, und man bekam sie nur bei Veranstaltungen zu sehen, die ihrer Sache dienten. Private Einladungen schlug sie immer aus.“

„Sie war langweilig." Cyntia machte eine wegwerfende Handbewegung. „Hielt sich für was Besseres."

Gerda runzelte die Stirn.

„Herr Bwaroo, Sie können uns doch bestimmt die eine oder andere Anekdote aus Ihrem Detektivleben erzählen", fuhr Cyntia fort, ohne Gerdas Reaktion zu bemerken. „Was ist das Erstaunlichste, das Sie herausgefunden haben?"

„Nun, Mademoiselle, zum Beispiel, dass Sie für dieses Kleid nur den halben Preis bezahlt haben." Bwaroo bedachte Cyntia mit einem Lächeln, das nicht wirklich angenehm war.

„Wie? Was? Woher wissen Sie das denn?" Cyntia schlug die Hände zusammen und schaute an sich hinunter, als würde sie ein Preisschild suchen oder etwas anderes, das den Wert des Kleides verriet.

„Vielleicht konnten Sie sich den ursprünglichen Preis nicht leisten?" Bwaroo legte den Kopf schief.

„Nicht leisten? Ich? Ich kann mir jeden Preis leisten!"

„Ah, dann sind Sie zwar reich, aber trotzdem sparsam. Das ist sehr lobenswert. Mein Kompliment, Mademoiselle."

„Äh, natürlich. Warum mehr bezahlen als unbedingt erforderlich."

„*C'est ça. Une belle robe.*" Auch Bwaroo begutachtete das Kleidungsstück. „Hellgrüne Seide, bestickt mit weißen Lilien. Wunderschön. Sie müssen sehr geschickt sein im Verhandeln. Verraten Sie mir, wie Sie es angestellt haben?"

„Na ja, ich hab ihr, also der Schneiderin, gesagt, dass es in drei Tagen fertig sein muss." Cyntia hob stolz den Kopf. „Aber sie hat eine Woche gebraucht. Und dann hat sie auch noch auf die Tränendrüse gedrückt und von einem kranken

Kind gefaselt. Ich habe mich davon aber nicht beeindrucken lassen und ihr gesagt: Wenn ich drei Tage sage, dann meine ich drei Tage. Sie wäre eben zu faul."

„Eine Woche für diese Stickerei? Das ist eigentlich nicht zu schaffen. Unglaublich!", kommentierte Gerda. „Hast du jemals versucht, Seide zu besticken, Cyntia?"

„Sticken? Ich? Das fehlte gerade noch!" Cyntia lachte auf, doch es klang ein wenig unsicher.

„Ja, dachte ich mir." Gerda machte eine ungeduldige Handbewegung, als Cyntia protestieren wollte.

„Aber Mademoiselle, das klingt ja, als hätten Sie die arme Schneiderin übervorteilt." Bwaroo schüttelte nun in mildem Vorwurf den Kopf.

Cyntia schoss das Blut in die Wangen. Das war wohl nach hinten losgegangen. Dass sie nun nicht als Bekannte von Bwaroo, sondern ganz anders im Mittelpunkt stand, behagte ihr gar nicht. Alle Frauen um sie herum musterten jetzt ihr Kleid. Allerdings waren die Blicke nicht sehr freundlich.

„Jedenfalls, Kleid und Stickerei sind wunderschön", stellte Gerda fest. „Aber jetzt, da klar ist, welch talentierte Schneiderin du da gefunden hast, musst du mir unbedingt deren Name und Adresse verraten. Mein Brautkleid habe ich natürlich schon. Aber ich brauche ein Kleid für das große Weinfest im Herbst. Dafür will ich zu dieser Schneiderin!"

„Ja, ich auch!", stimmten etliche der anderen Damen zu.

„Gut, ich schreibe sie euch auf", antwortete Cyntia missmutig. Der Abend verlief ganz anders als gedacht.

Gerda zwinkerte Bwaroo zu.

„Mademoiselle …“ Bwaroo verneigte ich vor ihr. „Ich darf mich nun verabschieden. Auf so einer Abschiedsfeier hat ein Mann nichts verloren, das ist mir sehr wohl bewusst.“

„Ich bringe Sie zur Tür“, entschied die Braut jedoch und hakte sich bei ihm unter, als sei er ein alter Bekannter.

„*Je suis très heureux*“, erklärte Bwaroo warm, als sie im Korridor vor dem Saal standen, „eine so selbstbewusste Dame wie Sie kennenlernen zu dürfen.“ Er schaute zu Liebig, der still an der Tür gewartet hatte. „Darf ich Ihnen bei der Gelegenheit noch meine rechte Hand, Wachtmeister Liebig, vorstellen?“

„Sehr erfreut. Mein Vater hat erst kürzlich erwähnt, dass Sie auf die Idee gekommen sind, Bilder von Tatorten zu machen, um später alles besser prüfen zu können. Er war sehr beeindruckt.“

„Was? Äh, wirklich?“ Liebig stieg das Blut in die Wangen. „Das … das ist sehr nett. Na ja, äh, sehr nett. Wirklich.“

„*C'est assez rare* – sehr ungewöhnlich, dass eine junge Dame sich für so etwas interessiert“, bemerkte Bwaroo.

„Gar nicht. Ich habe vor, in Papas Fußstapfen zu treten, wenn er nicht mehr für das Bürgermeisteramt kandidiert. Er redet immer öfter davon, dass er langsam zu alt dafür wird.“ Gerda lachte auf. „Also habe ich schon mal im Vorfeld angefangen, mich damit zu beschäftigen, was in dieser Stadt so vor sich geht.“

„Ah, *c'est merveilleux*! Dann empfehle ich Ihnen, Wachtmeister Liebig im Auge zu behalten. Er steckt voller guter Ideen“, versicherte Bwaroo. „Ich bin froh, ihn an meiner Seite zu haben. Er ist mir eine große Hilfe.“

„Dann hoffe ich, Sie finden den Mörder bald“, erwiderte Gerda, nun wieder ernst. „Es ist wirklich eine Schande. Stella war eine großartige Frau.“

„Ich nehme an, Sie können mir nichts über Ihre Vergangenheit sagen?“

„Ich fürchte, nein. Sie ging eigentlich nie aus sich heraus, schien mir schüchtern, aber auch misstrauisch. Besonders von Männern hatte sie keine hohe Meinung, glaube ich. Sie hat nie getanzt und Einladungen lehnte sie immer ab. Ich habe sie mal gefragt, warum sie sich ausgerechnet mit diesem Dichter, Christoph Berner, näher einließ. Sie sagte: ‚Bei dem kann ich mir sicher sein, dass er nur Geld von mir will.‘ Das fand ich seltsam.“

„*Ah oui*, das ist wirklich eine merkwürdige Einstellung. Gab es denn nicht wenigstens den einen oder anderen Flirt?“

„Stella war ein sehr ernsthafter Mensch. Ich glaube, sie hat es gar nicht bemerkt, wenn mal ein Mann mit ihr geflirtet hat. Sie war nie wirklich locker oder hat gescherzt. Jedenfalls nicht bei den offiziellen Anlässen, bei denen ich sie getroffen habe. Es war, als hätte sie eine Mauer um sich errichtet. Deshalb wollte ich sie auch unbedingt näher kennenlernen. Ich wollte sehen, was hinter dieser Mauer ist.“ Gerda errötete leicht. „Na ja, jetzt werde ich es nie erfahren. Aber ich fürchte, ich muss zurück zu meinen Gästen. Schließlich bin ich irgendwie die Hauptperson.“ Sie lächelte schief. „Aber kommen Sie beide doch morgen zu meiner Hochzeit!“, schlug sie noch vor. „Da werden so ziemlich alle versammelt sein, die Stella kannten. Eigentlich wollten Bernie – das ist mein Bräutigam – und ich ja nur eine kleine Hochzeit. Aber unsere Eltern meinten, das ginge auf keinen Fall. Öffentlichkeitsarbeit. Da müssen wir durch. Na ja, und wenn ich in die Politik will, muss ich mich frühzeitig mit allen gut stellen und sogar Leute wie Cyntia einladen.“ Sie verzog das Gesicht, grinste aber spitzbübisch. „Alle Honoratioren, Leute von Rang und ein paar mehr oder wenige lokale Berühmtheiten werden also da sein. Und natürlich alle Verwandten. Aber auch unsere Freunde. Und darauf kommt es an. Kommen Sie ebenfalls?“

„Es wird mir eine Ehre sein.“ Bwaroo verneigte sich leicht.

Liebig sah dagegen ein wenig unglücklich drein.

„Ich würde gerne“, versicherte er, „aber wissen Sie, meiner Mutter geht es nicht so gut …“

„Ja, verstehe. Es ist ja auch wirklich ein wenig sehr kurzfristig“, gab Gerda zu. „Schade. Vielleicht ein andermal. Richten Sie Ihrer Mutter die besten Wünsche von mir aus. Und Sie, Herr Bwaroo, sehe ich dann morgen. Ich freue mich darauf!“

Sie nickte den beiden Männern noch zu und ging dann wieder in den Saal.

„Die ist ja richtig nett“, bemerkte Liebig. „Ich hätte gedacht, dass die Tochter des Bürgermeisters um einiges hochnäsiger ist. Obwohl, ich tu ihr wahrscheinlich Unrecht. Ihr Vater ist ein guter Mann, der sich sehr um die Belange der Stadt kümmert.“

„Den Sie aber nicht persönlich kennenlernen wollen?“

„Ich … also, meine Mutter wird ja nun wirklich morgen entlassen …“ stotterte Liebig.

„Aber abgesehen davon fühlen Sie sich in so einer Gesellschaft nicht allzu wohl … Dabei könnte es Ihnen helfen, Karriere zu machen.“ Bwaroo grinste.

„Na ja, ich würde natürlich schon gerne vorankommen, und ich hätte auch nichts dagegen, mehr zu verdienen. Aber auf diese Weise … Ich weiß nicht.“ Liebig spielte verlegen mit einem Knopf seiner Jacke und Bwaroo befürchtete, dass er ihn gleich abdrehen würde. Beschwichtigend legte er Liebig die Hand auf den Arm.

„Das ist die beste Einstellung, die ein guter Polizist haben kann“, sagte er ernst. „Aber jetzt haben wir erst einmal eine andere Aufgabe.“

„Wirklich? Welche denn?“

„Wir werden herausfinden, warum Monsieur Hehlbein alle paar Tage seine Küche für eine halbe Stunde im Stich lässt. Wenn ich diese Claudia richtig verstanden habe, dürfte das heute mal wieder der Fall sein.“ Bwaroo strich sich gewichtig den Schnurrbart und eilte dann die Treppe hinunter.

„Dort!“, erklärte der Privatdetektiv und strebte dem Schatten eines Baumes zu, der schräg gegenüber der Tür zum Innenhof des Restaurants wuchs. „Der ideale Platz, um die Tür zum Hinterhof im Auge zu behalten.“

„Was machen wir, wenn er nicht kommt oder schon da war?“, flüsterte Liebig, verstummte aber sofort, als just in diesem Moment die Tür aufging und jemand herauskam. Wer es war, war nicht zu erkennen. Doch dann blieb er unter einer der Straßenlaternen stehen, und es war klar, dass es sich um den Koch handelte. Er schaute sich um, und einen Moment schien es, als hätte er seine beiden Beobachter bemerkt. Doch nein, er wandte den Kopf in die andere Richtung, aus der sich jetzt Schritte näherten.

„Du Trottel, musst du unbedingt genau unter der Laterne stehen?“ Ein Mann trat aus dem Dunkel.

„Ich will schließlich sehen, was du mir bringst“, knurrte Hehlbein, „immerhin hast du mir schon mal ziemlichen Mist angedreht.“

„Wie oft soll ich dir denn noch sagen, dass das ein Versehen war? Und überhaupt, kannst ja woanders hingehen, wenn du mir nicht traust.“

„Na klar. Als ob ich eine Wahl hätte. Correlin wird ja wohl kaum an jeder Ecke verkauft.“

„Spinnst du, das so raus zu posaunen? Brüll doch noch lauter, damit es auch bestimmt jeder mitkriegt.“

„Wieso denn? Hier in der Nebenstraße ist doch nie einer. Siehst du vielleicht jemanden?“

„Schon gut. Hast du das Geld?“

„Klar, wie immer.“

„Der Preis ist aber gestiegen.“

„Was denn, schon wieder? Du tickst doch nicht mehr richtig!“

„Angebot und Nachfrage. Kannst es ja bleiben lassen.“

„Schon gut. Wie viel?“

Der Fremde nannte eine Summe.

„Du bist ja verrückt. So viel hab ich nicht dabei!“

„Dann kriegst du halt weniger.“

„Aber dann langt es doch vorn und hinten nicht.“ Hehlbein klang beinahe panisch. „Und ich brauch es. Mein Job frisst mich auf! Jetzt noch mehr, seit Stella tot ist.“

Der Fremde setzte ein unangenehmes Grinsen auf.

„Also gut. Ich geb's dir heute nochmal zum alten Preis. Weil du so ein guter Kunde bist. Aber beim nächsten Mal will ich den vollen Preis. Ich muss schließlich auch noch was dran verdienen."

„Ach, und so machst du das nicht?"

„Die Irrwenzel werden auch immer gieriger. Und die sind nunmal die Einzigen, die das Kraut legal anbauen dürfen. Schön. dass Wenzelland ein unabhängiges Territorium ist. Also, willst du die Tüte, oder nicht?"

„Ja. Gib schon her." Hehlbein holte seinen Geldbeutel heraus und reichte dem Fremden einige Münzen. Der holte im Gegenzug ein Tütchen aus der Tasche und gab es dem Koch.

„Halt, Sie sind beide verhaftet." Liebig kam aus seinem Versteck.

Der Fremde fuhr erschrocken herum, ließ die Münzen fallen und stürzte sich mit einem wütenden Knurren auf den Wachtmeister. Der wehrte den Faustschlag, der sein Gesicht treffen sollte, mit dem linken Arm ab und konnte mit rechts einen gut gezielten Schlag in die Magengrube seines Angreifers platzieren. Mit einem deutlichen ‚Pfff' entwich dem die Luft aus den Lungen, und er klappte nach vorne.

„Ich nehme Sie fest wegen des Verdachts auf Drogenhandel", erklärte Liebig ein wenig außer Atem und fesselte ihn mit Handschellen an den Laternenpfahl. „Sie haben das Recht zu schweigen …" leierte er dabei sein Sprüchlein herunter.

Dann sah er sich um und entdeckte Hehlbein, wie der zusammengekrümmt vor der Tür zum Hof lag und die Hände in die Gegend zwischen seinen Beinen presste. Zwischen ihm und der Tür stand Erkül Bwaroo, makellos und völlig unbeeindruckt.

Liebig zog seine Jacke zurecht, die während des kurzen Kampfes verrutscht war und warf dem Elfen einen fragenden Blick zu. Doch der lächelte nur zurück. Ganz die reine Unschuld.

„Sie sind ebenfalls festgenommen“, wandte sich Liebig an Hehlbein, schaute dann aber ratlos an sich herab. Er hatte nur ein Paar Handschellen, und das war bereits im Einsatz.

„Erlauben Sie, dass ich Ihnen aushelfe, *mon ami.*“ Bwaroo reichte ihm ein weiteres Paar Handschellen. „Ich helfe Ihnen auch gern, die beiden aufs Revier zu schaffen. Und dann werde ich Mademoiselle Leem informieren müssen, dass sie einen neuen Koch braucht.“

Motive und Möglichkeiten

„Guten Morgen, Astarte."

„Walter! Was führt dich denn hierher? Suchst du Anregungen für das Frühstück von Herzog Boonis?"

„Nein. Ich habe gehört, euch fehlt ein Koch."

„Ach, macht das so schnell die Runde?"

„Claudia war bei mir und hat's mir erzählt. Du wusstest nicht, dass wir … äh ... befreundet sind?"

„Nein, das ist mir neu."

„Jetzt weißt du's. Sie ist übrigens ein echtes Talent. Aber egal. Patrick Hehlbein ist also raus?"

„Ja, er sitzt in Untersuchungshaft: Drogen. Und das ist eine absolute Katastrophe! Wir sind ausgebucht und haben obendrein eine Hochzeit im Haus, und jetzt ist der Koch weg!"

„Ich kann für euch kochen."

„Herzog Boonis würde das doch niemals erlauben!"

„Der ist doch selber bei der Hochzeit und braucht keinen Koch an dem Abend. Außerdem, wenn es ums ‚Sterntaler' geht … Du weißt doch, dass er eine Schwäche für Stella Hauser hatte."

„Ja, das weiß ich. Und du wärst mir eine große Hilfe. Aber bis du dich eingearbeitet hast …"

„Ach, ich werde die Arbeit hauptsächlich Claudia überlassen."

„Claudia ist nur Unterköchin.“

„Nur weil Patrick immer darauf geachtet hat, dass sie nicht mehr wird. Sie war immer sein Sündenbock – dabei war das nur der reine Neid.“

„Ja, ich habe schon gehört, dass er es besonders auf sie abgesehen hatte. Aber Patrick meinte immer, sie sei einfach zu ungeschickt.“

„Unsinn! Wäre sie das wirklich, hätte er sie doch längst rausgeworfen, oder? Im Grunde wusste Patrick, dass sie besser ist als er. Seien wir ehrlich, er hat die Rezepte von Stella nachgekocht, und das war's dann auch schon. Für Eigenes fehlt ihm die Fantasie. Und wenn Claudia mal was Neues ausprobieren wollte, hat er sie immer gleich abgewürgt. Dabei ist sie wirklich gut. Gib ihr eine Chance. Und ich bin da, wenn es ihr über den Kopf wächst. Überhaupt, mal ehrlich, was bleibt dir schon groß übrig?“

„Zugegeben ...“

„Dann ist es abgemacht. Wir sehen uns in der Küche.“

***

Bwaroo stand in Liebigs Büro und studierte die Bilder, die an der Wand hingen. Der junge Wachtmeister hatte Zettel mit Pfeilen dazwischen gehängt, die die Beziehung der einzelnen Personen zueinander zeigten, und weitere Zettel, auf denen mögliche Motive standen, wobei es eigentlich immer auf ein Motiv hinauslief: Geld. Insgesamt war die Wand inzwischen ein wenig unübersichtlich.

„Ich komme einfach nicht weiter“, klagte Liebig, der neben dem Elf stand. „Mit ein bisschen Geschick hätte beinahe jeder Fräulein Hausers Schlüssel entwenden und nachmachen können. Na ja, die Gräfin wahrscheinlich eher nicht. Und Jojo hätte es nicht nötig gehabt. Bei dem sehe ich aber kein Motiv – außer Jana wusste, dass sie erben sollte, und hat's ihm erzählt.“

Bwaroo wiegte den Kopf.

„Christoph Berner, der Mondscheindichter, hatte auch mehr von einer lebenden Stella“, gab er zu bedenken. „Was ist das eigentlich hier für ein Zettel mit Fragezeichen?“

„Das soll der mysteriöse Mann sein, der angeblich Kevin bestohlen hat. Oh, da fällt mir ein, Kevin ist ja auch verdächtig! Leider habe ich von dem auch kein Bild.“

„*Ah non, mon ami.* Ich denke, Kevin können wir ausschließen.“ Bwaroo lächelte. „Haben Sie nachgefragt, ob er tatsächlich zur Tatzeit in Laundom war?“

„Ich habe eine Winddepesche an die Kollegen dort geschickt. Die Antwort sollte jeden Moment kommen.“

„*Très bon. Alors,* bis sie da ist, behalten wir Kevin im Hinterkopf. Lassen Sie uns jetzt die anderen Verdächtigen betrachten. Abgesehen von Jana hätte sich jeder unbemerkt ins Haus schleichen müssen.“

„Ja, stimmt. Für Jana wäre es am einfachsten gewesen. Und sie hat am meisten profitiert.“

Liebig seufzte, was Bwaroo mit einem feinen Lächeln zur Kenntnis nahm.

„Kopf hoch, *mon ami*, das will gar nichts heißen. Außerdem ist sich Bwaroo ziemlich sicher, dass die schöne Zofe nicht wusste, dass sie erben sollte. Bwaroo war dabei, als sie davon erfuhr. Entweder ist sie die beste Schauspielerin, die ich je gesehen habe, oder sie hatte wirklich keine Ahnung."

„Hoffentlich." Liebig merkte, was er eben gesagt hatte und wurde rot. „Aber lassen Sie uns objektiv bleiben. Sie ist auf jeden Fall verdächtig."

„Und Inspektor Essinger hält sie immer noch für schuldig?"

„Ja, das tut er. Im Grunde wartet er nur noch darauf, dass sie einen Fehler macht und sich verrät."

„*Fainéant*", kommentierte Bwaroo, „Faulpelz. Aber Bwaroo ist überzeugt, dass es nicht so einfach ist. Also weiter."

„Ich kann mir nicht vorstellen, dass Gräfin von Hohenstein es schafft, sich unbemerkt in ein Haus zu schleichen." Gehorsam deutete der junge Wachtmeister auf das nächste Bild. „Wenn sie also nicht jemanden angeheuert hat, kommt sie nicht in Frage."

„Zumindest ist es eher unwahrscheinlich, dass sie der Täter ist", stimmte Bwaroo zu.

„Christoph Berner kommt dagegen durchaus in Frage. Aber wenn ihm Stella Hauser nicht vorgemacht hat, dass er viel von ihr erben würde, war er besser dran, wenn Fräulein Hauser am Leben blieb."

„*Certainement.* Außerdem hat er ein Alibi. Ich habe Helmut von der Rezeption des ‚Adler' befragt: Berner war tatsächlich dort, um einen Verleger zu treffen, und hat im Foyer auf ihn gewartet. Panntos von der Nachtschicht hat außerdem bestätigt, dass es schon gegen Mitternacht war, als Berner ein Buch bei ihm ließ und danach das Hotel verließ."

„Wie wäre es mit Jojo?"

„Da nichts gestohlen wurde, halte ich Jojo nicht für allzu verdächtig."

„Sehe ich auch so. Bleiben noch Astarte Leem und der Koch Patrick Hehlbein. Hehlbein schnupft Correlin und ist offensichtlich abhängig. Wie kann man nur so dumm sein?!"

„Correlin macht einen fröhlich und hebt die Stimmung", Bwaroo hob dozierend den Finger. „Viele denken sich nichts dabei, so ein harmlos aussehendes Pülverchen hin und wieder zu schnupfen. Auf Dauer stellt es aber unangenehme Dinge mit dem Gehirn an. Das sieht man ja schon an den Irrwenzeln, die das Correlinkraut legal in ihrem Land anbauen und größtenteils auch selbst verbrauchen. Haben Sie schon mal einen Irrwenzel getroffen? *Non*? Bwaroo schon. *Il était complètement fou.* Völlig übergeschnappt. Nun, so weit ist Monsieur Hohlbein noch nicht. Der Entzug wird nicht einfach, aber er wird es überstehen."

„Aber er könnte Fräulein Hauser umgebracht haben, weil er dringend Geld brauchte."

„*Peut-être*. Kann sein."

„Und Fräulein Leem könnte sie getötet haben, weil sie ihre Annäherungsversuche zurückgewiesen hat." Liebig tippte eifrig auf das Bild von Astarte Leem. „Wir haben nur ihr Wort, dass sie mit ihrem Liebesgeständnis Fräulein Hauser in Verlegenheit brachte. Hehlbein hielt die Auseinandersetzung der beiden immerhin für einen ausgewachsenen Streit. Außerdem hat sie ja vielleicht gedacht, sie allein erbt das Restaurant …“

„*Attention, mon ami*! Sie versteigen sich in Mutmaßungen.“

„Hm, ja, das stimmt.“ Liebig ließ den Kopf hängen.

„Aber vielleicht haben Sie ja auch recht.“ Bwaroo klopfte ihm aufmunternd auf die Schulter. „Es gilt noch so einges herauszufinden. Da fällt mir ein: Hier ist eine Liste von Sachverhalten, die Bwaroo gern überprüft haben möchte. Nur ein paar Kleinigkeiten. Aber bitte kümmern Sie sich gleich darum. Sollte Ihr Chef Probleme bereiten, sagen Sie ihm, dass Erkül Bwaroo selbstverständlich die Kosten übernimmt.“ Der Elf überreichte dem Wachtmeister einen Zettel. „Bleibt noch Ihr Fragezeichen: der Mann, der Kevin bestohlen hat.“

„Der hat mit der ganzen Sache womöglich gar nichts zu tun.“ Liebig zuckte mit den Schultern. „Wer weiß schon, ob das Gold von Fräulein Hauser tatsächlich das Gold ist, das Kevin gestohlen wurde.“

„Leprechauns haben für so etwas eine feine Nase. Es scheint mir schon sehr wahrscheinlich, dass es sich um dieselben Taler handelt.“

„Aber das ist acht Jahre her! Und Fräulein Hauser tauchte vor fünf Jahren mit ihrem Schatz auf. Wenn dieser Mann bestohlen wurde, warum rächt er sich erst jetzt?“

„Eine sehr gute Frage“, nickte Bwaroo anerkennend. „Aus Ihnen wird mal ein sehr guter Polizist. Ja, dieser Frage sollten Sie nachgehen. Jetzt entschuldigen Sie mich jedoch, *s'il vous plaît*.“ Er verbeugte sich leicht. „Nach diesem sehr erhellenden Gespräch möchte Bwaroo sich noch einmal alles in Ruhe durch den Kopf gehen lassen. Ja, ich denke, wir sind der Lösung schon sehr nahe. Es fehlen nur noch ein paar Kleinigkeiten. Die Hochzeitsfeier heute Abend wird vielleicht weiterhelfen.“

„Die Hochzeit von Gerda Hufschmied? Was hat denn die Tochter des Bürgermeisters damit zu tun? Hab ich was übersehen?“ Verunsichert schaute Liebig zu den Bildern.

„*Non, mon ami.* Alles ist gut.“ Bwaroo legte ihm beruhigend die Hand auf den Arm. „Aber vielleicht kann ich dort das Bild noch etwas abrunden. Und wer weiß? Vielleicht sagt einer der Gäste etwas, das sich als das fehlende Teil zu diesem verworrenen Puzzle erweisen wird.“

Ein Hoch auf das Brautpaar

„Junger Mann, ich bin die Mutter von Jana und freue mich sehr, Sie endlich kennenzulernen. Sie wollen also meine Tochter heiraten?“

„Aber Mama, ich habe dir doch gesagt, so weit sind wir noch nicht. Jojo hat das lediglich angedeutet.“

„Äh ... ja, äh … das habe ich. Äh … ich meine, Ihre Tochter ist entzückend. Aber … äh … natürlich möchte ich ihr ein Leben bieten, das sie verdient, und dafür muss ich mir erst … äh … eine Existenz aufbauen und so einiges regeln.“

„Zum Beispiel die Scheidung von Ihrer jetzigen Frau?“

„Meiner … wieso? Ich meine … natürlich bin ich nicht verheiratet!“

„Ach nein?“

„Wer sagt denn so etwas?“

„Das ist nicht wichtig. Aber es stimmt nun mal. Leugnen hilft gar nichts.“

„Aber Jana, Liebling … Martin hat dir diese Lüge erzählt, oder?“

„Martin hat mir von seiner Vergangenheit erzählt, und wir haben uns darauf geeinigt, dass Vergangenes vergangen sein soll. Stella hat mich das gelehrt.“

„Ja, aber …“

„Die Polizei hat uns über dich aufgeklärt.“

„Ach, Liebling, ich hab dir doch gesagt, denen darf man kein Wort glauben!“

„Dann können wir also heute noch das Aufgebot bestellen?“

„Das ist ein bisschen plötzlich. Ich hab dir doch gesagt, erst will ich sicher stellen, dass ich dir ein schönes Leben bieten kann.“

„Ich habe ein schönes Leben.“

„Ja, aber du sollst es doch durch mich haben.“

„Und deshalb soll ich dir mein ganzes Geld geben?“

„Das siehst du falsch! Es ist eine Investition.“

„Dann erzählen Sie uns doch mal mehr über Ihre Geschäftsidee.“

„Das ist zu kompliziert für Frauen.“

„Soll das heißen, wir sind zu dumm?“

„Nein! Nein, natürlich nicht. Ich meine nur … Frauen fehlt einfach die Erfahrung in Geschäftsdingen …“

„Das sagen Sie zu der Frau und der Tochter eines Kaufmanns? Junger Mann, ich führe meinem Mann schon seit Jahren die Bücher. Und Jana hat lange genug in unserem Geschäft mitgearbeitet, um alles über Geschäftsabschlüsse und Investitionen zu wissen. Also?“

„Das ist jetzt ein bisschen plötzlich.“

„Nur eine grobe Zusammenfassung. Das muss doch möglich sein, oder, Herr Ganter?“

„Spar dir die Mühe, Mama. Er wollte mich reinlegen. Sonst nichts.“

„Aber Liebling!“

„Es hat sich ausgelieblingt. Ja, du hast mich eine Weile hinters Licht geführt. Aber das ist vorbei. Mach, dass du aus meinem Haus kommst, und wage es ja nicht, noch einmal zurückzukommen, sonst hetze ich den Hund auf dich!"

„Du hast doch gar keinen Hund."

„Noch nicht."

***

Erkül Bwaroo wählte für die Hochzeitsfeier den Frack. Er war der Meinung, dass man auf Reisen stets auf alles gefasst sein musste und hatte das elegante Stück deshalb mitgenommen. Das Personal des ‚Adler' hatte sein Bestes getan, den Frack gut auszubürsten und zu bügeln. Mit Orges konnten sie jedoch, wie Bwaroo seufzend feststellte, nicht mithalten. Irgendwie fehlte dem Anzug die Makellosigkeit, die der Elf von seinem Butler gewohnt war. Und das Hemd hatte bei ganz genauem Hinsehen eine kleine Falte unter der Achsel. Zwar würde man das nie sehen, denn der Elf würde seine Jacke natürlich anbehalten, aber ärgerlich war es doch. Nun, es war nicht zu ändern. Bwaroo konnte ja wohl schlecht selbst mit einem Bügeleisen herumhantieren.

Trotz der Falte unter der Achsel erwies sich Bwaroo als einer der am besten angezogenen Männer im Saal. Aber eigentlich war er das ja meistens.

Beeindruckt schaute er sich um. Astarte Leem hatte dafür gesorgt, dass der Saal nicht nur wieder blitzsauber, sondern auch festlich geschmückt war. Eine hufeisenförmige Tafel ersetzte die kleinen runden Tische, und auf blütenweißen Tischdecken blitzte und blinkte es vor lauter Kristallgläsern, silbernen Platztellern und Tischaufsätzen zwischen Blumengestecken. Bwaroo hatte seine Zweifel gehabt, ob das Fest überhaupt stattfinden könnte. Immerhin fehlte dem ‚Sterntaler' der Chefkoch. Doch anscheinend hatte Astarte für Ersatz gesorgt. Nun, man würde sehen, ob dieser neue Koch den Ansprüchen der Gäste im ‚Sterntaler' genügen konnte.

Das strahlende Brautpaar hatte ihn, wie auch die anderen Gäste, an der Tür zum Saal begrüßt, und Bwaroo versäumte es nicht, seine Bewunderung für Gerdas weißes Spitzenkleid zum Ausdruck zu bringen, das ihr wirklich ausgezeichnet stand. Jetzt suchte er seinen Platz. Das war nicht weiter schwer, denn die meisten Gäste saßen bereits. Schließlich fand er seine Platzkarte. Er saß zwischen einer älteren, rundlichen Dame und einer jungen Frau mit feuerrotem Haar, die sich bereits lebhaft mit einem Mädchen unterhielt und Bwaroo, als er sich vorstellte, nur kurz zunickte.

Herzog Boonis entdeckte Bwaroo etwas weiter oben an der Tafel. Gräfin von Hohenstein saß Bwaroo gegenüber und neben ihr fand sich Christoph Berner, der eifrig auf sie einredete:

„Sie sollten die Spendengala zu Lugnásad unbedingt mit einer Dichterlesung verknüpfen. Wenn ich aus meinen Gedichten lese, kommen bestimmt noch mehr Gäste."

„Da habe ich ernsthafte Zweifel." Die Gräfin bedachte den Dichter mit einem kalten Blick.

Der ließ sich jedoch nicht entmutigen.

„Doch bestimmt! Sie wollen das Fest doch zum Gedenken an Stella ausrichten, nicht wahr? Nun, ich habe ein Epitaph für sie verfasst …“

„Sind Sie da nicht ein bisschen spät dran? Die Beerdigung ist ja schon ein paar Tage her.“

„Oh, aber es ist doch nie zu spät, jemanden zu ehren, den man im Herzen trägt. Ich war so erschüttert von ihrem Tod, dass mir einfach nicht die passenden Worte zu Stella einfallen wollten ...“

„Die arme Stella“, murmelte die rundliche Dame neben Bwaroo.

„Sie kannten Mademoiselle Hauser?“, sprach der Elf sie an. Ein Blick auf ihre Tischkarte sagte ihm, dass er hier eine gewisse Beate Schuck vor sich hatte.

„Kennen ist zu viel gesagt.“ Frau Schuck schüttelte den Kopf. „Ich habe sie bei einigen wenigen offiziellen Anlässen getroffen. Mein Mann ist nämlich im Stadtrat. Fräulein Hauser war nicht gerade das, was man gesellig nennt.“ Sie lächelte. „Aber ich hab sie immer sehr gern gehabt.“

Es schien, als wollte sie noch etwas hinzufügen, es sich dann aber anders überlegte.

„Erzählen Sie mir doch mehr darüber“, regte Bwaroo sie zum Weiterreden an. „Wie war Mademoiselle Hauser in Ihren Augen?“

„Na ja, sie erinnerte mich an ein Mädchen aus meiner Heimatstadt. Ich stamme aus dem Norden, wissen Sie? Genauer gesagt aus Vohlingen. Die Liebe hat mich sozusagen hierher geführt.“ Sie warf einen liebevollen Blick auf einen Mann, der sich gerade mit seinem Nachbarn unterhielt.

„Ah, *l'amour* …“, nickte Bwaroo freundlich. „Und Sie waren mit diesem Mädchen in Ihrer Heimat befreundet?“

„Oh nein, das war um einiges jünger als ich. Ein paar Klassen unter mir …“

„Aber dann muss es etwas Besonderes an sich gehabt haben, wenn es Ihnen im Gedächtnis blieb.“

„So würde ich es nicht sagen. Es war nur … die Kleine war so ein hübsches Kind, aber sehr verschüchtert und verschlossen. In der Schule blieb sie immer für sich. Irgendwie hatte sie so etwas Unirdisches an sich. Als sei sie gar nicht von dieser Welt. Und Stella war genauso. Nicht nur, weil sie genauso blond und so besonders hübsch war, das auch. Aber eigentlich war es ihre Unnahbarkeit. Verstehen Sie mich nicht falsch – sie war nicht etwa kalt und abweisend. Im Gegenteil. Aber irgendwie umgab sie etwas wie ein unsichtbarer Schutz, den man nicht durchdringen konnte. Wie bei diesem Mädchen an meiner Schule.“

„Was wurde aus dem Mädchen?“

„Dazu kann ich nicht viel sagen.“ Beate Schuck unterbrach sich. Doch als sie Bwaroos erwartungsvolle Miene sah, sprach sie weiter. „Eigentlich habe ich mich damals wenig dafür interessiert … ich war damals schon ein Backfisch. Da hat man andere dumme Ideen und den einen oder anderen Jungen im Kopf, den man heimlich anhimmelt. Aber egal. Ich hab natürlich mitbekommen, wenn meine Eltern sich abends beim Essen unterhielten ...“ Frau Schuck lächelte ein wenig verlegen. „Ach, nicht so wichtig …“ winkte sie dann ab.

„*Mais non,* Madame! Bitte, erzählen Sie weiter!“

„Also, es gab da Gerüchte, dass der Vater seine Tochter immer wieder mal verprügelte. Die Nachbarn zeigten ihn sogar bei der Polizei an, aber die Mutter hielt zu ihrem Mann und erklärte, wenn das Kind blaue Flecken hatte, dann weil es halt einfach ungeschickt sei. Mit der Zeit isolierte die Mutter ihre Tochter immer mehr. Und irgendwann hieß es, das Mädel sei verschwunden. Aber da war ich schon verheiratet und hierher gezogen." Frau Schuck legte den Kopf schief und verlor sich kurz in Erinnerungen. „Wahrscheinlich ist die Kleine von Zuhause weggelaufen." Sie wurde nachdenklich, zuckte dann aber nur mit den Schultern. „Aber warum erzähle ich Ihnen das eigentlich alles? Mit Stella Hauser hat es eigentlich gar nichts zu tun. Es gab da nur eine entfernte Ähnlichkeit – beide hübsch, blond und mit blauen Augen. Aber eigentlich war es diese Unnahbarkeit, diese Schüchternheit, die mich bei Stella an dieses Kind erinnerte."

Die Unterhaltung wurde hier unterbrochen, als der erste Gang des Hochzeitsessens serviert wurde – kleine, geröstete Weißbrotscheiben mit verschiedenen Belägen.

„*Excellent*", kommentierte Bwaroo, nachdem er gekostet hatte.

„Ja, wirklich delikat", stimmte Frau Schuck ihm zu. „Stimmt es eigentlich, dass das ‚Sterntaler' ganz kurzfristig einen neuen Koch finden musste? Ich meine, Sie sind Erkül Bwaroo, der Privatdetektiv, nicht wahr? Zumindest steht auf Ihrer Platzkarte der Name Erkül Bwaroo. Da können Sie dann doch eigentlich nur der berühmte Detektiv sein, oder?" Sie lächelte geschmeichelt, als Bwaroo ihr einen anerkennenden Blick schenkte und bestätigend den Kopf neigte. „Bestimmt wissen Sie da Genaueres, oder?“

„Oh, ich bin sogar in gewisser Weise dafür verantwortlich, dass heute Abend nicht Patrick Hehlbein für das Menü zeichnet“, gab Bwaroo zu. „Ob das auf Dauer so sein wird, kann ich nicht sagen. Aber wer weiß? Der neue Koch macht jedenfalls einen guten Anfang, *n'est-ce pas*?“

„Bei den Vorspeisen ist er schon mal recht gut“, pflichtete Frau Schuck bei. „Und originell. Das Essen hier ist ja wirklich immer eine Offenbarung. Aber seit Stella sich aus der Küche zurückgezogen hat, gab es selten mal etwas Neues …“ Sie nahm das nächste kleine Brot zur Hand. „Hmm, Kräuterschaum“, stellte sie fest. „Himmlisch!“

Auch die restlichen Gänge, da waren sich Bwaroo und Frau Schuck einig, waren nicht nur gut, sondern ausgezeichnet.

„Ich muss Astarte Leem unbedingt fragen, wer ihr neuer Koch ist“, nahm sich Frau Schuck vor. „Was für eine Entdeckung!“

„Bwaroo ist ganz Ihrer Meinung, Madame“, versicherte der Elfendetektiv. Weiter kam er jedoch nicht, denn der Brautvater erhob sich und klopfte mit dem Dessertlöffel gegen sein Glas.

„Verehrte Gäste, ich halte mich kurz“, erklärte er routiniert. Als Bürgermeister hatte er natürlich Erfahrung im Redenschwingen und berichtete amüsant und liebevoll, wie seine Tochter sich vom pausbäckigen Backfisch zu dieser wunderbaren jungen Frau entwickelt hatte, die ihm mit ihrem Ehemann auch noch einen großartigen Sohn beschert hatte.

„Ein Hoch auf das Brautpaar!", endete er zum allgemeinen Jubel der Gäste.

Danach war der Trauzeuge des Bräutigams an der Reihe.

„Als er mir sagte, dass er sich in Gerda verliebt hätte, hab ich ihn für verrückt erklärt", begann er. „Als ob so eine schöne und kluge Frau auch nur einen Blick an einen Hallodri wie ihn verschwenden würde … Na ja, sie hat es dann doch getan. Aber, nun ja, ich halte sie trotzdem weiterhin für klug."

Dem jungen Mann fehlte die Routine des Bürgermeisters. Trotzdem gab er seine Rede launig und kurzweilig zum Besten, natürlich auch mit einem Toast auf das Brautpaar am Ende.

„Ah, die Musik beginnt!", rief Bwaroo, als die Musiker, die inzwischen diskret ihre Plätze in einer Ecke eingenommen hatten, ihre Instrumente ansetzten. „ Madame Schuck, Sie werden den ersten Tanz bestimmt für Ihren Mann reserviert haben, *n'est-ce pas*? Aber darf Bwaroo auf den nächsten hoffen?"

„Ach, Sie Charmeur!", tadelte Frau Schuck, strahlte aber. „Nun, bei so einer galanten Bitte kann ich ja wohl schlecht nein sagen, nicht wahr?"

Zuerst aber eröffnete das Brautpaar mit dem Brautwalzer.

„Ein schönes Paar, nicht wahr?", kommentierte Frau Schuck. „Und man glaubt es kaum, es war tatsächlich eine Liebesheirat."

„Ist das so ungewöhnlich?", staunte Bwaroo.

„Nun, die Tochter des Bürgermeisters mit dem Sohn des Stadtvertreters am Hof von Königin Rosamunde? Da hat die Gerüchteküche natürlich gebrodelt. Aber wenn Sie mich fragen, das ist alles nur Zufall. Die beiden haben sich eben kennengelernt und verliebt."

„Wie haben eigentlich Sie Ihren Mann kennengelernt, Madame?"

„Ach, der hat in Riganne studiert, und ein Kommilitone hat ihn zum Beltanefest nach Vohlingen mitgebracht … er war der Nachbarssohn, der Studienfreund, meine ich, nicht mein Mann. Jedenfalls stellte er uns einander vor. Tatsächlich hat es sofort gefunkt zwischen uns." Beate Schuck lächelte in seliger Erinnerung.

„Beate, kommst du, mein Schatz?" Herr Schuck hatte sich von seinem Gesprächspartner losgeeist und führte seine Frau auf die Tanzfläche. Vorher nickte er Bwaroo noch freundlich zu, was dieser erwiderte.

Vergnügt sah Bwaroo den beiden zu, wie sie das Tanzbein schwangen. Herr Schuck war nicht unbedingt ein großartiger Tänzer, aber wie er so liebevoll auf seine Frau herabsah, die genauso verliebt zu ihm aufsah, was machte es da schon, wenn er nicht ganz im Takt war und nur knapp ihre Zehen verfehlte?

Das rothaarige Mädchen fand sich allein neben Bwaroo, also bat er es um einen Tanz. Die junge Frau schaute ihn einen Moment irritiert an, akzeptierte dann aber mit einem Lächeln.

„Sind Sie ein Freund des Bräutigams?", wollte die rothaarige Dame nach ein paar Takten wissen.

„Nein, ich bin Erkül Bwaroo", antwortete der Elf.

„Ah ja, ich erinnere mich! Cyntia hat sie gestern beim Junggesellinnenabschied präsentiert, nicht wahr?"

„Ja, das hat sie wohl."

„Sehr erfreut. Ich bin Angela Meurer. Sie untersuchen den Mord an der hochmütigen Stella, oder?"

„Fanden Sie sie hochmütig?"

„Und wie! So richtig arrogant. War sich zu fein für unsereins. Hat sich nie dazu herabgelassen, mal auf einem Fest aufzutauchen, das nichts mit Wohltätigkeit zu tun hatte. Sie hat auch nie einen unserer Ausflüge mitgemacht. Humor hatte sie auch nicht die Spur." Angela unterbrach sich. „Ich meine, natürlich soll man über Tote nichts Schlechtes sagen. Und ganz sicher hat sie es nicht verdient, das sie jemand umbringt."

„Aber Sie fanden sie hochnäsig."

„Na ja, schon. Hielt sich immer abseits und dann ihr ständiges Rumgetue mit Hilfe für die Armen und so. Cyntia hat nur mal gemeint, dass ihrer Meinung nach die Leute es sich selber zuzuschreiben haben, wenn sie in Not geraten. Da wurde Stella richtig wütend und hat sie abgekanzelt. Aber eigentlich hat Cyntia doch recht, oder etwa nicht?"

„*Alors*, es kommt auf die Umstände an."

„Hm, na ja, vielleicht."

„Ihre Freundin Cyntia – ich sehe sie nirgends."

„Gerda und Cyntia haben sich gezankt. Da hat Cyntia es vorgezogen, nicht zu erscheinen."

„*Quel dommage!* Wie schade."

„Ja, finde ich auch. Cyntia ist eine echte Stimmungskanone. Aber, na ja, heute sollte ja ohnehin die Braut im Mittelpunkt stehen, nicht wahr?"

Dem stimmte Bwaroo zu. Er versuchte, das Gespräch wieder auf Stella Hauser zu bringen, doch Angela hatte außer ihrer Abneigung für ‚diese arrogante Person' nichts zu ergänzen. Und so war der Elfendetektiv, obgleich ein ausgezeichneter Tänzer, recht froh, als er seine Tanzpartnerin wieder an ihren Platz bringen konnte.

Frau Schuck erwies sich unter Bwaroos gekonnter Führung als gute Tänzerin, und er erfuhr von ihr eine Menge über Byonn und ein wenig mehr über Stella:

„Sie hat ein Frauenhaus gegründet, stellen Sie sich vor! Königin Rosamunde war, als sie einmal hier zu Besuch war, so beeindruckt, dass sie in Laundom auch eines eröffnet hat. Für Frauen, die von ihren Männern misshandelt werden und nicht wissen, wohin. Das stelle ich mir schrecklich vor. Zum Glück ist mein Mann ein wahrer Schatz."

Der Elf stimmte seiner Tänzerin aus vollem Herzen zu.

Als er wieder saß, gesellte sich Herzog Boonis zu Bwaroo.

„Wie schmeckte Ihnen das Essen?", fragte er.

„*Magnifique.*" Bwaroo sah, wie Boonis zufrieden lächelte. „Ah, *je comprends*, Sie haben mit Ihrem eigenen Koch ausgeholfen?"

„Ein wenig. Aber in erster Linie war es eine Unterköchin hier, für die mein Koch wohl eine gewisse Schwäche hat. Er meinte, er müsse ihr nur ein bisschen unter die Arme greifen. Sie wäre ein großes Talent. Tatsächlich hat sie mithilfe der Rezepte von Stella ein großartiges Menü hinbekommen, finde ich."

„Da bin ich völlig Ihrer Meinung", nickte Bwaroo.

„Mal sehen, ob Hehlbein noch einen Posten hier hat, wenn er zurückkommt."

„Nun ja, immerhin gehört ihm noch die Hälfte des Lokals", erinnerte Bwaroo.

„Ja schon, aber das heißt noch lange nicht, dass Astarte ihn wieder in die Küche lässt." Boonis schüttelte den Kopf. „Wie kann man nur so dumm sein und Correlin schnupfen. Das vergällt einem doch all die Genüsse des Lebens!"

„Nun, dafür gibt es sicher viele Gründe. Meistens will man es nur einfach mal ausprobieren, und wenn man dann einmal gedrückter Stimmung ist, versucht man es wieder, weil man beim ersten Mal so schön fröhlich wurde. Und dann, ehe man sichs versieht, geht es nicht mehr ohne diesen weißen Puder. Man wird unruhig, fahrig und launisch, wenn man es nicht hat."

„Launisch war Patrick Hehlbein eigentlich schon immer. Aber, na ja, was weiß ich schon? Apropos Wissen: Was gibt es Neues? Sie haben doch hoffentlich über der Jagd nach Drogenhändlern den Fall von Stella Hauser nicht vergessen?"

„*Mais non*, natürlich nicht. Tatsächlich hat Bwaroo mittlerweile eine ziemlich klare Vorstellung, wer die Tat begangen hat."

„Wirklich? Wer war es?"

„Ah! Warum so ungeduldig?" Bwaroo strich sich geheimnisvoll den Bart. „Lassen Sie mich noch ein, zwei Punkte klären. Morgen werde ich den Mörder bloßstellen. Und jetzt entschuldigen Sie mich bitte, ich muss dazu noch etwas mit Gräfin von Hohenstein klären."

Boonis schaute recht unzufrieden drein, gab dann aber mit einem Schulterzucken zu verstehen, dass er einverstanden war.

Als nächstes forderte Bwaroo Gräfin von Hohenstein zum Tanz auf. Doch die lehnte ab.

„Ich bin nicht mehr so leichtfüßig, wie ich es einst in meiner Jugend war," erklärte sie und wies auf ihren Stock.

„Oh, *pardon*, Madame, das war gedankenlos von mir", beteuerte Bwaroo und gab sich zerknirscht.

„Ach Unsinn", wehrte die Gräfin jedoch großzügig ab. „Außerdem bin ich froh, eine Gelegenheit zu haben, um mit Ihnen zu plaudern. Setzen Sie sich doch. Mein Tischnachbar, dieser unsägliche Dichter, ist ja gerade auf der Jagd nach Tanzpartnerinnen. Wobei ich denke, dass er eher eine neue Mäzenin sucht."

Bwaroo nahm das Angebot mit einer kleinen Verbeugung an und setzte sich.

„Ich möchte Ihnen noch danken für die wundervolle Vase. Sie ist die Zierde meiner Einrichtung", begann die Gräfin zu schwärmen. „Wie konnten Sie Prinzessin Turandot nur dazu überreden, mir diesen Schatz zu überlassen? Mir war gar nicht bewusst, dass sie beide sich kennen."

„Ich hatte erst vor kurzem Gelegenheit, der Prinzessin einen kleinen Dienst zu erweisen", wehrte Bwaroo mit schlecht gespielter Bescheidenheit ab. „Und so hat das kleine Missgeschick ihres Mädchens doch noch sein Gutes, *n'est-ce pas*? Und Sie müssen ihr den Wert der zerbrochenen Vase nicht umständlich vom Lohn abziehen."

„Kleines Missgeschick, wie wahr. Natürlich hätte ich das nie getan – ihr den Wert vom Lohn abzuziehen, meine ich. Es hätte ohnehin nur bedeutet, dass das arme Kind bis an sein Lebensende Schulden bei mir gehabt hätte. Diese Drohung war eigentlich nur … äh … im Ärger des Augenblicks ausgesprochen worden. Aber wie auch immer. Ich stehe tief in Ihrer Schuld. Wenn ich irgendetwas für Sie tun kann …“

„*Mais oui*, das können Sie in der Tat.“ Bwaroo bemerkte amüsiert, dass die Gräfin jetzt ein wenig alarmiert aussah. „Wenn Sie mir morgen Nachmittag Ihren Salon zur Verfügung stellen würden?“

„Meinen Salon? Wozu brauchen Sie meinen Salon?“, wollte Gräfin von Hohenstein wenig begeistert wissen.

„Nun, ich habe den Mord an Stella Hauser aufgeklärt. *C'est tout.*“

„Das ist ja … wunderbar. Aber was hat das mit meinem Salon zu tun?“

„Bwaroo möchte alle Beteiligten um sich versammeln, um den Täter zu entlarven.“

„In meinem Haus? Also, das ist doch … das ist natürlich … äh … wunderbar. Ganz wunderbar. Sie wollen aber doch nicht damit andeuten, dass ich …“

„*Non*, Madame. Ihr Salon ist einfach nur groß genug. Und der Salon im Haus von Stella Hauser, in dem der Mord geschah, das fände ich unpassend. Und andernfalls müsste ich alle im Foyer meines Hotels versammeln.“

„Oh, ja, natürlich. Das geht natürlich nicht. Das ist wunderbar. Ganz wunderbar. Natürlich steht Ihnen mein Salon zur Verfügung. Mit Vergnügen. Das hat man ja nicht alle Tage.“

„*Merci beaucoup*. Ich wusste, ich kann auf sie zählen.“

Damit verabschiedete Bwaroo sich von der nun sichtlich verdatterten Gräfin.

Er überlegte, ob er noch die Braut auffordern sollte, aber die war regelrecht von Tänzern umlagert, so dass er der Jugend das Feld überließ.

Es kann nur so gewesen sein

„Du hast deine Sache wirklich sehr gut gemacht, Claudia. Das Essen war ein Genuss, und die Gäste waren voll des Lobes."

„Danke, Astarte. Das bedeutet mir viel."

„Ich denke, es ist nur fair, mit dir zu besprechen, wie ich mir die Zukunft vorstelle."

„Die Zukunft?"

„Nun, Patrick sitzt in Untersuchungshaft. Vielleicht wird er verurteilt. Aber selbst wenn nicht, muss er erst einmal beweisen, dass er ohne Drogen auskommt. Er wird einen Entzug machen müssen. Und wer weiß, ob er danach je wieder kochen wird. Ihm gehört zwar die Hälfte des Restaurants, aber das heißt noch lange nicht, dass er in die Küche zurückkehren möchte oder kann."

„Verstehe. Es wäre zumindest ein Risiko."

„Genau. Und vielleicht hat er auch gar keine Lust mehr dazu. Der Betrieb muss aber weitergehen. Ich weiß, du hattest Hilfe von Walter Vogel …"

„Walter und ich sind sehr gute Freunde."

„Ja, aber Walter ist Koch bei Herzog Boonis. Denkst du, er will diesen Posten aufgeben?"

„Ich habe ihn das auch schon gefragt, aber er sagte Nein."

„Dachte ich mir schon. Damit stellt sich die Frage: Traust du dir zu, den Betrieb hier allein zu stemmen. Natürlich mit all dem Personal, das du brauchst, und mit den Rezepten von Stella. Und außerdem habe ich mir überlegt, in Zukunft einmal die Woche einen Ruhetag einzulegen. Aber das sind nur Kleinigkeiten. Die Verantwortung fürs Kochen läge ganz bei dir. Und es wäre eine große Verantwortung. Denn auch, wenn dir die Rezepte von Stella vorliegen, erwarte ich – und auch die Gäste – mit der Zeit eine Weiterentwicklung. Denkst du, du hältst das jeden Abend aus?“

„Also, Stress hatten wir ja auch bisher schon.“

„Aber da hatte Patrick das Sagen. Jetzt hättest du es. Traust du dir das zu?“

„Ja.“

„Bestimmt?“

„Ja, ganz bestimmt.“

„Da ist noch etwas: Das Kochjournal ‚Petersilie, Salbei, Rosmarin und Thymian‘ kam endlich mal auf die Idee in seiner Reihe ‚Köche kochen, Chefs kreieren’ auch unser Restaurant vorzustellen …“

„Ach, das PSRT hat uns endlich entdeckt? Wurde aber auch Zeit. Nun, ich hab nichts dagegen. Aber ich mache kein Brimborium wie ‚zeitverzögertes Essen mithilfe einer magischen Sanduhr‘. Und kein ‚Grillen in Drachenfeuer‘ …“

„Nein, ein Drache kommt mir auf keinen Fall in die Küche, und sei er noch so klein! Allein der Brandschutz …“

„Und die Sauerei mit den angekokelten Kochlöffeln und geflammten Schneidebrettern.“

„Richtig. Magie in der Küche und den ganzen Schnickschnack für die Effekthascherei finde ich sowieso nicht so gut. Zu einfach. Ich sehe, da sind wir uns einig. Dann sage ich denen vom Kochjournal zu?“

„Ja, mach das. Ein, zwei Wochen zum Einarbeiten, dann krieg ich das hin.“

***

„Ach, Herr Bwaroo, schön Sie zu sehen!“ Anna strahlte übers ganze Gesicht, als sie dem Elfen die Tür zum Haus der Gräfin öffnete. „Stellen Sie sich nur vor, Herzog Boonis hat mir vorgeschlagen, in den Dienst einer seiner Freundinnen, einer Elfenfürstin, zu wechseln. Ich bekomme mehr Geld und vor allem kann ich meine Schwester mitnehmen! Sie soll sogar zusammen mit den Kindern der Fürstin unterrichtet werden. Das ist ein wahrer Traum.“

„*C'est merveilleux*“, freute sich Bwaroo, „großartig.“

„Ja, nächsten Monat fange ich an. Die Gnädige wird Augen machen, wenn ich ihr das sage!“ Anna kicherte, schlug sich dann aber die Hand vor den Mund. „Verzeihung. Aber ich bin so glücklich.“

„Und das sollen Sie auch sein, *ma petite.*“ Der Elf tätschelte der jungen Frau freundlich den Arm. „Aber jetzt müssen wir erst noch einen Mord aufklären.“

„Ja, die gnädige Frau hat mir aufgetragen, Sie in ihren Salon zu geleiten. Und Ihre Gäste, wenn sie kommen, auch.“

„*C'est ça.* Und dann hätte ich noch eine besondere Bitte an Sie.“ Er beugte sich vor und flüsterte Anna etwas ins Ohr.

„Natürlich, das lässt sich machen“, versicherte sie. „Ich bin ziemlich sicher, dass sie noch da ist.“

Sie schaute ihn zwar neugierig an, fragte aber nicht weiter nach, sondern führte ihn in den Salon, wo die Gräfin bereits wartete.

„Herr Bwaroo, wie schön, Sie zu sehen!“, begrüßte sie ihn.

Der Elf nickte freundlich. Sein Blick fiel auf eine grüne Vase, die auf einem kleinen Tisch stand, neben einem Wachsblumenstrauß, der, wenn auch durch einen Glassturz geschützt, schon bessere Tage gesehen hatte.

„Ist das die Vase, die Ihnen Prinzessin Turandot zugeeignet hat?“, wollte der Elf wissen. Ein wirklich ausgesucht scheußliches Stück, fügte er im Stillen hinzu.

„Ja, das ist sie!“ Die Gräfin strahlte. „Ist sie nicht prachtvoll?“

„Sie stellt Li Ming Tien dar, nicht wahr?“

„Ja, genau. Ein Held, der für seine Kraft und seinen Gerechtigkeitssinn berühmt ist.“

„Ah, Madame, ich sehe, Sie kennen sich aus.“ Bwaroo schmunzelte. „Welche der Legenden um diesen Helden mögen Sie am liebsten? Ich finde besonders die mit dem menschenfressenden Tiger beeindruckend.“

„Ja, den hat er meisterhaft erlegt.“

„Erlegt? *Mais non!* Er hat ihn durch Weisheit und messerscharfe Logik überzeugt, dass Menschenfleisch auf Dauer nicht gesund für ihn ist.“

„Oh, ja, stimmt, natürlich. DIESER Tiger. Dann verwechsle ich das. Es gibt ja so viele Geschichten um Li Ming Tien.“

„*C'est vrai.* Nun, ich sehe schon, die Vase ist bestens bei Ihnen aufgehoben."

„Ja, nun, leider passt sie ja nicht so ganz zur Einrichtung, und ich habe mich gefragt, ob Sie vielleicht …"

Weiter kam die Gräfin nicht, denn der Elfendetektiv wandte sich mehreren Stühlen zu, die im Halbkreis aufgestellt waren.

„*Excellent*", nickte er beifällig. „Genau, wie ich es wollte. Die Gäste müssten auch jeden Moment eintreffen."

Tatsächlich öffnete Anna in diesem Moment die Tür, und Herzog Boonis trat ein.

„Herzog!" Gräfin von Hohenstein kam ihm mit ausgestreckten Armen entgegen. „Wie schön, dass Sie mein Haus mit Ihrer Anwesenheit beehren. Ich kann Ihnen gar nicht sagen, wie untröstlich ich war, dass ich gestern nicht anwesend war, als Sie vorsprachen!"

„Nun, das war ja keine große Sache", winkte Boonis ab und entzog seine Hände dem packenden Zugriff der Gräfin. Er wandte sich Bwaroo zu. „Und wie geht es jetzt weiter?"

„Nun, wie Sie sehen, erwarten wir noch einige Personen", antwortete der Elf. „Aber nehmen Sie doch schon einmal Platz. Sie auch, Gräfin."

Nach und nach folgten nunmehr auch Astarte Leem, der Dichter Christoph Berner, Jana Waldhaus mit ihrer Mutter und der Leprechaun Kevin.

Dann öffnete sich noch einmal die Tür.

„Du!", schrien Jana und Astarte gleichzeitig, als sie Jojo Ganter erkannten.

„Sie!", rief der seinerseits, als er Erkül Bwaroo erblickte.

„*Ah oui.*“ Bwaroo zwirbelte schmunzelnd seinen Bart. „Remy ist in Wahrheit Erkül Bwaroo. Und Sie sind nicht nur der Verehrer von Mademoiselle Jana, sondern haben sich auch als Kellner im ‚Sterntaler‘ versucht, *n'est-ce pas*?“

Jojo kam nicht dazu zu antworten, denn er wurde von Wachtmeister Liebig beiseite geschoben, der Jojo persönlich abgeholt und hergebracht hatte. Bwaroo hatte ihn darum gebeten, um sicherzustellen, dass Jojo sich nicht drückte.

Liebig schaute sich unschlüssig um und reichte Bwaroo schließlich einen Umschlag. Dieser quittierte es mit einem Nicken, öffnete den Umschlag und schaute auf die Seiten, die darin waren. Ein zufriedenes Lächeln breitete sich auf seinem Gesicht aus.

Gleich danach trat auch Inspektor Essinger ein, der einen blassen und übernächtigt aussehenden Patrick Hehlbein im Schlepptau hatte. Zur Bewachung des Kochs waren außerdem als Eskorte zwei uniformierte Polizeibeamte dabei. Der Inspektor wirkte ziemlich schlecht gelaunt.

„Was soll denn dieser Auflauf?“, beschwerte er sich. „Was für ein Firlefanz! Wollen Sie hier ein Theater veranstalten? Und was soll der Aufstand mit dem Verdächtigen hier …“ Er deutete auf Hehlbein. „Das ist gegen die Regeln! Wenn der Herzog nicht darauf bestanden hätte …“

„Sie werden sehen, es ist notwendig, wenn Herr Bwaroo es so will“, schaltete sich Boonis ein. „Außerdem sehe ich das Problem nicht. Er trägt Handschellen, und zwei Polizisten und Sie persönlich bewachen ihn ja.“

„Als ob ich nichts Besseres zu tun hätte“, schnaubte Essinger. „Und das alles wegen der Allüren eines Elfen …“ Er blickte anklagend auf Bwaroo. „Diese Sperenzchen auf unsere Kosten – was soll das alles? Finden Sie das witzig?“

„*Non, pas du tout*, ich will einen Mörder überführen.“

„Sowas macht man auf der Wache!“, knurrte Essinger. „Man nimmt den Verdächtigen fest und befragt ihn …“

„*C'est ça*“, nickte Bwaroo heiter. „Und das sollten Sie dann auch tun mit der Person, die ich Ihnen als den Täter präsentieren werde. Für's Erste, nehmen Sie doch Platz.“

„Ich stehe lieber.“ Essinger baute sich mit verschränkten Armen an der Wand auf.

Liebig, der unschlüssig herumgestanden hatte, tat es ihm gleich.

„*Très bien.*“ Bwaroo postierte sich vor den Anwesenden und ließ den Blick schweifen. Er genoss es sichtlich, dass alle Augen auf ihn gerichtet waren.

„*Mesdames et Messieurs*“, hob er schließlich an, „wir haben uns hier versammelt, um einen Mörder zu entlarven.“

„Ja, ja, das haben Sie schon gesagt“, winkte Essinger ab.

Bwaroo ignorierte ihn.

„Eine junge Frau wurde ermordet“, sprach er unbeirrt weiter, „eine Frau, die anscheinend niemandem etwas getan hatte und die ganz im Gegenteil bestrebt war, Gutes zu tun.“ Er machte eine kleine Pause, in der er alle der Reihe nach ansah. „Eine Frau, die sehr reich war.“

„Mit meinem Gold“, murmelte Kevin, verstummte aber sofort wieder.

„Der Mörder befindet sich hier unter diesem Dach", fuhr Bwaroo fort.

„So ein Quatsch! Wenn Sie Beweise haben, rücken Sie raus damit und lassen Sie die Polizei den Rest machen", blaffte Essinger.

„Alles zu seiner Zeit, *Monsieur l'inspecteur.*" Bwaroo hob die Hand und wackelte tadelnd mit dem Zeigefinger. „Es ist wichtig, nicht nur das Wer, sondern auch das Wie und vor allem das Warum klarzustellen. Denn der Fall ist komplizierter, als er im ersten Moment erscheinen mag."

„Sie meinen, der Mörder ist also wirklich einer von uns?", flüsterte Jana erschrocken und schaute sich furchtsam um. Auch die anderen Anwesenden tauschten beunruhigte Blicke.

„Auf den ersten Blick schien alles klar." Bwaroo wippte vergnügt auf den Fußballen. „Jemand hat Mademoiselle Stella Hauser getötet, um an ihr Geld zu kommen. Bei der Tat selbst wurde allerdings nichts gestohlen. Also schien es naheliegend, dass es jemand war, der an das Erbe kommen wollte. Als Haupterbin stellte sich Mademoiselle Jana Waldhaus heraus, die obendrein zur Tatzeit allein mit dem Opfer im Haus war."

„Aber ich habe es nicht getan!", schrie Jana auf.

„Meine Tochter würde so etwas nie tun!" Ihre Mutter funkelte Bwaroo böse an, bereit, auf ihn loszugehen, sollte er mit seiner Anschuldigung fortfahren.

Doch Bwaroo lächlte sie nur freundlich an.

„Eine naheliegende Verdächtige, aber sie ist unschuldig", erklärte er dann, und Mutter und Tochter entspannten sich sichtlich. „Denn woher hätte Mademoiselle Waldhaus wissen sollen, dass sie die Haupterbin wird? Stella Hauser war eine sehr in sich gekehrte Frau, die zwar erwähnt hatte, dass sie ihren Letzten Willen aufsetzen wollte, aber niemandem erzählte, was darin stand. Nur Ihr Anwalt wusste Bescheid, und der bewahrte auch das Testament bei sich auf. In Mademoiselle Hausers Haus gab es keine Abschrift. Oder haben Sie eine gefunden, Monsieur Essinger? Falls Sie überhaupt danach gesucht haben ..."

„Selbstverständlich haben wir das!", knurrte der Angesprochene. „Und, nein, wir haben nichts dergleichen entdeckt. Aber das will nichts heißen. Woher wollen Sie denn wissen, dass Fräulein Hauser nicht jemanden eingeweiht hat? Oder sich mal verplappert hat – sowas passiert doch dauernd."

„Nun, es gibt mehrere Hinweise, dass nichts dergleichen geschah. Gräfin von Hohenstein rechnete fest damit, dass sie die Testamentsvollstreckerin sein würde, obgleich das gar nicht der Fall war."

„Eine Schande ist das", rief die Gräfin. „Ich weiß genau, Stella hätte es so gewollt."

„Monsieur Berner rechnete ebenfalls mit einem größeren Betrag", fuhr Bwaroo unbeirrt fort, „wobei er nur einen Füllfederhalter erhielt. Mademoiselle Waldhaus dagegen hat ihrem Verehrer Jojo Ganter gegenüber nie etwas von einem Erbe erzählt, obgleich dieser sie heftig umgarnte und ihr weismachte, er würde sie heiraten, sobald er das Geld für ein eigenes Unternehmen beisammen hätte. Außerdem, warum sollte Mademoiselle Waldhaus ausgerechnet an diesem Abend die Tat begehen? Und warum so brutal? Für eine Hausangestellte gibt es subtilere Methoden, zum Beispiel Gift oder eine steile Treppe. Wie Sie wissen, waren die beiden Frauen abends oft allein im

Haus. Warum also ausgerechnet an diesem Abend? *Non*, das passt alles nicht zusammen. *Oui, je sais* …“, Bwaroo hob die Hand, als Essinger widersprechen wollte, „die beiden Frauen haben an diesem Abend gestritten. Aber ein spontaner Mord kann hier ausgeschlossen werden. Denn die Tatwaffe, das Messer, stammt nicht aus Stella Hausers Haushalt.“

Essinger brummte missbilligend, enthielt sich aber einer Antwort.

„Bei Jojo Ganter selbst sieht die Sache schon anders aus.“ Bwaroo fixierte den jungen Mann, der erschrocken auffuhr.

„Ich? Nee, nie im Leben“, protestierte der vehement. „Ich bin kein Mörder! Und was hätt ich denn davon gehabt?“

„Ah, das Motiv …“ Bwaroo zwirbelte vergnügt seinen Schnurrbart. „Rache vielleicht? Sie waren einmal Kellner im ‚Sterntaler‘, und Mademoiselle Hauser hat Sie fristlos entlassen, weil Sie lange Finger gemacht, in die Kasse des Restaurants gegriffen haben.“

„Na ja, stimmt. Aber so was ist doch noch lang kein Grund, einen abzumurksen.“

„*Je suis d'accord* – ich bin ganz Ihrer Meinung“, stimmte Bwaroo sofort zu. „Das wird Sie jetzt erstaunen, *n'est-ce pas?* Aber lassen Sie uns ehrlich sein: Sie sind ein mickriger, schäbiger, kleiner und nicht sonderlich heller Möchte-Gern-Gauner, aber kein Mörder. Byonn wäre voller Leichen, wenn Sie jeden umbrächten, der einen Ihrer vielen hirnverbrannten Pläne vereitelte.“

„Also, hören Sie mal!“, begehrte Jojo auf, verstummte dann jedoch gleich wieder und zog den Kopf ein, als ihn der kalte Blick von Janas Mutter traf.

„Auch Astarte Leem und Patrick Hehlbein können wir ausschließen", fuhr Bwaroo fort, als hätte Jojo nichts gesagt. „Die eine war im Restaurant vollauf beschäftigt, und der andere traf sich mit seinem Drogenlieferanten, wie er bei seiner Vernehmung glaubhaft beteuerte. Wie Bwaroo erfuhr, hat auch der Lieferant das inzwischen zugegeben und Monsieur Hehlbein so ein Alibi verschafft. Beide, Mademoiselle Leem und Monsieur Hehlbein können es also nicht gewesen sein. Wir können uns die Mühe sparen, ihr Verhältnis zu Stella Hauser näher zu beleuchten."

„Danke", hauchte Astarte.

Bwaroo nickte ihr freundlich zu.

„Bleiben noch Gräfin von Hohenstein und Christoph Berner", setzte er dann seine Aufzählung fort.

„Ich?" Die Gräfin schlug empört mit ihrem Stock auf den Boden. „Das ist unerhört!"

„Durchaus nicht, Madame. Sie haben schließlich erwartet, die Testamentsvollstreckerin von Mademoiselle Hauser zu werden. Damit hätten Sie Zugang zu deren Vermögen gehabt."

„Als ob ich das nötig hätte! Wissen Sie eigentlich, mit wem Sie hier reden?"

„Ich weiß immer, mit wem ich rede." Bwaroo warf sich in die Brust. „Und ich weiß auch, dass ich Sie, ohne zu lügen, eine verarmte Adlige nennen könnte, hinter deren Gebaren nichts als heiße Luft steckt ... was ich aber niemals tun würde."

„Also, das ist doch …" Gräfin von Hohenstein schnappte mit hochrotem Kopf nach Luft.

„Keine Sorge, Sie sind viel, aber keine Mörderin“, winkte Bwaroo jedoch nur ab. „Und auch Monsieur Berner ist kein Mörder. Zum einen profitierte er mehr von einer lebenden Stella Hauser und zum anderen hat er ein Alibi. Er war den ganzen Abend in der Eingangshalle des Hotels ‚Adler‘. Und dann käme noch der Leprechaun Kevin aus Irland in Betracht, wenn er nicht zur fraglichen Zeit in Laundom gewesen wäre.“

„Wir haben das überprüft“, bekräftigte Liebig.

„Ja, aber dann bleibt doch keiner mehr übrig“, rief Jana verstört, „außer ...“ Sie warf einen scheuen Blick auf Herzog Boonis.

„*Ah non*, Mademoiselle“, beeilte sich Bwaroo zu versichern. „Herzog Boonis war nie ein Verdächtiger. Er ist nur hier, weil er mein Auftraggeber ist.“

„Dann hat niemand den Mord verübt?“ Janas Mutter schaute sich unsicher um.

Inspektor Essinger brach in schallendes Gelächter aus.

„Jetzt erzählen Sie uns sicher gleich, Fräulein Hauser hat sich selber erstochen – und das gleich mehrfach, um sicher zu gehen“, höhnte er. „Oder war's vielleicht ein Geist? Oder nein! Ich hab's: Die gute Fee war unzufrieden damit, wie Fräulein Hauser mit ihrem Geschenk umging, und hat sie deshalb umgebracht!“ Er wischte sich die Lachtränen aus den Augenwinkeln. „Sonst kommt nach Ihrer Theorie ja keiner in Frage.“

„*Ah non, ce n'est pas vrai.*“ Bwaroo wippte fröhlich auf den Fußballen und verschränkte die Hände hinter dem Rücken. „Vergessen Sie nie: Wie alle Menschen hatte auch Mademoiselle Hauser eine Vergangenheit. Bwaroo hatte von Anfang an das Gefühl, dass diese Vergangenheit für den Mord eine wichtige Rolle spielte."

„Aber Stella hat nie über ihre Vergangenheit gesprochen!"

„*C'est vrai*, aber Bwaroo hat trotzdem eine recht gute Vorstellung davon."

Stellas Vergangenheit

„Nun also, lassen Sie mich von Stella Hausers Vergangenheit erzählen, so wie Bwaroo sie sich vorstellt …“, begann Bwaroo, wurde jedoch durch ein Klopfen unterbrochen.

„*Entrez!*“

Anna öffnete die Tür und ließ Barbara Holzapfel, die Gesellschafterin der Gräfin, eintreten. Das Hausmädchen trat noch schnell zu Bwaroo, um ihm eine leere Flasche in die Hand zu drücken, und zog sich dann eilig wieder zurück.

„Ah, Mademoiselle Holzapfel!“, begrüßte Bwaroo Barbara überschwänglich. „Sie kommen wie gerufen. *Asseyez-vous, s'il vous plaît*, setzen Sie sich. Ich glaube, Sie können mir einiges von dem bestätigen, was ich mir so zusammengereimt habe.“

Alle Blicke wandten sich Barbara zu. Die sah aus, als fühlte sie sich sehr unwohl und als wollte sie gleich wieder gehen. Doch schließlich zuckte sie mit den Schultern und setzte sich.

„Ich möchte Ihnen nämlich eine Geschichte erzählen. Sie ist nicht hieb- und stichfest, doch Bwaroo ist überzeugt, dass sie sich so oder so ähnlich zugetragen hat“, begann der Elfendetektiv noch einmal aufs Neue. „Es war einmal ein Mädchen in einem Ort im Königreich des Nordens. Das Mädchen hatte keine schöne Kindheit. Der Vater war gewalttätig, und die Mutter hielt lieber zu ihrem Mann als zu ihrem Kind. Eines Tages lief das Mädchen von zu Hause fort. Es fand irgendwann Aufnahme bei einer Art Sekte, die durch die Lande zog und damals gerade in der Nähe lagerte. Als die Anhänger dieser Sekte weiterzogen, nahmen sie das Mädchen mit. Und schließlich kamen sie nach Byonn. Ist das so weit richtig, Mademoiselle Holzapfel?"

„Woher soll ich das wissen?"

„Aber Sie waren doch selbst ein Mitglied eben dieser Sekte, Mademoiselle."

„So ein Unsinn!"

„*Mais oui*, das waren Sie." Erkül Bwaroo nahm den Umschlag zur Hand, den Liebig ihm gereicht hatte, und nickte dem Wachtmeister zu.

„Sie haben Herrn Bwaroo erzählt, dass Sie Lehrerin an einer Schule in Riganne waren", begann dieser zögerlich. „Soweit stimmt alles. Als ich das überprüfte, stellte sich jedoch heraus, dass Sie Ihre Stelle dort gar nicht verloren haben, weil die Schule schließen musste."

„Sie haben das überprüft?", mischte sich Essinger ein. „Wer hat Ihnen das denn befohlen?"

„Herr Bwaroo hat mich darum gebeten."

„Ohne mich vorher zu kontaktieren?"

„Ja, also …" Liebig wurde rot.

„Jetzt lassen Sie den Mann doch reden." Herzog Boonis warf Essinger einen scharfen Blick zu. „Anscheinend hat er Wichtiges zu Tage gefördert."

Essinger öffnete den Mund zu einer scharfen Erwiderung, überlegte es sich dann aber anders und verdrehte nur die Augen.

„Bitte fahren Sie fort", wandte sich Boonis freundlich an Liebig.

Der schluckte, holte dann aber tief Luft und fuhr, nun schon selbstsicherer, fort: „Also, Fräulein Holzapfel, Sie verloren Ihre Stelle als Lehrerin. Aber der eigentliche Grund war, dass Sie gekündigt haben. Und nicht nur das! Sie verkauften all ihr Hab und Gut und schlossen sich einer Sekte an."

„Den Lehr- und Leitsatz dieser Sekte", nahm Bwaroo den Faden auf, „haben Sie mir übrigens selbst zitiert. Erinnern Sie sich? *Wahres Glück kann man erst finden, wenn man erleuchtet wurde und sein innerstes Selbst auflösen kann.*"

„Diese Leute in meiner Heimat haben das auch immer gepredigt!", rief Kevin aufgeregt. „Die, von denen einer mein Gold gestohlen hat."

„*C'est vrai*", nickte Bwaroo. „Einer dieser Leute war ein Einwohner unserer Welt, der die Parallelwelt besuchte, Ihr Gold stahl und damit in unsere Welt zurückkehrte. Anscheinend hatte ihn diese Glaubensgemeinschaft in der Parallelwelt sehr beeindruckt, denn er gründete später hier seine eigene Sekte, bei der er das meiste einfach kopierte. Ein Sekten-Plagiat sozusagen – ah, *quel mot horrible.*"

Bwaroo setzte eine bedeutungsvolle Pause und schaute jeden seiner Zuhörer der Reihe nach an. Einen Moment genoss er die ungeteilte Aufmerksamkeit.

„Was genau in der Nacht vor etwa fünf Jahren geschah, ist nicht bekannt. Jedenfalls führte es dazu, dass der Anführer der Gruppe starb und Stella Hauser im ‚Hotel Adler' mit einem Haufen mysteriöser Goldstücke auftauchte."

„Dann war es also wirklich mein Gold!“, rief Kevin triumphierend.

„Ja, das war es“, gab Bwaroo zu. „Und Stella Hauser hat es gut angelegt. Sie war geradezu davon besessen, Gutes damit zu tun. Gleichzeitig war sie sehr verschlossen und misstrauisch. Kein Wunder bei dieser Vergangenheit! Aber lassen Sie mich weitererzählen: Die Sekte löste sich nach dem Tod ihres geistigen Oberhaupts schnell auf, und Mademoiselle Holzapfel blieb in Byonn, wo sie die Gesellschafterin von Gräfin von Hohenstein wurde. Sie leistete der Gräfin im Haus Gesellschaft, begleitete sie aber ansonsten nie irgendwo hin. Bei den offiziellen Anlässen, wie Vereinssitzungen oder Empfängen, war sie nie dabei.“

„Was hätte sie dort zu suchen gehabt?“, fragte Gräfin von Hohenstein. „Und es wäre ja auch kaum angemessen gewesen, wenn mich eine kleine Angestellte begleitet.“

„Stella Hauser lebte ebenfalls sehr zurückgezogen“, sprach Bwaroo weiter. „Und tatsächlich besuchte sie das Haus der Gräfin zum ersten Mal am Tag vor ihrem Tod. Dort traf sie zufällig auf Barbara Holzapfel. Vielleicht hat sie sie gar nicht erkannt, wahrscheinlich aber hat Mademoiselle Holzapfel sich bewusst so im Hintergrund gehalten, dass sie praktisch nicht bemerkt wurde. Mademoiselle Holzapfel ist eine Meisterin darin, sich unsichtbar zu machen. Selbst Erkül Bwaroo hat sie nicht gleich bemerkt, als er ihr das erste Mal begegnete. Sicher ist jedoch, dass sie Stella sofort als das Mädchen wiedererkannte, das ihr Leben in der Sekte jäh beendet hatte. Und ihr Hass war so groß, dass Mademoiselle Holzapfel beschloss, Stella zu töten. Schon am folgenden Abend bekam sie dafür die Gelegenheit, denn sie sollte einen Schal zu Stella zurückbringen."

„Ich habe da aber das Haus gar nicht betreten, sondern den Schal an der Tür abgegeben", widersprach Barbara kühl.

„Das stimmt", erklärte Jana. „Ich hab den Schal genommen und die Tür gleich wieder zugemacht."

„Sie haben sie zugemacht." Bwaroo neigte zustimmend den Kopf, „aber sie fiel nicht ins Schloss. Denn sehen Sie, dieser kleine Korken hat es verhindert." Mit diesen Worten holte er aus seiner Jackentasche den Weinkorken, den Stella Hausers Putzfrau, Frau Claussen, gefunden hatte. „Er fand sich unter dem Schränkchen neben der Tür in der Eingangshalle." Er drehte den Korken zwischen den Fingern. „Ein einfaches, aber effektives Mittel, um das Schloss einer Tür am Einschnappen zu hindern. Mademoiselle Holzapfel hielt den Schal so, dass Sie, Mademoiselle Waldhaus, nicht sehen konnten, wie sie den Korken in das Schließblech des Türrahmens steckte. Und so konnte die Mörderin später einfach unbemerkt ins Haus schlüpfen. Natürlich musste sie den Korken wieder entfernen. Als sie ihn, wahrscheinlich mit ihrem Messer, heraus hebelte, sprang er weg und landete unter dem Schränkchen." Der Elfendetektiv wandte sich wieder Barbara zu. „Sie konnten nicht riskieren, groß nach ihm zu suchen. Aber das machte Ihnen auch wenig Sorgen. Es war ja nur ein Weinkorken, *n'est-ce pas?*" Bwaroo wandte sich nun direkt an Barbara Holzapfel. „Sie schlichen sich ins Haus, suchten und fanden Stella Hauser und erstachen sie. Ich habe selbst erlebt, dass sie sich völlig lautlos bewegen können. Und Sie haben ein Talent dafür, sich praktisch unsichtbar zu machen.“

„Das soll wohl ein Kompliment sein.“ Barbara verzog höhnisch den Mund. „Und das ist Ihr einziger Beweis? Ein Weinkorken? Im Ernst?“

„Ah, aber es ist nicht irgendein Weinkorken.“ Bwaroo hielt den Korken in die Höhe. „Dies ist ein Korken der Weinsorte Byonner Krötenblut. Dieser Wein ist etwas so Besonderes, dass die Flaschen und die Korken nummeriert sind. Gräfin von Hohenstein trinkt jeden Abend ein Gläschen davon als Schlummertrunk, bevor sie sich schlafen legt, *n'est-ce pas*?“ Bwaroo blickte fragend zur Gräfin.

„Ja“, nickte diese. „Ohne finde ich keinen Schlaf.“

„*C'est ça.* Und die Nummer dieses Korkens entspricht der auf dieser Flasche, die mir Anna gerade gebracht hat. Sie hat sie im Abfall des gräflichen Haushalts gefunden. Stella Hauser mochte keinen Rotwein. Sie trank ausschließlich einen leichten Weißwein, und zwar die Sorte Pfaffentränen. Selbst bei ihrem Geburtstagsempfang wurde neben Champagner ausschließlich dieser Weißwein serviert. Wie also kam dieser Korken in Stellas Haus? Und wie kam die Tatwaffe dorthin – ein Messer, wie es in der Küche der Gräfin verwendet wird?“

„Ja, genau“, nickte Wachtmeister Liebig. „Ich selbst habe gerade eben erst die Köchin der Gräfin befragt, und die bestätigt, dass sie eines ihrer Messer vermisst.“

Erkül Bwaroo schaute Barbara direkt in die Augen, und diese erwiderte lange seinen Blick. Doch schließlich senkte sie den Kopf.

„Stella hat es verdient“, flüsterte sie.

„Stella? Verdient? Niemals!“, rief Berner empört. „Dieses reine Wesen …“

„Reines Wesen, bah!“ Barbara hob den Kopf und warf dem Dichter einen wütenden Blick zu. „Ihr habt doch alle keine Ahnung. Sie war ein hinterhältiges Biest! Es stimmt, sie kam eines Nachts zu uns. Wir waren eine zufriedene Gemeinschaft, sechs Frauen und der Meister, der uns den Weg zum wahren Glück wies. Dann kam Stella, oder besser, Sabine. So hieß sie oder nannte sie sich zumindest. Sabine stand plötzlich einfach mit ihrem kleinen Rucksack so da, und der Meister hatte Mitleid mit ihr und nahm sich ihrer an.“

„Vielleicht bleiben wir der Einfachheit halber bei dem Namen Stella“, bat Bwaroo, und Barbara zuckte mit den Schultern.

„Wie auch immer. Diese Stella war sehr verschüchtert und blieb am liebsten für sich. Wenn überhaupt, hat sie höchstens mal mit Emma geredet. Die war für das Essen zuständig, und Stella hat ihr immer geholfen. Emma berichtete uns, Sabine, Stella, wäre von Zuhause weggelaufen … die übliche Geschichte, genau wie Sie erzählten: Prügelnder Vater, gleichgültige Mutter, blablabla … ach, das arme, unglückliche Kind.“ Barbara verzog höhnisch den Mund. „Der Meister in seiner Güte beschloss, dass wir sie bei uns behalten sollten, obwohl sie überhaupt kein Geld hatte, das sie hätte beisteuern können, und obwohl sie sich immer abseits hielt, wenn wir zu Füßen des Meisters saßen und seinen Lehren lauschten. Ich habe nie verstanden, warum er so viel Geduld an sie verschwendete. Jedenfalls, wir zogen weiter und kamen schließlich nach Byonn. Zur Zeit des Vollmonds, um genau zu sein."

„Und dann hat sich etwas geändert?", forschte Bwaroo.

„Ja. Immer bei Vollmond tanzten wir um unser Lagerfeuer. Dabei wählte der Meister eine von uns, um sie zu erleuchten. Auf wen die Wahl fiel, wurde durch ein handgewebtes, weißes Hemd angezeigt, das die Auserwählte überzog, bevor sie zu ihm in seinen Wagen stieg. Ich kam nie an die Reihe, aber der Meister sagte mir, dass es daran liege, dass ich etwas ganz Besonderes sei. Nach dem letzten Vollmond hatte er mir jedoch versprochen, dass ich beim nächsten Mal kommen dürfe, und ich freute mich all die Wochen schon darauf. Der nächste Vollmond kam, und wir tanzten. Ich war so erfüllt von meiner Freude auf die Nacht mit dem Meister. Ich tanzte nicht – ich schwebte!" Barbara faltete die Hände und hob sie an die Brust, ganz erfüllt von der Erinnerung.

„Aber dann hat Ihr Meister Sie doch nicht gewählt, *n'est ce pas?*", holte Bwaroo sie unsanft zurück in die Gegenwart. „Ich nehme an, er hat stattdessen Stella zu sich geholt?"

„Sabine hatte bisher immer nur zugesehen." Barbara sank wieder in sich zusammen. „Aber ausgerechnet an diesem Abend reihte sie sich ein und tanzte mit. Und als wir geendet hatten, reichte der Meister Stella das weiße Hemd. Und nicht mir!"

Barbara unterbrach sich und atmete tief durch. Sie schaute auf ihre Hände und schien gar nicht zu bemerken, dass alle Anwesenden auf sie starrten.

„Sie waren gewiss sehr wütend", meinte Bwaroo.

Barbara funkelte ihn an.

„Ja, ich war neidisch und ich war eifersüchtig", gab sie nach einer Weile zu. „Ich hätte das Hemd erhalten sollen. Ich hätte dem Meister in dieser Nacht Gesellschaft leisten sollen. Dieses Ding von vielleicht siebzehn Jahren hatte mir die Gunst des Meisters geraubt!

Als sie schließlich zu seinem Planwagen ging, schlich ich hinterher und lauschte durchs offene Fenster. Der Meister lag nackt auf seinem Bett und lud Stella ein, ihr Hemd auszuziehen und sich zu ihm zu legen. Ich hatte ihn zuvor noch nie nackt gesehen! Er war ein göttlich schöner Mann. Wie gerne hätte ich mich an seiner Seite ausgestreckt und den Kopf an seine breite Brust gelegt! Ich hatte mir sooft ausgemalt, wie es werden würde. Bestimmt wäre er mit mir zufrieden gewesen."

Ein sehnsüchtiges Lächeln verklärte Barbaras Gesicht, und einen Moment schien sie in Gedanken weit weg zu sein.

„Aber Mademoiselle Stella sah das anders, *n'est-ce pas*?", holte Bwaroo sie behutsam in die Gegenwart zurück.

„Ach, Stella, die dumme Kuh!" Barbara spie den Satz geradezu aus. „Ihr war gar nicht klar, welches Glück, welche Gnade ihr zuteil werden sollte! Statt zu ihm zu kommen, schüttelte sie nur den Kopf! Sie wollte sogar weglaufen. Aber der Meister ließ sie nicht gehen. Er streckte die Arme nach ihr aus. Sie wich zurück. Er lockte sie mit einem großen Schatz, den er ihr zeigen wollte. Sie war neugierig genug, wieder näher zu kommen. Der Meister schob ein Brett an der Wand seines Wagens zur Seite – ein Geheimfach, das ich noch nie gesehen hatte. Dann holte er einen Sack voller Goldmünzen heraus und schüttete die Münzen auf sein Bett. Er versprach ihr ein paar davon, doch sie schüttelte immer noch nur den Kopf und wandte sich wieder der Tür zu. Da stürzte er ihr nach und griff nach ihr, und sie stieß ihn zurück. Und dann wurde er plötzlich ganz rot im Gesicht und dann blau und er rang um Atem und brach schließlich zusammen. Und Stella schaute nur zu und rührte keinen Finger. Als er dann reglos am Boden lag, raffte sie die Goldmünzen zusammen und rannte davon."

„Und Sie haben sie nicht aufgehalten?", fragte Bwaroo leise.

„Ich musste doch den Meister retten!" Empört holte Barbara tief Luft. „Aber ich konnte ihm nicht mehr helfen. Er war tot. Ich schloss das Geheimfach und rief die anderen. Eine der Goldmünzen lag noch auf dem Bett. Die habe ich an mich genommen."

Sie holte eine Lederschnur aus ihrem Ausschnitt, an der ein kleines Säckchen hing, zog sich die Schnur über den Kopf, schnürte das Säckchen auf und schüttelte den Inhalt auf ihre Handfläche. Eine einzelne goldene Scheibe fiel heraus, etwa so groß wie ein Taler und mit einem eingeprägten Stern.

„Das ist eine von meinen!", schrie Kevin. „Das riech ich von hier aus! Auch nach all den Jahren hat sie meinen Geruch."

Doch niemand beachtete ihn. Alle Blicke waren auf die Goldmünze gerichtet und auf die Frau, die sie mit gelassener Miene in der Hand hielt.

„Was geschah dann?", brach es schließlich aus Jana heraus.

„Wir holten einen Arzt. Der stellte fest, dass der Meister an einem Herzschlag gestorben war. Er war zwar in seinen besten Jahren, aber anscheinend hatte er von Haus aus ein schwaches

Herz. Wir haben ihn begraben. Aber was dann? Ohne den Meister konnten wir nicht weitermachen und so teilten wir auf, was wir an Geld und Wertvollem in seinem Wagen fanden. Jede von uns hatte dem Meister beim Eintritt in den Orden ihr gesamtes Hab und Gut übergeben. Jetzt nahm jede wieder an sich, was davon noch übriggeblieben war. Und dann trennten wir uns. Was aus den anderen geworden ist, weiß ich nicht. Es interessiert mich auch nicht. Ich selbst stieg einfach in die nächstbeste Kutsche – einfach nur weg von diesem Unglücksort. Ich suchte nach einem neuem Weg im Leben, einem Weg im Sinne der Lehren des Meisters. Aber nach ein paar Monaten ging mir das Geld aus. Zu der Zeit war ich gerade zufällig wieder in Byonn und stieß auf die Anzeige der Gräfin. Ich meldete mich, und sie nahm mich. Wahrscheinlich, weil ich als Einzige das kärgliche Salär akzeptierte, das sie bot."

„Also wirklich! Kärgliches Salär – was für eine Frechheit!", regte sich die Gräfin auf, verstummte jedoch, als ihre Gesellschafterin sie höhnisch angrinste.

„Du aufgeblasene alte Schachtel", fuhr Barbara sie dann auch noch an. „Tust, als wärst du ach so reich, und glaubst tatsächlich, dass keiner merkt, wie erbärmlich du bist! Denkst du, ich bin geblieben, weil ich es so schön fand bei dir? Was habe ich all die Jahre unter deiner Gewöhnlichkeit gelitten und unter deiner Wichtigtuerei! Ich bin geblieben, weil ich es als Prüfung für meine Suche sah. Weil ich immer noch hoffe, das wahre Glück und Erfüllung nach den Lehren des Meisters zu finden."

„Und in all den Jahren haben Sie nichts von Stella Hauser und ihrem mysteriösen Auftauchen in Byonn gehört?“, wunderte sich Bwaroo.

„Nein, ich verlasse das Haus nur selten, lese keine Zeitung und halte mich von allem fern“, antwortete Barbara. „All der Tand und das Klimbim der Welt sind mir zuwider. Ich versuche, mich rein zu halten, und versage mir jede Freude und jedes Vergnügen. Der Weg zum höchsten Glück führt durch ein Tal der Tränen. Wenn die Gräfin Stella Hauser mal erwähnte, konnte ich doch nicht ahnen, dass sie von demselben Mädchen sprach. In unserer Gruppe war sie nur als Sabine bekannt.“

„Aber dann kam Stella, um die Gräfin zu besuchen, und Sie haben sie wiedererkannt.“

„Auf der Stelle! Gleich vom ersten Moment an. Die Jahre hatten sie kaum verändert.“

„Und wie hat Stella reagiert?“

„Sie hat mich gar nicht bemerkt. Und wenn, hat sie mich nicht erkannt. Ich habe mich sehr verändert in den letzten Jahren.“ Barbara schaute direkt zu Bwaroo, doch es war, als blickte sie durch ihn hindurch. „Die letzten Jahre habe ich eiserne Askese gehalten und mir jede Freude versagt, um mich rein zu halten. Mein Haar ist grau geworden, mein Körper mager. Ich bin nicht mehr die glückliche und zufriedene Frau, die ich war, als der Meister noch unter uns weilte.“ Etwas wie ein Schluchzen entrang sich ihrer Kehle, doch sie nahm sich sofort zusammen. „Ich habe mich im Hintergrund gehalten“, fuhr sie mit sachlicher Stimme fort, als ginge sie das alles eigentlich gar nichts an. „Sie haben völlig recht, Herr Bwaroo, mich übersieht man leicht. Und die Gräfin hat sich nicht die Mühe gemacht, uns einander vorzustellen. Ich saß also einfach da und habe mich still gehalten und darauf geachtet, dass Stella mein Gesicht nicht sehen konnte.

„Und Sie haben beschlossen, dass Stella Hauser sterben muss."

„Sie hat den Meister getötet und mein Leben zerstört! Sie hat mir jedwede Möglichkeit genommen, erleuchtet zu werden und das wahre Glück zu finden. Denn auch wenn ich mich noch so sehr bemühe – ohne den Meister ist wohl alle Mühe umsonst. Sie hat mir seine Gunst und meine Nacht mit ihm geraubt. Dabei habe ich ihn angebetet!"

Barbara rang die Hände.

„Also nahmen Sie den Weinkorken und das Messer …"

„Ja, ja, es war alles so, wie Sie sagten", winkte Barbara müde ab und drückte die Goldmünze an ihr Herz. „Ich bin ins Haus geschlüpft und zu der nächstbesten Tür geschlichen, hinter der Licht schien. Und da war sie: immer noch so jung und schön wie damals. Das machte mich so wütend!"

„Hat sie Sie erkannt?"

„Nicht gleich. Sie stand auf und lächelte mich an. Aber dann sah ich, wie sich ihre Augen vor Schreck weiteten." Ein triumphierendes Lächeln umspielte Barbaras Lippen. „Sie wich vor mir zurück, das feige Ding. Sie war schuld am Tod meines Meisters und an meinem Elend! Und sie hatte noch nicht einmal die Courage, dafür einzustehen! Ich hob das Messer und ging auf sie los. Und dann habe ich auf sie eingestochen, wieder und wieder. Sie schrie noch nicht einmal auf. Ich war zu schnell für sie." Barbara sah jetzt geradezu glücklich aus. „Das Messer blieb schließlich stecken und ich bekam es nicht mehr heraus. Aber da lag sie schon am Boden, und ich wusste, sie war tot. Endlich war der Meister gerächt, und ich hatte Frieden."

„Und dann sind Sie einfach gegangen?", fragte Liebig verwundert. „Sie waren doch sicher voller Blut …"

„Na wenn schon. Auf meinem dunklen Kleid fiel das kaum auf. Ich falle kaum auf! Niemand hat mich auch nur eines Blickes gewürdigt, als ich heim ging. Ich habe mich gewaschen und das Kleid weggeworfen. Es war alles ganz einfach."

„Mörderin!" Astarte Leem hatte mit zunehmenden Entsetzen zugehört. Jetzt sprang sie auf und stürzte sich auf Barbara.

Wachtmeister Liebig reagierte schnell und fiel ihr in den Arm. Er hatte einige Mühe, die wütende Elfe festzuhalten.

„Beruhigen Sie sich!", redete er auf sie ein. „Überlassen Sie es uns, sie ihrer gerechten Strafe zuzuführen."

„Gerecht? Sie wird eingesperrt, und das war's." Astarte versuchte, sich aus Liebigs Griff zu winden. „Die ist wahrscheinlich sogar auch noch froh drum – nimmt es als Prüfung auf ihrem Weg zur Erleuchtung. Lassen Sie mich wenigstens dieses höhnische Grinsen aus ihrem Gesicht kratzen!"

„Na na", schaltete sich nun auch Essinger ein. „Sie wollen doch nicht auch noch ins Gefängnis …"

„Käme ich dann mit ihr in eine Zelle?", fragte Astarte hoffnungsvoll.

Doch als Essinger nur den Kopf schüttelte, gab sie den Widerstand auf und ließ den Kopf hängen. Liebig wollte sie zu ihrem Stuhl zurückführen, doch sie wehrte ab.

„Ich habe genug gehört“, sagte sie traurig. „Wenn es recht ist, gehe ich jetzt lieber wieder ins ‚Sterntaler‘ zurück. Herr Bwaroo … Danke!“

„*De rien*“, winkte der Elfendetektiv ab und schaute ihr mitleidig nach, wie sie aus dem Zimmer schlich.

„Äh, ich geh dann jetzt auch mal“, erklärte Jojo und machte, dass er weg kam, ohne groß auf eine Antwort zu warten.

Inspektor Essinger aber trat vor und befahl Barbara aufzustehen.

„Das nehme ich mal an mich“, erklärte Essinger und nahm Barbara die Münze aus der Hand. „Barbara Holzapfel, Sie sind festgenommen. Sie haben das Recht zu schweigen …“

Während er sein Sprüchlein aufsagte, zog er mit großer Geste ein Paar Handschellen hervor.

Barbara hob noch nicht einmal den Kopf und zuckte nur mit den Schultern, als Essinger sie aufforderte, die Hände auf den Rücken zu legen, wo er ihr die Handschellen anlegte. Dann nickte er den beiden Polizisten zu, die ihn begleiteten. Die traten zu Barbara und nahmen sie in die Mitte.

„So, das hätten wir“, erklärte der Inspektor und wandte sich dabei ausschließlich an Liebig. „Der Gerechtigkeit wurde also schließlich Genüge getan. Die beiden Kollegen und ich werden Fräulein Holzbein …“

„Holzapfel …“

„Auch gut, und den Koch aufs Revier schaffen. Sie, Liebig, kommen so schnell wie möglich nach.“ Er zögerte einen Moment, während Liebig ihn erwartungsvoll anschaute. „Und … äh … na ja …“ Essingers Stimme wurde zu einem Grummeln, „Hm … also … gute Arbeit, Wachtmeister.“

„Danke, Chef." Liebig strahlte.

Damit nahm er Patrick Hehlbein am Arm und wandte sich der Tür zu. Doch ein Räuspern Erkül Bwaroos ließ ihn innehalten.

„Was? … Ja, schon gut, Sie hatten recht", gab er zähneknirschend zu.

„*Merci beaucoup*." Bwaroo grinste breit. „Das aus Ihrem Mund! Das bedeutet mir viel."

„Hmpf", war alles, was Essinger herausbrachte, ehe er endgültig den Raum verließ.

„Er hat meinen Goldtaler mitgenommen!", beschwerte sich Kevin. „*It's mine!*"

„Sie bekommen ihn wieder, wenn das Verfahren abgeschlossen ist", versicherte Wachtmeister Liebig. „Ich werde Ihnen den Goldtaler persönlich vorbeibringen. Vielleicht könnten Sie mir dann ein wenig über Irland erzählen. Wenn ich es mir schon nicht leisten kann, in die Parallelwelt zu reisen, möchte ich wenigstens davon hören."

„Oh ja, das wollte ich auch schon immer!", rief Jana. „Ich hab mir schon überlegt, jetzt wo ich … aber nein, das geht ja gar nicht. Das Geld, das ich geerbt habe, gehört ja eigentlich Ihnen. Und natürlich sollen Sie es auch bekommen. Das Haus auch und …"

„*A house in this world?* Was soll ich hier mit einem Haus?" Verständnislos schüttelte Kevin den Kopf.

„Nun, Sie können es verkaufen und aus dem Erlös wieder Taler prägen lassen."

„Hm …“ Kevin betrachtete Jana unschlüssig. „*That's an idea*“, räumte er ein. „Andererseits ist das ja nur ein kleiner Teil meiner Taler. Und irgendwie wäre es nicht mehr dasselbe. Der Rest wurde für gute Zwecke verwendet, *I take it?*“

„Oh ja, Stella war ein Engel der Barmherzigkeit“, versicherte Jana mit Inbrunst. „Damit Sie Ihr Geld bekommen, müsste das Frauenhaus geschlossen und verkauft werden. Und das Krankenhaus wird dann auch nicht gebaut … und die geplante Stiftung …“ Jana ließ traurig den Kopf hängen. „Aber ich schätze, das muss dann wohl so sein.“

„*Hold it my dear.* Ist es denn sicher, dass ich diese Münze von der Mörderin wieder bekomme?“, wandte sich Kevin unvermittelt an Liebig.

„Dafür verbürge ich mich“, versicherte der.

„*Well*, dann kann ich ja meinen Kumpels daheim beweisen, dass ich mein Gold letztlich wiedergefunden habe …“, überlegte Kevin laut, „und den leeren Topf habe ich ja auch noch. Da kann ich die Münze ja fürs Erste reintun … hm …“ Er schaute unschlüssig von Liebig zu Jana.

„Ich verabschiede mich dann mal“, erklärte Boonis unvermittelt und wandte sich zur Tür. Bwaroo fiel auf, dass er es plötzlich eilig zu haben schien. Doch er nickte Boonis lediglich zu.

„Also, wenn ich diese eine Münze wiederbekomme“, grübelte Kevin weiter, der den Weggang des Herzogs gar nicht bemerkt hatte. „Und dann habe ich ja noch zwei Töpfe und könnte ein paar Münzen abzweigen ... *Who says a pot like this has always to be full?*”

„Warum kommen Sie am Sonntag nicht zum Essen, und wir bereden das alles“, schaltete sich Janas Mutter ein. „Und Sie, junger Mann, kommen Sie doch auch.“

„Oh, ich fürchte, ich kann nicht. Meine Mutter ist noch etwas kränklich.“ Liebig wurde rot.

„Bringen Sie sie einfach mit“, schlug Jana vor.

„Eine sehr gute Idee“, nickte Bwaroo. „Ich werde Ihnen Bob schicken, den Chauffeur des ‚Hotel Adler‘. Er ist mir noch einen Gefallen schuldig.“

Das war glatt gelogen. Bwaroo hatte vielmehr vor, Bob im Voraus für diese Fahrt fürstlich zu entlohnen. Aber wozu das erwähnen?

„Ich muss Sie jetzt doch alle ersuchen zu gehen“, verkündete da die Gräfin unvermittelt. „Der Schock war zu groß für mich. Eigentlich wollte ich Sie natürlich alle bitten, zum Essen zu bleiben.“ Sie hatte nichts dergleichen vorgehabt. „Aber nun bin ich mit meinen Nerven am Ende und brauche dringend etwas Ruhe.“

„Eigentlich wollte ich noch …“, wagte Christoph Berner anzumerken, „wegen meiner Gedichte …“

Er verstummte, als ihn ein eisiger Blick der Gräfin traf.

„Na ja, vielleicht ein andermal“, murmelte er also nur, verabschiedete sich knapp und ging. Die restlichen Besucher, und auch Erkül Bwaroo, taten es ihm gleich.

„Wie schön, dass Sie Anna eine neue Stelle verschaffen konnten“, sagte Bwaroo zu Herzog Boonis, der auf der Straße auf ihn gewartet hatte.

„Keine Ursache“, erwiderte dieser. „Das Mädchen scheint mir patent zu sein. Und wenn Sie sagen, dass sie etwas Besseres verdient, ist das gut genug für mich.“ Der Herzog schmunzelte. „Obwohl ich sagen muss, dass ich wirklich lange warten musste, bis die Gräfin endlich einmal das Haus verließ. Ich wollte schließlich mit Anna sprechen, nicht mit ihrer unsäglichen Dienstherrin.“ Er legte den Kopf schief. „Aber da ist noch etwas, über das ich mit Ihnen reden möchte. Darf ich Sie in Ihr Hotel begleiten?“

„*Mais oui*, sehr gerne. Nach Ihrem schnellen Weggang hatte ich so etwas schon geahnt.“

„Hätte ich mir denken können.“

„Vielleicht darf ich Sie zu einem Pollentörtchen einladen?“

„Ja gut. Ich muss sagen, nach all den Geständnissen und Gefühlsausbrüchen hätte ich nichts gegen einen kleinen Imbiss.“

„*Alors*“, begann Bwaroo, nachdem sie auf seinem Zimmer Tee getrunken und eine Auswahl an Gebäck verzehrt hatten, „ich nehme an, es geht um die ‚Sterntaler‘?“

„Ja, genau“, nickte Boonis. „Bwaroo, Sie sind wirklich gut!“

Bwaroo winkte ab, sichtlich geschmeichelt.

„Stella hat mir nicht nur ihr handgeschriebenes Kochbuch vermacht“, gestand der Herzog nach einer kurzen Pause.“

Er holte einen kleinen Beutel aus seiner Jackentasche.

„In dem Kästchen mit dem Buch und dem Brief war auch das hier …“

Damit schüttelte er fünf Münzen auf den Tisch. Es waren Goldmünzen mit einem eingeprägten Stern.

„Diese ‚Sterntaler' sind die letzten von dem Schatz, den Stella mitgebracht hatte. Ich weiß, eigentlich hätte ich sie diesem Kevin aushändigen müssen. Aber ich brachte es einfach nicht über mich. Also hab ich mich lieber schnell verdrückt. Genaugenommen bin ich jetzt wohl ein Dieb ..."

„*Pas de tout.* Das kann man so sehen, muss es aber nicht. Ich habe den Eindruck, dass Kevin diese fünf Münzen nicht wirklich vermissen wird", erklärte Bwaroo und nahm eine der Münzen zur Hand. Sie war ein wenig verbogen, funkelte aber nichtsdestotrotz im Sonnenlicht, das durchs Fenster ins Zimmer fiel.

„Ich möchte Ihnen zwei davon schenken", erklärte Boonis. „Sie haben den Mord an Stella aufgeklärt, an Stella, die ich wirklich geliebt habe. Leider ist es mir erst jetzt bewusst geworden, jetzt, da es zu spät ist. Aber ich bin froh, dass ihr Andenken reingehalten wurde. Sie war eine schöne Frau mit einer großen Seele. Und so wird sie in Erinnerung bleiben."

Es ist alles vorbereitet

„Ich verlasse dich, Jojo."

„Aber Susi, was hab ich denn getan?"

„Frag lieber, was du nicht getan hast. Du bist so ein Trottel. Nichts kannst du richtig machen. Als wir geheiratet haben, hast du mir ein schönes Leben versprochen. Und was ist draus geworden? Wir hausen in dieser Bruchbude im schlechtesten Viertel der Stadt. Du hattest Arbeit als Kellner, aber du musstest ja in die Kasse greifen. Und dann hast du dich dabei auch noch erwischen lassen. Ganz schön dämlich! Aber typisch für dich. Mit ein bisschen Glück greifst du hin und wieder ein paar Heller ab, wenn du und deine Kumpels einen Fremden beim Kartenspiel ausnehmen. Das war's dann aber auch schon. Und dann deine Frauengeschichten …"

„Du tust mir Unrecht! Ich liebe nur dich!"

„Und was war zum Beispiel mit dieser Zofe? Die ist inzwischen reich. Aber hast du was aus ihr rausgekitzelt? Pustekuchen! Nein, mir reicht's. Ich pack meine Sachen und gehe zurück zu meiner Mutter."

„Deiner Mutter …?"

„Ja, meine Mutter. Die hat mich ja gleich gewarnt, dass du nichts taugst. Hätt ich nur auf sie gehört. Aber ich musste ja auf dein Süßholz und deine großen Pläne reinfallen. Dabei hat mir Sendi den Hof gemacht! Wär ich nicht so dumm gewesen, auf dich reinzufallen, dann wär ich jetzt die Freundin oder schon Frau von Sendi. DAS ist ein echter Mann!“

„Sendi ist doppelt so alt wie du.“

„Und er hat jede Menge Kohle. Der hätte mir ein schönes Leben bieten können. Ich hätte eine eigene Kutsche – was sag ich, ein eigenes Auto. Und zehn Meter Schrank voller Kleider …“

„Na und? Du kannst doch sowieso nur immer eins anzieh’n.“

„Du bist so ein Idiot. Du hast wirklich von nichts ‘ne Ahnung. Sendi – der hat Lebensart!“

„Er hat Moos. Sonst nichts.“

„Oh, nicht nur. Er weiß auch, wie man es mit Stil ausgibt.“

„Das is ja nun nicht schwer, wenn man mehr als genug davon hat.“

„Ganz genau. Er hat Geld wie Heu.“

„Aber auch nur, weil er mit Correlin handelt.“

„Und du hättest einsteigen können, es hätte nur etwas Geld gebraucht. Aber nein, das hast du ja auch vergeigt.“

„Aber das kann doch noch was werden! Er sucht ja jetzt Ersatz für Bomber-Benny, weil der doch verhaftet wurde.“

„Und du denkst, da nimmt er dich?“

„Klar. Warum denn nicht? Ausliefern kann jeder Depp.“

„Da hast du recht. Dann bist du ja der ideale Mann dafür.“

„Hä?“

„Vergiss es!“

„Du wirst schon sehen! Ich krieg den Posten, und dann sind unsere Probleme vorbei.“

„Ach, du denkst, damit kann man reich werden? Als kleiner Handlanger?"

„Ich werde als Auslieferer anfangen und mich dann hocharbeiten."

„Hocharbeiten, du?"

„Na klar! Und vielleicht kann ich hin und wieder ein bisschen was abzweigen und dann auf eigene Rechnung …"

„Sendi ist nicht so dumm wie du. Denkst du, der wäre, wo er ist, wenn er sich beklauen lassen würde? Wenn du das machst, wache ich eines Morgens als Witwe auf, und das war's."

„Wenn du mich eh verlassen willst, kann dir das doch egal sein."

„ Ach, Herr Oberschlau! Komm mir bloß nicht so. Aber mach doch, was du willst. Ich bin jedenfalls fertig mit dir. In einer Stunde bin ich weg. Hugo holt mich ab."

„Der Hugo, mit dem ich immer Whist spiele?"

„Genau der. Denkst du, du bist der Einzige, der ein Techtelmechtel haben kann? Ich stell mich nur schlauer an, als du, du Volltrottel!"

***

Tags darauf nahm Bwaroo den Zug zurück nach Laundom.

Die beiden Goldmünzen lagen gut verstaut in seinem Koffer.

Ein interessanter Fall, überlegte er, während er durch das Fenster die Landschaft vorbeiziehen ließ. Nur schade, dass Artur Heystings nicht dabei gewesen war. Er hätte sicher ein paar wilde Theorien über den Täter aufgestellt. Aber nun ja, die Hochzeit war natürlich wichtiger. Da fiel Bwaroo der Junggesellenabschied ein. Er hatte die ganze Zeit über nichts von Orges gehört. Also konnte er wohl davon ausgehen, dass sein unerschütterlicher Diener alles bestens geregelt hatte.

Orges bestätigte diese Annahme, als er Bwaroo mit dem Automobil vom Bahnhof abholte.

„Es ist alles vorbereitet", erklärte er, während er für Bwaroo die Tür zum Fond des Wagens öffnete. „Ich habe für heute Abend das Hinterzimmer eines netten Lokals gebucht, damit die Herren für sich sein können. Da ich feststellte, dass außer Ihnen in erster Linie Kollegen von Doktor Heystings anwesend sein werden, habe ich außerdem für etwas Unterhaltung gesorgt, damit die Gespräche sich nicht zu einseitig um Krankheiten, Kunstfehler und Behandlungsmethoden drehen."

Er reichte Bwaroo eine Mappe nach hinten, ehe er den Motor anließ.

Bwaroo nahm sie und schlug sie auf.

„Mein guter Orges, zuverlässig und findig wie …" Er unterbrach sich verblüfft, als er die Broschüre sah, die obenauf lag. „Orges, ich weiß nicht. Eine exotische Schönheitstänzerin beim Junggesellenabschied von Doktor Heystings? Denken Sie denn, das ist angebracht?"

„Ich habe mir sagen lassen, dass so etwas oder Ähnliches bei diesen Anlässen üblich ist", erwiderte Orges ungerührt, „als Sinnbild dafür, dass der Bräutigam ein letztes Mal Gelegenheit hat, ein wenig über die Stränge zu schlagen."

„Ich will doch nicht hoffen, dass er das tut. Seine künftige Frau wäre sicher nicht davon begeistert.“

„Es bleibt alles im Rahmen und in allen Ehren. Die Tänzerin hat einen ausgezeichneten Ruf. Im Grunde geht es darum, dass Doktor Heystings ein letztes Mal eine schöne Frau bewundern kann.“

„*C'est ridicule.* Heystings wird doch sicher auch in Zukunft die eine oder andere schöne Frau zu Gesicht bekommen. Er ist schließlich Arzt.“

„Ja, aber er sollte nichts dabei empfinden.“

„Das heißt, diese Tänzerin soll ihm das abgewöhnen?“ Bwaroo überlegte. „Ich gebe zu, ich habe noch nicht allzu oft an so einer Feier teilgenommen. Aber das Konzept scheint mir zumindest fragwürdig.“

„Es geht darum, dass Doktor Heystings im übertragenen Sinne nur noch Augen für seine Frau haben soll. Kein Herumflattern mehr von Blüte zu Blüte.“

„Von Blüte zu Blüte? Sind Sie unter die Botaniker gegangen, Orges?“

„Nur eine Metapher. Sie kennen doch die Arie aus Mazarts ‚Hochzeit des Friseurs‘: *Nun vergiss leises Flehn, süßes Kosen. Und das Flattern von Rosen zu Rosen …*“

„Ja, aber da ging es doch darum, dass ein junger Mann zwangsweise ins Militär gesteckt wird.“ Bwaroo zwirbelte sich nachdenklich den Schnurrbart. „Wobei man sagen muss, dass die Damenwelt von Männern in Uniform doch meistens besonders entzückt ist. Aber lassen wir das. Sie meinen also, Doktor Heystings ist ein Schmetterling, der von Dame zu Dame flattert? So habe ich ihn nie gesehen.“

„Es geht mehr um die allgemeine Tradition. Der Junggesellenabschied stellt die letzte Gelegenheit dar, mit einer anderen Frau als der eignen zu flirten. Deshalb heißt es wohl auch ‚Abschied'."

„Das ist natürlich richtig, Orges", gab Bwaroo zu. „Aber eine Schönheitstänzerin? Ich möchte nicht in den Augen meines besten Freundes als frivol erscheinen."

„Diese Tänzerin ist eine wahre Künstlerin von höchstem Niveau. An ihrer Darbietung ist nichts Schlüpfriges, habe ich mir sagen lassen."

„Nun gut, wenn Sie meinen." Der Elfendetektiv legte die Mappe beiseite. „Wie geht es denn unseren Brautleuten?"

„Fräulein Behn hat heute Morgen schon vorgesprochen und sich nach Ihnen erkundigt. Die Byonner Polizei hat bereits gestern Abend eine kurze Pressemitteilung herausgegeben, dass der Mörder von Stella Behn gefunden wurde. Fräulein Behn brennt darauf, Sie genauer dazu zu befragen."

„Ja, das glaube ich sofort." Bwaro schmunzelte. „Nun, dann werde ich mich also ein wenig frisch machen und danach Mademoiselle Behn empfangen, um ihr zu berichten, wie Erkül Bwaroo erneut seine Brillanz unter Beweis stellen konnte. Und danach der Junggesellenabschied." Bwaroo legte den Kopf schief und überlegte. „Was zieht man bei dieser Gelegenheit am besten an?"

„Es empfiehlt sich etwas Legeres."

„Orges! *Quelle idée!* Ich sehe schon, ich war zu lange weg."

Personenverzeichnis

Erkül Bwaroo
Er ist ein exzentrischer Niederelf mit gewaltigem Ego, stattlichem Schnurrbart und (angenommenen) französischem Akzent. Er ist der brillanteste Privatermittler der vier Königreiche – zumindest seiner eigenen Meinung nach. Und seine Erfolge geben ihm recht.

Dr. Artur Heystings
Allgemeinarzt und Bwaroos bester Freund. Wenn es die Zeit erlaubt, assistiert er dem Detektiv bei seinen Ermittlungen. Dabei eifert er Bwaroo mit Begeisterung nach.

Orges
Der menschliche Butler Bwaroos. Es gibt nichts, was ihn aus der Ruhe bringen kann.

Maja Behn
Halbelfe und freie Journalistin. Sie ist mit Heystings verlobt und steht kurz davor, ihn zu heiraten.

Stella Hauser
Das Mädchen mit den Sterntalern. Sie ist eine begnadete Köchin mit einem eigenen Restaurant, dem vielgerühmten ‚Sterntaler'. Stella hat ein großes Herz und engagiert sich sehr für die Wohltätigkeit. Doch dann wird sie ermordet.

Herzog Boonis
Regiert über Byonn, auch über den von Menschen bewohnten Teil, obwohl er ein Elf ist. Er war ein glühender Verehrer Stellas und ihrer Kochkunst.

Inspektor Essinger
Zuständig für den Mord an Stella und alles andere als begeistert davon, dass Bwaroo sich einmischt. Dass er obendrein eine Abneigung gegen Elfen hat, macht es nicht gerade besser.

Wachtmeister Paul Liebig
Ein junger, aufstrebender Polizist, der die Hauptarbeit im Fall Stella Hauser macht. Er bewundert Erkül Bwaroo und ist begierig, von ihm zu lernen.

Walter Vogel
Koch bei Herzog Boonis und zufrieden damit, obwohl er mit seinem Können durchaus in Konkurrenz mit mit der Küche im `Sterntaler' treten könnte.

Patrick Hehlbein
Chefkoch im ‚Sterntaler', cholerisch und unberechenbar.

Astarte Leem
Eine Elfe und Geschäftsführerin des ‚Sterntaler'. In ihrer ruhigen Art hat sie stets alles im Griff. Zumindest scheint es so.

Jana Waldhaus
Zofe von Stella Hauser, aber eigentlich mehr eine enge Freundin von ihr.

Jojo Ganter
Janas Verehrer. Ein gutaussehender Mann, aber mit einem schlechten Ruf.

Christoph Berner
Dichter und Verehrer von Stella. Seine Gedichte über den Mond sind legendär, wenn auch auf andere Weise als erwünscht.

Gräfin Adele von Hohenstein
Eine Freundin Stellas, die ebenfalls in der Wohltätigkeit ihre Bestimmung sieht.

Barbara Holzapfel
Gesellschafterin der Gräfin, früher Lehrerin in Riganne, der Hauptstadt des Königsreichs des Nordens.

Kevin the Cobbler
Leprechaun aus Irland, dem sein Topf mit Gold gestohlen wurde.

Anmerkung und Danksagung

Dieses Buch ist reine Fiktion. Namen, Charaktere, Unternehmen, Organisationen, Orte und Ereignisse sind entweder das Produkt der Phantasie der Autorin oder werden fiktiv verwendet. Jede Ähnlichkeit mit tatsächlichen Personen, lebenden oder toten, Ereignissen oder Orten ist völlig zufällig und nicht beabsichtigt.

Mein Dank gilt natürlich auch dieses Mal wieder Chris Schlicht, die Erkül Bwaroo sein unverwechselbares Gesicht gab. Außerdem danke ich Jochem Reineck – ohne Dich wäre dieses Buch nicht das geworden, das es ist. Und natürlich sage ich auch dieses Mal Dankeschön zu meinem Mann, der mich geduldig unterstützte, mir stets mit seinem Rat zur Seite stand, aber es auch wagte, Kritik zu üben, wenn ich die Handlung in eine Sackgasse bugsierte. Es ist auch seinem Langmut zu verdanken, dass dieses Buch entstehen konnte.

Vor allem aber danke ich Ihnen, meinen Lesern. Wenn Ihnen das Buch gefallen hat, würde ich mich freuen, von Ihnen zu hören. Eine ehrliche Rezension auf einer der zahlreichen Plattformen würde mir als Selfpublisher sehr helfen, mein Buch bekannter zu machen.

Vielleicht haben Sie ja auch Lust, mal auf meiner Homepage vorbeizuschauen! Sie finden sie hier: **https://www.ruthm-fuchs.de**

Dort können Sie sich auch für meinen Newsletter eintragen, damit Sie in Zukunft immer als Erste/r erfahren, wenn es etwas Neues bei mir gibt (und eine kleine Belohnung gibt es auch).

Besuchen Sie mich auch auf Facebook:

https://www.facebook.com/Ruth.M.Fuchs.Autorin

auf TikTok:

www.tiktok.com/@ruthmfuchs

auf Instagram:

https://www.instagram.com/ruthm.fuchs

oder auf Youtube:

https://www.youtube.com/@RuthMFuchs

Weitere Bücher mit Erkül Bwaroo

Gestatten, Erkül Bwaroo, Elfendetektiv

Erkül Bwaroo ermittelt 1

Erkül Bwaroo hat einen für einen Elfen ziemlich ungewöhnlichen Beruf – er ist Privatdetektiv.
Als der Elf mit dem stattlichen Schnurrbart und dem französischen Akzent eines Tages von sieben Zwergen zu der Leiche einer wunderschönen Prinzessin gerufen wird, scheint jeder außer diesen Zwergen von einem Unfall auszugehen. Doch auch Bwaroo wittert ein Verbrechen. Allerdings kann er nicht die Meinung der Zwerge teilen, nur die Stiefmutter der Prinzessin könne die Mörderin sein. Für ihn gibt es eine ganze Reihe von Verdächtigen, einschließlich der sieben Zwerge.
Der Detektiv macht sich also daran, mit seinen ‚kleinen grauen Zellen' den Fall zu lösen. Dabei schreckt er auch nicht davor zurück, seine eleganten Lackschuhe dem feuchten Waldboden auszusetzen. Mit Hilfe seines unerschütterlichen Dieners Orges kommt er bei der Aufklärung auch scheinbar gut voran – da geschieht ein zweiter Mord.

Erkül Bwaroo auf der Fabelinsel

Erkül Bwaroo ermittelt 2

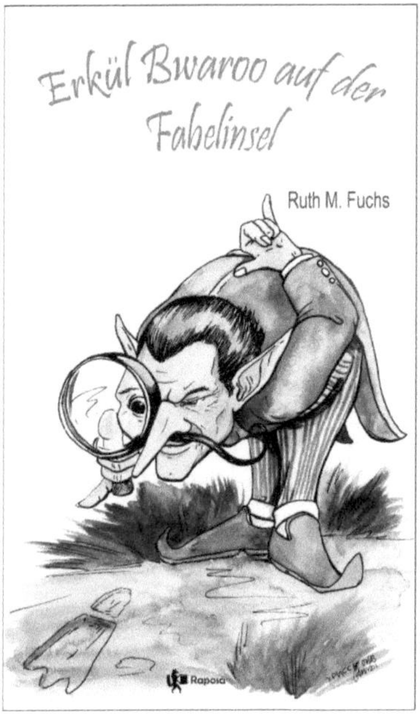

Graf Alexander von und zu Saragessa ist der Regent einer Insel, die vor allem von Fabelwesen bewohnt wird. Als zwei Geißenmädchen ermordet werden, spricht alles dafür, dass der einzige auf der Insel lebende Wolf der Mörder ist. Doch Alexander von und zu Saragessa ist sich da nicht so sicher und bittet Erkül Bwaroo um Hilfe. Der Elfendetektiv wappnet sich also gegen seine Seekrankheit und reist auf die Insel. Schnell muss er erkennen, dass Fabelwesen so ihre Eigenheiten haben. Und das Morden ist noch nicht zu Ende.

Auch in seinem zweiten Fall steht dem Elfen mit dem stattlichen Schnurrbart und dem belgischen Akzent sein unerschütterlicher Diener Orges zur Seite. Allerdings wird der von den amourösen Absichten einer Katzenfrau etwas abgelenkt. Und welche Rolle spielt Bernard Fokke, den man auch den Fliegenden Holländer nennt?

Fragen Sie Erkül Bwaroo!

Erkül Bwaroo ermittelt 3

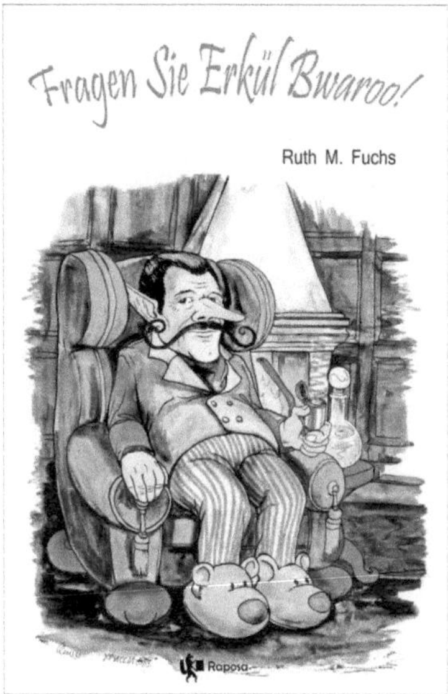

Wie konnte ein Mann ermordet werden, der sich allein in einem verschlossenen Raum befand?
Warum endete ein harmloser Spaziergang tödlich?
Welches Geheimnis steckt hinter dem weißen Kaninchen mit der schwarzen Weste?
Weshalb wurde die Großmutter im Wald so brutal ermordet?
Wer hat die schöne Nymphe entführt?
Wohin verschwanden die Heinzelmännchen?
Und wieso fiel ein Passagier in einer stürmischen Nacht einfach so über Bord?
Sieben Rätsel – sieben Fälle für Erkül Bwaroo und seine kleinen, grauen Zellen!
Der Elfendetektiv mit dem stattlichen Schnurrbart und dem belgischen Akzent ist stets bereit, die Wahrheit ans Licht zu bringen. Aber wird er auch jedes Mal erfolgreich sein und den Täter seiner Strafe zuführen?

Erkül Bwaroo und der Mord im Onyx-Express

Erkül Bwaroo ermittelt 4

Als Erkül Bwaroo mit seinem Freund Dr. Artur Heystings im „Onyx-Express“ reist, geschieht ein Mord. Natürlich macht sich Bwaroo mit seinen kleinen grauen Zellen schnell daran, den zu finden, der die blutige Tat vollbrachte.

Außer Bwaroo und Heystings fahren noch zwölf weitere Fahrgäste in diesem Zug. Alle kannten den Toten, dessen Verlobte sich vor einigen Jahren umbrachte. Jeder hat ein Motiv. Möglicherweise wollte die Mutter der Verlobten ja Vergeltung üben. Oder die Schwester der Toten beging den Mord, um Rache zu nehmen. Ist die Pianistin, die Heystings den Kopf verdreht, wirklich so harmlos, wie sie scheint? Und was versucht der kämpferische Zwerg zu verbergen?

Der Elfendetektiv und sein Freund finden sich bald in einem Netz von Geheimnissen, Skandalen und Intrigen wieder, als sie versuchen, den Täter zu entlarven.

Zwölf Verdächtige, zwölf Motive. Ein Mörder. Oder ist doch alles ganz anders?

Rosen für Erkül Bwaroo

Erkül Bwaroo ermittelt 5

Dieses Mal ist es die Elfenkönigin Titania persönlich, die ihn mit der Ermittlung in einem Mordfall beauftragt. Bwaroo ist darüber nicht sehr glücklich, denn die Hauptverdächtige ist seine eigene Tante – und die ist alles andere als gut auf ihn zu sprechen. Trotzdem begibt er sich mit seinem treuen Diener Orges an den Tatort: ein Filmset.

Lichtspiele sind der neueste Schrei! Filmschauspieler zu sein bedeutet Ruhm und Verehrung – oder Tod. Denn eine der Schauspielerinnen wurde mitten in einer Szene vergiftet. Bwaroo muss erkennen, dass in der Filmwelt Eifersüchteleien, Lügen und Intrigen praktisch an der Tagesordnung sind. Bald gibt es mehr Verdächtige, als ihm lieb sind, denn die Ermordete hatte mit fast jedem Streit und jeder hat irgendetwas zu verbergen.

Und die Uhr tickt - denn Bwaroo hat nur eine Woche Zeit, um die Wahrheit von der Lüge zu trennen und den wahren Täter finden.

Wo ist Erkül Bwaroo?

Erkül Bwaroo ermittelt 6

Erkül Bwaroo ermittelt wieder – oder?

Hans und Greta, die Kinder eines reichen Besenfabrikaten, werden vermisst. Eine Entführung! Erkül Bwaroo, der so geniale wie exzentrische Elfendetektiv, soll diskret herausfinden, wer dahintersteckt.
Schnell wird klar, dass die beiden Kinder nicht die Einzigen sind, die aus dem Haushalt des Fabrikanten verschwanden. Stimmt es wirklich, dass das Stubenmädchen Lizzie über Nacht einfach so auf und davon ging, oder wurde da nachgeholfen? Wurde sie ebenfalls verschleppt? Oder gar ermordet?
Gerade, als die Ermittlungen ihren Höhepunkt erreichen, ist plötzlich auch Erkül Bwaroo nicht mehr auffindbar.

Sein Freund Dr. Artur Heystings muss über sich selbst hinauswachsen, um der Wahrheit auf die Spur zu kommen. Die rothaarige Journalistin Maja Behn bietet ihm ihre Unterstützung an. Doch ist sie wirklich so hilfsbereit, wie sie vorgibt?

Erkül Bwaroo fischt im Trüben

Erkül Bwaroo ermittelt 7

Eigentlich wollte Erkül Bwaroo nur in Urlaub fahren. Doch dann trifft er unterwegs einen Fischer, der ihm eine geradezu unglaubliche Geschichte erzählt. Bwaroo wäre nicht Bwaroo, wenn er der Sache nicht auf den Grund gehen wollte. Und so findet er sich in einem Schloss wieder, das der Frau des Fischers gehört und allerlei, so illustre wie seltsame, Gäste beherbergt.

Als zu deren Unterhaltung ein Mörderspiel geplant wird, in dem der Elfendetektiv ermitteln soll, ist er wenig davon begeistert. Doch dann geschieht ein wirklicher Mord, und Bwaroos brillante kleine grauen Zellen sind gefragt.

Erkül Bwaroo bittet zum Tanz
Erkül Bwaroo ermittelt 8

Was würde passieren, wenn Agatha Christie über Märchenprinzessinnen schreiben würde? Richtig: mindestens ein Mord.

Der exzentrische Privatdetektiv Erkül Bwaroo wird von Königin Rosamunde zu einem großen Ball geladen. Natürlich ist er mächtig stolz darauf. Aber die Sache hat einen Haken: Unter all den Gästen ist ein Mörder. Der hat es auf zickige Prinzessinnen abgesehen. Und davon gibt es auf dem Ball so einige …

„Smart, clever, humorvoll und mit ganz viel Charme. Das ist Erkül Bwaroo und ich liebe diesen fantastischen Elfendetektiv.“
Renas Bücherleidenschaft